今日から
モノ知り
シリーズ

トコトンやさしい

プロバイオティクスの本

野本 康二

生体に有益な働きをする生きた微生物であるプロバイオティクスへの関心が高まっています。私たちの健康を維持・増進するプロバイオティクスの機能や研究開発の最前線、さまざまな用途の広がりに迫ります。

B&Tブックス
日刊工業新聞社

はじめに

「腸活」や「菌活」という言葉が一般的に使われるようになっています。腸の健康、ひいては腸内に私たちと共生している腸内微生物を含めた健康の維持・増進が大事であることは、世界的にも共通の理解となっています。今や「腸内フローラの健康や疾患との関係」の研究は、生命科学研究の主流と言っても過言ではありません。一方では、極めて多様な微生物が共棲している腸内フローラの機能をわかりやすくするために、「善玉菌」「悪玉菌」「日和見菌」と称されるような多分に情緒的な表現が使用されていることも事実です。

そこで私は、より正確に腸内フローラを理解していただくために、蓄積されている学術データをもとに2020年、「おもしろサイエンス　腸内フローラの科学」（日刊工業新聞社）を執筆させていただきました。それから5年が過ぎ、今回、「プロバイオティクス」（摂取することで私たちの健康に良好な作用を発揮する生きた菌）について概説することを、日刊工業新聞社にお許しいただきました。

巷にはプロバイオティクス製品があふれており、その保健作用の説明には、「免疫……」というような表現が多用されています。一口に「免疫」と言っても広い意味を持っていますから、正しい理解につながらないかもしれません。この点で、本書の執筆姿勢は前著とまったく同じなのですが、プロバイオティクスの科学的証拠に基づく説明を心掛けました。総合的な理解のために、前著と本書とを併せてお読みいただくことを勧めます。

本書は、65項目の各論説明と見開きの図表・イラストの組合せが特徴です。ここで「科学的」説明のために、学術報告のデータ（図表）を一定程度盛り込みました。現在は、「特定保健用食品」や「機能性表示食品」の保健作用を説明するデータが、一般広告にも掲載されるようになっていますので、ぜひ提示した実験データ（なるべく砕けた内容にしたつもりです）についても読み解いていただければ幸いです。また、ポイントとなる説明の根拠として、最近の学術報告や総説文献索引として添付しましたので、掘り下げた理解のためにご活用ください。

私は、もともとはプロバイオティクス飲料を製造販売する企業の研究体で、一貫して研究・開発業務に従事していました。そうした中、数多くの臨床機関の先生との共同研究で、あまり良好とは言えない状態の患者がプロバイオティクスやシンバイオティクスを摂取することで、より顕著な効果を発揮する潜在能力の高さに驚嘆したことを少なからず経験しました。また、その後アカデミアに転身して、よりバイアスのかからない研究も堪能してきました。

こうした経緯から、当初は複数著者による分筆を考えましたが、結局、わがままを通させてもらい単著とし、説明の一貫性を持たせることに留意しました。この辺りから私の「プロ（シン）バイオティクス」愛をお汲み取りいただけたら、これに勝る幸福はありません。

最後に、本書執筆の機会をいただきました日刊工業新聞社、および筆者の遅筆に辛抱強くおつき合いいただいた編集者に深謝します。

2025年2月

東京農業大学生命科学部分子微生物学科
客員教授　野本 康二

トコトンやさしい

プロバイオティクスの本

目次

目次 CONTENTS

第1章 プロバイオティクスとは？

第2章 プロバイオティクスの保健作用

第3章 プロバイオティクスの作用メカニズム

第4章 プロバイオティクスの代表的な微生物

第5章 次世代プロバイオティクスの可能性

第6章 プロバイオティクスの課題と今後

第1章

プロバイオティクスとは?

1 メチニコフに始まるプロバイオティクスの概念

ノーベル賞科学者による晩年の提唱

エリー・メチニコフ博士（１８４５〜１９１６）はロシア出身で、大学教員として基礎微生物学の研究を行っていましたが、後にパリのパスツール研究所に移りました。１９０８年にノーベル生理学・医学賞を受賞しています。その内容は「細胞性免疫の発見」でした（私たちの免疫システムは、大きく細胞性免疫と体液性免疫の２つに分けられます）。

海綿やヒトデの幼生を顕微鏡で観察していた際に、微生物を貪食する遊走細胞を発見しました。現在では、これらの細胞は「大食細胞（macrophage: マクロファージ）」や好中球（メチニコフ時代はmicrophage：ミクロファージ）など自然免疫系を構成する細胞として、私たちヒトにおいても生体防御の重要な役割を担うことが知られています。

メチニコフ博士の発見は、ヒトを含む哺乳類における貪食細胞による生体防御にも当てはまります。その後、免疫研究の軸が抗体を中心とする体液性免疫の解明に進んだため、メチニコフ博士が先駆けとなった細胞性免疫の研究はしばらく顧みられることがない時代が続きました。

京都大学の本庶佑《ほんじょたすく》教授は、「負の免疫制御を阻害することによるがん治療」の発見により、２０１８年にノーベル生理学・医学賞を受賞しています。これを背景として、近年ではがんへの免疫におけるさまざまな「免疫チェックポイント」分子の発見と、その働きの制御によるがんへの細胞性免疫の増強作用の研究に極めて大きな焦点が集まっています。

晩年のメチニコフ博士は、腸内腐敗による健康の喪失を強調しました。またブルガリア地方を訪れた際に、現地民が日常的に摂取するヨーグルト、特にこれに含まれる乳酸菌が同地方の長寿性に関与しているとの考えに至りました。実際にメチニコフ博士自身は乳酸菌の菌末カプセルを作成しており、まさに現在のプロバイオティクスの原型と言えます。

要点BOX

- ●プロバイオティクス概念は最初にメチニコフ博士により唱えられた
- ●メチニコフ博士の発見は細胞性免疫研究の礎

プロバイオティクスは抗生物質と対立する概念

パスツール研究所のメチニコフ像

フランス・パリ市内に設置されている

用語解説

体液性免疫と細胞性免疫：抗体が中心となる異物排除機構を「体液性免疫」と呼び、T細胞やマクロファージなどの細胞が中心となる異物排除機構「細胞性免疫」と対比される

2 プロバイオティクスを一般大衆に広めた代田稔

代田イズムの提唱

プロバイオティクスの概念を最初に唱えたのはメチニコフ博士ですが、実際にプロバイオティクス飲料（純培養生菌を食品として摂取すること）を世の中に広めた創始者は代《しろ》田《た》稔《みのる》博士（１８９９〜１９８２）と言えるでしょう。代田博士は京都大学医学部の教職にある中、「菌をもって菌を制す」との考えから、おそらく先達であるメチニコフ博士の考えに触発されて研究に勤しみました。そして、腸管感染症の典型的な病原菌である赤痢菌（*Shigella*）やチフス菌（*Salmonella typhi*など）に対抗し得る強い乳酸菌の育種に取り組んだのです。

口から摂取された多くの乳酸菌は、消化管を移行する際に胃酸や胆汁酸などの消化液によって殺菌されます。代田博士は、これらの殺菌因子に対する抵抗力が強い乳酸菌の菌株を分離・育種することに成功しました。

彼は、この新菌株「*Lactobacillus casei Shirota*（現在の分類では、*Lacticaseibacillus paracasei*）」（*L.casei*シロタ株）を持って大学から民間に移籍しました。この菌株を純培養した菌液を希釈（原液は高濃度の乳酸のためかなり酸っぱい）したものに、香りと糖液を加えて調整した飲料（乳酸菌飲料、商品名：ヤクルト）を日本全国から世界へ普及するという、プロバイオティクスのパイオニアとして成果を上げたのです。生きた菌を含む飲料は、現在でこそ抵抗なく飲用されていますが、発売当初（１９３５年頃）これを受け入れてもらうための努力は相当であったと推察されます。

代田博士の考え方として、①予防的な作用を期待する、②広く一般に安価で普及する、③腸の健康が全身の健康につながる、という「代田イズム」を掲げられました。この考え方は現在、提供されているすべてのプロバイオティクス製品に共通する根幹とも言えます。

要点BOX

- ●プロバイオティクス普及の元祖は代田稔
- ●プロバイオティクスは日本から世界に広がる
- ●代田イズムはすべての製品に共通する根幹

代田稔博士の考え方「代田イズム」

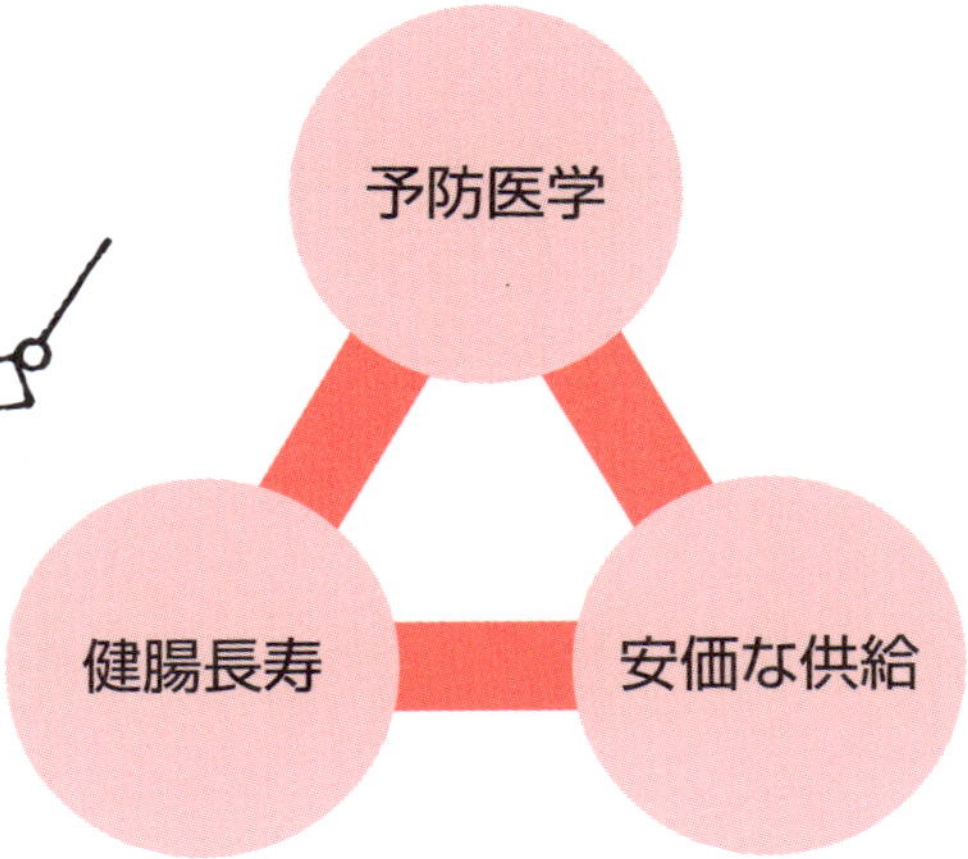

代田稔博士

写真提供:株式会社ヤクルト本社

1955年頃のヤクルト

写真提供:株式会社ヤクルト本社

用語解説

胃酸や胆汁酸：強い殺菌力があるため、摂取されたプロバイオティクスはこれらの消化液の殺菌作用に耐え、生きて腸に到達する必要がある

3

変遷してきたプロバイオティクスの定義

最新はＩＳＡＰＰ定義

プロバイオティクスは、英語でprobioticsと書きます。その語源は、「生命のための」という意味のギリシャ語であると言われています。

この言葉が初めて学術的に使われたのは１９５４年、フェルディナンド・ヴァーギン(Ferdinand Vergin)博士の「Anti-und Probiotika」(抗生物質とプロバイオティクス)という表題の論文です。腸内有用菌と、抗生物質の腸内細菌に対する抗菌的な作用とが比較されています。

１９６５年、LillyとStilwellはプロバイオティクスを「他の微生物の増殖を促進する微生物」とし、１９７４年にはParkerが「腸内フローラのバランスを改善する生物または物質」と表現しています。また１９８９年には、Fullerが「微生物バランスを改善することで宿主に有益な作用を及ぼす生きた微生物」と定義しました。これは後の約10年間、プロバイオティクスに対する世界的な共通理解に貢献したのです。

現在でもこの解釈は十分に通用します。ただ、さらに最近では、国際プロバイオティクス・プレバイオティクス科学協会(International Scientific Association for Probiotics and Prebiotics：ＩＳＡＰＰ)の専門研究者たちが、プロバイオティクスを「適量を摂取することで宿主に有益な効果をもたらす生きた微生物」と定義することを唱え、これが現在では最も一般的なプロバイオティクスの解釈となっています。

なお、Fullerの定義に比べてＩＳＡＰＰの定義では、「腸内の微生物バランスを改善することで」という作用メカニズムが含まれていません。これは、プロバイオティクスの保健作用のメカニズムが腸内微生物のバランス改善のみならず、免疫調節作用など多岐にわたることを示す学術研究が蓄積されてきたことが理由と考えます。この辺を議論するＩＳＡＰＰのボードメンバーにおいて、プロバイオティクス大国・日本の研究者が活躍することを期待します。

要点BOX

- プロバイオティクスは健康に寄与する生菌
- ISAPPはプロバイオティクス研究をリードする世界的な学術機関として知られる

2019年にISAPP年次総会が開催されたベルギー

アントワープ市内の教会で撮影

食品中のプロバイオティクスの評価に関するガイドライン

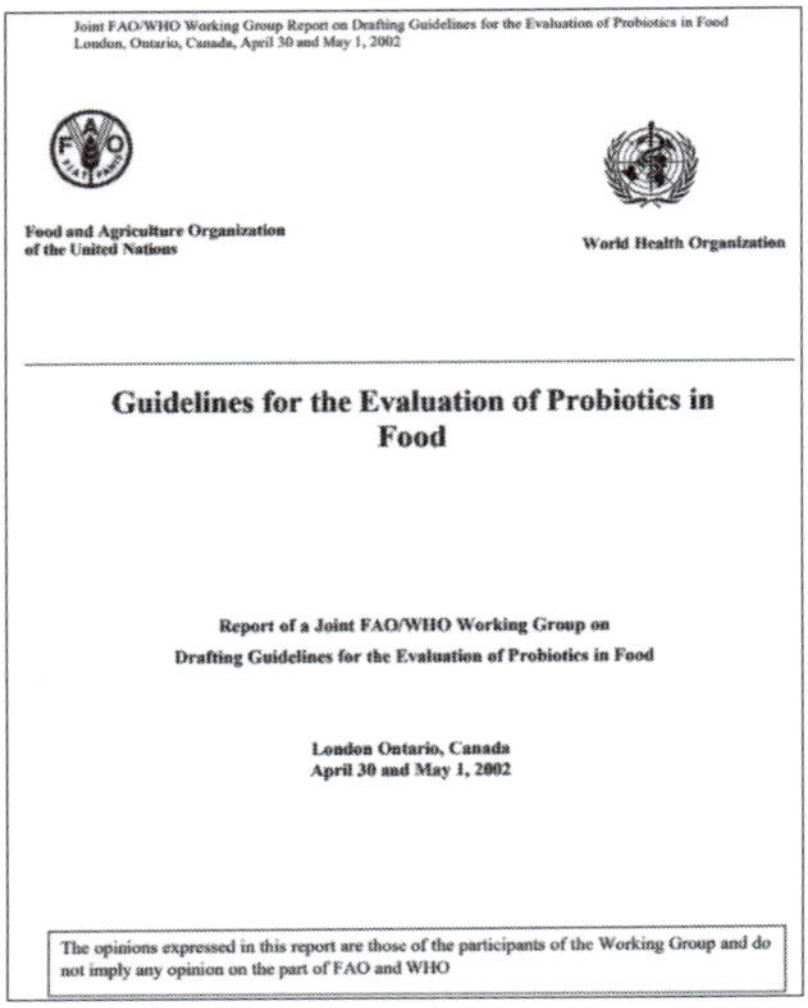

Joint FAO/WHO Working Group Report on Drafting Guidelines for the Evaluation of Probiotics in Food
London, Ontario, Canada, April 30 and May 1, 2002

Food and Agriculture Organization of the United Nations

World Health Organization

Guidelines for the Evaluation of Probiotics in Food

Report of a Joint FAO/WHO Working Group on Drafting Guidelines for the Evaluation of Probiotics in Food

London Ontario, Canada
April 30 and May 1, 2002

The opinions expressed in this report are those of the participants of the Working Group and do not imply any opinion on the part of FAO and WHO

2002年5月、カナダで開催されたISAPPの設立総会では、FAO/WHOの作業部会により、画期的な「食品中のプロバイオティクスの評価に関するガイドライン」が作成された。これをもとに現在、一般的なプロバイオティクスの定義が定まる

用語解説

ISAPP：ISAPPのホームページ（https://isappscience.org/for-consumers/）では、一般向けのプロバイオティクスの解説（英語）も充実している

4 プレバイオティクスとシンバイオティクス

プロバイオティクスを補う新たな概念

　腸内細菌叢を介する私たちの健康増進に関して、プロバイオティクスのほかにプレバイオティクスやシンバイオティクスなどの用語も多用されます。プレバイオティクスは、主役となる腸内有用菌やプロバイオティクスの栄養源に利用され、菌数を増やしたり活性を高めたりする物質と理解されています。多くの微生物の増殖に最も重要と考えられているのは炭水化物で、特に糖類です。糖類はその重合度に応じて単糖（重合度：1）、オリゴ糖（3～9）、多糖（10以上）に分類されますが、プレバイオティクスには多くのオリゴ糖や多糖が含まれます。

　ビフィズス菌にとって、オリゴ糖は典型的なプレバイオティクスとなります。ビフィズス菌がオリゴ糖を利用（資化）するために、2つの機能が重要です。1つ目はオリゴ糖を菌体内に取り込むための膜構造（トランスポーター）で、2つ目は菌体内に取り込まれたオリゴ糖を栄養源として資化可能な単糖に分解する酵素です。

　ガラクトオリゴ糖（galactooligosaccharides：GOS）は母乳に最も多く含まれているオリゴ糖で、乳糖にガラクトースが1分子以上付加された構造をしています。健常成人ボランティアにGOSを1週間、毎日摂取してもらったところ、便中のビフィズス菌が10倍近く増加することがわかりました。

　シンバイオティクスとは、プロバイオティクスとプレバイオティクスを併せて摂取することを意味します。ビフィズス菌とオリゴ糖の組合せが一般的です。現在のシンバイオティクスの考え方として、プロバイオティクスおよびプレバイオティクスがそれぞれ独自の機能を発揮するという相和作用と、プレバイオティクスが同時に摂取されたプロバイオティクスの機能のみでなく腸内に常在しているビフィズス菌などの有用菌にも作用を発揮する、という相乗的な作用の2通りが考えられています。

要点BOX

- ●プレバイオティクスは腸内有用菌を増やす
- ●シンバイオティクスは、プロバイオティクスとプレバイオティクスの併用

「-バイオティクス」の定義と効果因子

	定義	効果因子の例
プロバイオティクス	適正な量を摂取したときに、宿主の健康に有益な作用をもたらす生きた微生物 (Hill C et al, 2014)	安全性の担保されている主に乳酸菌類を主体とする細菌 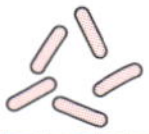
プレバイオティクス	宿主微生物により選択的に利用された結果、宿主の健康上の利益をもたらす物質 (Gibson GR et al., 2017)	各種オリゴ糖など 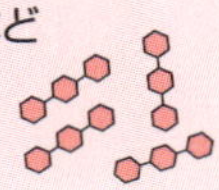
シンバイオティクス	プロバイオティクスとプレバイオティクスの併用 (Swanson KS et al. , 2020)	ビフィズス菌とオリゴ糖 
ポストバイオティクス	不活化された微生物やその構成成分 (Salminen S et al., 2021)	各プロバイオティクスの加熱死菌体など 

ISAPP総会示説発表の様子

用語解説

トランスポータータンパク：細菌の膜の特定部分に限定して存在し、オリゴ糖などさまざまな物質を菌体内へ取り込む入口の役割を果たしている

5 プロバイオティクスの基本要件

最も大事なのは安全性

前述したISAPPは、定期的に会合を開いています。腸内細菌叢やプロ・プレバイオティクスの領域の専門家である十数人のエキスパート研究者たちが中心となり、アカデミアや関連業界(プロ・プレバイオティクスなどを扱う企業)担当者と年に1回、一堂に会して自身の研究結果の発表を行うとともに、時々の重要な解決課題について議論します。ISAPPの活動状況は、専用ウェブサイトから随時確認できます。私もこれまでにISAPP総会に何度も出席し、非常に大きな刺激を受けています。

ところで、プロバイオティクスの要件を私は次のように考えます。1つ目は、生きた菌として提供されるからにはその安全性が第一です。さまざまな発酵食品に生きたプロバイオティクス(乳酸菌、ビフィズス菌、酵母など)が含まれていますが、プロバイオティクス製品の場合は、種菌となるプロバイオティクス菌を純培養し、これを適宜薄めた状態にして糖分を加えて香りづけを行い、さらに専用のパッケージに所要量を注入して封入します。ここまでの段階では、微生物学的にも極めて清浄な環境下で作業されます。一般市場に多くの製品が投入されていますが、その製造管理に欠陥は禁物です。

次に、プロバイオティクスの有効性を裏づける科学的証拠が肝心です。基礎的な研究の結果はもとより、適正に組まれた臨床試験において、統計的に有意な証拠を学術論文として報告してあることが求められます。

最後に、製品の品質管理です。メーカーが掲げる品質保証期間中は、標榜している含有生菌数が保たれていることは当然です。ほかにも低温保存下で、長く置いておけばプロバイオティクス菌による発酵で産生される有機酸による過度な酸度上昇につながり、飲用に適さなくなってしまいます。したがって、味や風味を含めた品質管理が肝心です。

要点BOX

- ●プロバイオティクスの3要件を理解する
- ●安全性、保健作用を裏づける科学的証拠、生菌数維持など適切な品質管理が製品化の肝

プロバイオティクスの基本要件

1. 安全であること(生きた菌だから当たり前!)
2. 科学的な証拠に基づいた保健作用を有すること
3. 上市されて、品質保証期限まで、優に品質(生菌数やプロバイオティクスの機能性)が保たれること

ISAPP2018総会が開催されたシンガポール

ISAPP2018総会懇親会でのひとコマ

エキスパート研究者のみなさんと賑やかに懇談した

用語解説

学術論文：生命科学の学術論文には、あるトピックを概説する総説論文と、専門領域の内容を発表する原著論文とがある。専門研究者の査読を経て掲載される

6 プロバイオティクスと発酵食品との差異

プロバイオティクスは基本的に菌そのもの

発酵食品は、「微生物の望ましい増殖と食品成分の酵素的変換によってつくられる食品」と解釈されています。多様な発酵基材と、これを発酵する微生物との組合せを持つ数多くの発酵食品が世界中に存在します。発酵食品を摂取する際に、同時にそれに含まれている発酵微生物も摂取しています。

「発酵食品はプロバイオティクスではないの?」という問いかけへの答えは、基本的には「No!」です。ただし、プロバイオティクスの要件を満たす系統分類学的に同定された微生物を所要量含む発酵食品は、当然「プロバイオティクス」です。発酵乳製品のように、発酵の基材となる多くの食品素材にスターターとなる乳酸菌などを加えて発酵させるものと、特に発酵微生物を加えず食品基材のみで自発発酵させるものとがあります。前者のスターターとして用いる菌がプロバイオティクスの要件を満たしている場合、これが発酵中に十分増殖していれば、この発酵食品はプロバイオティクスと言えます。

さまざまな発酵食品に含まれている主要な発酵微生物は、乳酸菌と酵母です。中でもプロバイオティクス的観点（生菌を摂取している）から私たちに最もなじみ深いのは、乳酸桿菌とビフィズス菌でしょう。PubMed（パブメド：生命科学領域の文献検索サイト）で検索してみると、実に多数のプロバイオティクス菌株の研究論文が見つかります。その多くは乳酸桿菌やビフィズス菌に関するものですが、これに加えて酵母や大腸菌なども含まれます。

ただし、これらの学術報告は、さまざまなプロバイオティクスの菌株ごとの研究報告である場合が多いようです。複数のプロバイオティクス菌株間の作用を比較したり、共通する作用のポイントを系統化したりした論文はなかなか見つかりません。この辺の明確な情報が示されると、消費者が必要とする製品の選択がより簡単になると考えます。

要点BOX

- プロバイオティクス≠発酵食品
- ただし、要件を満たす微生物で発酵された食品はもちろんプロバイオティクスに相当

プロバイオティクスと発酵食品の比較

プロバイオティクス/発酵食品	定義	形態	保健作用の証拠	カテゴリーに応じた製品表示	含有微生物の要件		
					保健作用を満たすための生菌数を含むこと	菌株レベルで分類医学的に同定されていること	遺伝子配列が明らかになっていること
プロバイオティクス	適当な生菌量を摂取することにより、健康に有益な作用を発揮する生きた微生物	不定	要	「プロバイオティクス」および、保健作用の訴求内容をラベル表示できる	要	要	要
発酵食品	微生物の望ましい増殖と、食品成分の酵素的変換によってつくられる食品	食品	不要	生菌を含まない場合：“発酵食品”、生菌を含む場合は“生菌を含む”	不要	不要	不要
プロバイオティクスを含有する発酵食品	菌株特異的な保健作用を有する微生物で発酵されるか、あるいはこの微生物を含む発酵食品	食品	要	「プロバイオティクス」および、保健作用の訴求内容をラベル表示できる	プロバイオティクス微生物には要、発酵微生物には不要	プロバイオティクス微生物には要、発酵微生物には不要	プロバイオティクス微生物には要、発酵微生物には不要
	菌株特異的な保健作用を持たないプロバイオティクスで発酵されるか、あるいはこの微生物を含む発酵食品	食品	不要	「プロバイオティクスを含む」	プロバイオティクス微生物には要、発酵微生物には不要	プロバイオティクス微生物には要、発酵微生物には不要	プロバイオティクス微生物には要、発酵微生物には不要

(Marco ML, et al., Nat Rev Gastroenterol Hepatol, 18: 196-208, 2021. より改編・引用)

用語解説

CFU：固形培地（増殖に必要な栄養を含む寒天培地など）上で菌が増殖し、目に見えるコロニーを形成する。これを生きた菌の単位（CFU）と表す

7 発酵乳料の成分規格

国内および国際的な基準がある

わが国では、独自の発酵乳や乳酸菌飲料の成分規格があります。すなわち、「乳及び乳製品の成分規格等に関する命令（乳等命令、消費者庁の管轄）(https://www.nyusankin.or.jp/know/law/)」では、製品中に含まれる無脂乳固形分や乳酸菌数、酵母数１ml当たり）に加え、大腸菌群が陰性であることなどが規定されています。

乳酸菌や酵母の生菌数については、公定培地を用いた標準的な培養法により得られた結果をＣＦＵ(colony forming unit：コロニー形成単位）で示すことが義務づけられています。この規定に基づき、製品には「発酵乳」や「乳酸菌飲料」と表示されているのです。詳しく知りたい場合は、製品メーカーに連絡して確かめることが可能です。また、（一社）全国発酵乳乳酸菌飲料協会（発酵乳乳酸菌飲料公正取引協議会）のホームページ（https://www.nyusankin.or.jp/）では、一般の方を対象にした説明情報を閲覧することができます。

話を海外に広げると、国際食品規格委員会（コーデックス委員会）は１９６２年に、国連の専門機関である国連食糧農業機関（ＦＡＯ）と世界保健機関（ＷＨＯ）によって設置された政府間組織です。加盟国は、実に１８５カ国（および欧州共同体）にも及んでいます。ここでは、さまざまな食品の安全性と品質に関する国際的な基準を定めています。

厚生労働省は、農林水産省や関係省庁と協力してこのコーデックス委員会に参加しており、食品の国際基準を策定するのに貢献しています。乳製品乳酸菌飲料は、コーデックス委員会による、はっ酵乳をもととした飲料（乳製品乳酸菌飲料：無脂乳固形分（牛乳から乳脂肪分と水分を除いた成分）を３・０％以上含み、乳酸菌数もしくは酵母数が１０００万／ml以上のもの、ヤクルトなど）という規格に組み込まれているのです。

要点BOX

- ●プロバイオティクス飲料は発酵乳や乳製品乳酸菌飲料などの規格に位置づけられる
- ●無脂乳固形分や乳酸菌数などが規定される

発酵乳、乳製品乳酸菌飲料、乳酸菌飲料の成分規格

飲料の種類		無脂乳固形分	乳酸菌または酵母の数	例
発酵乳	生菌	8%以上	1,000万以上	一般のヨーグルト
	殺菌	8%以上	-	殺菌発酵乳
乳製品乳酸菌飲料	生菌	3%以上	1,000万以上	「ヤクルト」
	殺菌	3%以上	-	カルピス(死菌)
乳酸菌飲料		3%未満	100万以上	MBPドリンク

(一般社団法人 全国発酵乳乳酸菌飲料協会　発酵乳乳酸菌飲料公正取引協議会
HP:https://www.nyusankin.or.jp/know/law/より改変・引用)
「乳及び乳製品の成分規格等に関する命令」令和6年4月1日 施行、管轄:消費者庁

さまざまなプロバイオティクス製品

ヨーグルト
おなかへGG!

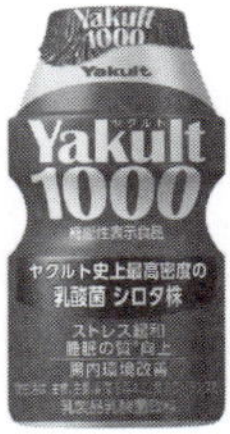

Yakult
1000

ヤクルト
400W

ミルミル

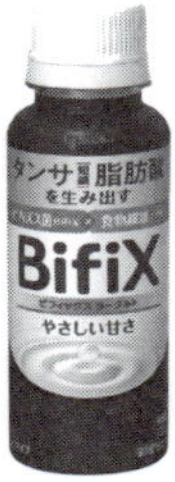

江崎グリコ
BifiXヨーグルト
ドリンクタイプ

PLUSカルピス
睡眠・腸活ケア

明治プロビオ
ヨーグルトR-1

明治プロビオ
ヨーグルトLG21

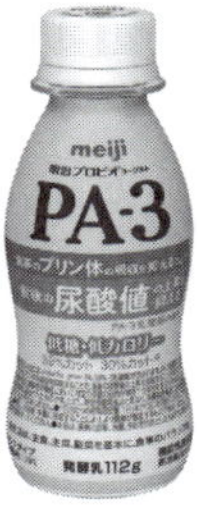

明治プロビオ
ヨーグルトPA-3

ビヒダスプレーン
ヨーグルト

恵 megumi
ガセリ菌SP株
ヨーグルト
ドリンクタイプ

写真提供：株式会社ヤクルト本社、タカナシ乳業株式会社、森永乳業株式会社、
株式会社明治、アサヒ飲料株式会社、雪印メグミルク株式会社、江崎グリコ株式会社

用語解説

大腸菌群(Coliform bacteria)：細菌分類学上の大腸菌を含むものの、大腸菌を含む腸内細菌科菌群を必ずしも示すわけではなく、衛生学的に糞便汚染の指標とされてきた一群の菌の総称

ヨーグルト(コーデックス規格)：牛乳に*S. thermophilus*と*L. delbrueckii subsp. bulgaricus*を共培養させて産生される発酵乳のこと。ここで、乳酸桿菌は*Lactobacillus delbrueckii*のみでなく、他の乳酸桿菌の菌種でも代替できるとする(https://www.nyusankin.or.jp/know/law/)

8 保健機能食品制度

トクホと機能性表示食品

わが国の保健機能食品制度は、１９９１年に「栄養改善法に基づく「特別用途食品」の１類型として「特定保健用食品（トクホ）」制度」が創設されたことに始まります。現在では、これを略したいわゆる「トクホ」という言葉が一般的になっています。

さらに、消費者のみなさんが安心して食生活の状況に応じた食品の選択ができるよう、適切な情報提供を目的として２００１年４月に、「保健機能食品制度」が施行されました。従来の「特定保健用食品（トクホ）」に加え、新たに「栄養機能食品」が創設され、これらをあわせて「保健機能食品」と総称することとなりました。さらに、機能性表示食品制度が２０１５年に創設されています。

トクホでは、適正な方法で実施されたヒト臨床試験で得られた結果に基づく効果が訴求でき、許可された文言を製品に表示することが可能です。ただし、食品であるため、特定の疾患に有効であることは訴求できません。対象として「便秘気味」とか「血糖値が高めの方」と記載されているのはそのためです。一方で、機能性表示食品は「トクホ」とは異なり、企業などの責任に基づく届出制（自己認証）であるため、また保健作用を示す関与成分については既得の学術情報を使用することで訴求可能なため、登録食品数はトクホに比べて圧倒的に多い状況です。

プロバイオティクスの訴求点として、「良い菌を増やし、悪い菌を減らして腸内の環境を改善し、おなかの調子を整えます」というような整腸作用に関するものが多く見られます。しかし近年では、「ストレスを軽減して、睡眠の質を高める」「肌の潤いを保ち、肌の乾燥を緩和する」「おなかの脂肪（体脂肪、内臓脂肪）を減らす」「齢とともに低下する骨密度を高める」「食後の尿酸値の上昇を抑制する」など、多岐にわたる保健作用を持つ機能性表示食品が販売されるに至っています。

要点BOX

●プロバイオティクスを利用した食品の多くが、トクホや機能性表示食品の承認を受けている

●訴求ポイントは整腸作用のみならずさまざま

2001年から施行された保健機能食品制度

保健機能食品

栄養機能食品（●●※）

○国が定める定型文で栄養成分の機能が表示されています

※ ●●には、カルシウム、ビタミン C などの栄養成分名が表示されています。

特定保健用食品（トクホ）

○国による個別許可
○健康の維持、増進に役立つ、または適する旨が表示されています

機能性表示食品

○事業者責任で表示（国への届出制）
○健康の維持、増進に役立つ、または適する旨が表示されています

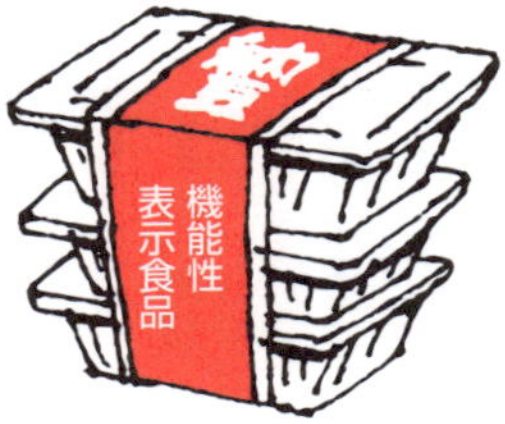

消費者庁HPより抜粋・引用（https://www.caa.go.jp/policies/policy/food_labeling/foods_with_health_claims/）

特定保健用食品と機能性表示食品の違い

	《特定保健用食品》	《機能性表示食品》
認証	消費者庁による審査（国による認証）	企業などの責任に基づく届出制（自己認証）
マーク	許可マークがある	国からマークなどは付与されない
安全性	安全性試験の実施が必須	食経験の評価。安全性試験は既存の文献情報による評価もOK
有効性	ヒトにおける有効性試験の実施が必須	ヒトにおける有効性試験の結果のほか、システマティックレビューによる科学的根拠の実証が可能

用語解説

機能性表示食品：機能性表示食品の詳細な情報は、消費者庁のHP（https://www.fld.caa.go.jp/caaks/cssc01/）に適宜キーワードを入力することで得られる

9 世界的に見たプロバイオティクスの規格

国により異なる食品規格

食品には、主要な3つの機能があると言われています。1次機能は「栄養」、2次機能は「味」と「香り」、そして3次機能は「生体調節機能」（保健作用）とされています。この3次機能である「食品の保健作用」の表示に関する各国の行政機関による規制のレベルはさまざまです。

東南アジア諸国では、わが国と同様の規制が実施されている国も多いです。一方で、米国では食品の3次機能を認めておらず、これを有するものは医薬品扱いとなります。米国食品医薬品局（Food and Drug Administration：FDA）は、保健作用を有する微生物を〝probiotics〟と表現せず、〝biotherapeutic microorganisms (as drug)〟「生物学的治療に用いる微生物（薬剤として）」と類別しています。一方、欧州のEU諸国では、「プロバイオティクス」の表現は健康に良好な作用をすることを想起させることから、その使用は許されていないのです。

EUの諮問機関である欧州食品安全機関（European Food Safety Association:：EFSA）によるプロバイオティクス表記の承認が必要です。いまだEFSAからプロバイオティクス表記承認を得たものはなく、その理由は「確固たる臨床試験の証拠」や「臨床的な作用を裏づける作用メカニズム」が不足していること、とされています。

世界消化器病学会のグローバル・ガイドライン「プロバイオティクスとプレバイオティクス」では、臨床試験に基づく効能が解説されています。ここでは、さまざまな菌種や菌株のプロバイオティクスによる多様な疾患の症状軽減作用が紹介されています。しかし、菌種や菌株の機能的差異についての詳細な情報は読み取れません。消費者は、製品の提供企業が提供する効能喧伝を信じて製品を購入していますが、製品ごとの差異（異なる菌株）を比較するときにこうした学術情報が役立つでしょう。

要点BOX

- ●プロバイオティクスの規制は世界でさまざま
- ●欧米の規制は比較的厳しい
- ●菌種・菌株ごとの機能的差異を知ろう

世界の国や地域におけるプロバイオティクスに関する規制

国名	規制/ガイドライン
アメリカ合衆国	特別な規制やガイドラインはなし
カナダ	天然健康食品規制ガイダンス文書の概要
ブラジル	2018年決議第241号(2018/7/26)
EU	特別な規制はなし
イタリア	プロバイオティクスおよびプレバイオティクスの規制
チェコ共和国	特定の食品表示のアプローチに関する国内勧告
オランダ	ヘルスクレームの使用に関するガイダンス文書: 広告に関する自主規制機関のガイダンス文書
韓国	健康機能食品規約 II2.5 発酵微生物 - 2.5.1 プロバイオティクス(2019/12/30食品医薬品局通知)
中国 広州	プロバイオティクス健康食品申請・審査規則(試行)
タイ	保健省告示第339号(2011年) Re: 食品におけるプロバイオティクス微生物の使用、および保健省告示第 346 号(2012 年)Re: 食品におけるプロバイオティクス微生物の使用(No.2)
インドネシア	2016年第13号:加工食品の表示・広告に関するモニタリングについて
マレーシア	1985年P.U.(A) 104/2017食品規則第26条
インド	食品中のプロバイオティクス評価のためのガイドライン(インド医学研究評議会)
日本	特別な規制やガイドラインはなし 1) 健康増進法(2002年公布/2003年施行) 2) 食品表示法(2015年施行)
中近東	GSO2512:2016 プロバイオティクス含有乳製品
フィリピン	ビューローサーキュラーNo.16s 2004 プロバイオティクスに関するガイドライン

(Nomoto K. Case study 4. Probiotics, 59-68, Functional Foods Monograph (ILSI SEA Region's Functional Foods Monograph), 2021.より改変・引用)

用語解説

EFSA: 欧州連合域内の食品の安全性に影響するあらゆる内容(機能表示も含む)について、専門家らがリスク評価を行い、科学的な情報を提供している

Column

国際生命科学研究機構（ILSI）

国際生命科学研究機構（International Life Sciences Institute：ＩＬＳＩ）は、１９７８年に米国で設立された非営利の団体です。科学的な視点で、健康・栄養・安全・環境に関わる問題の解決および正しい理解を目指すとともに、今後発生する恐れのある問題を事前に予測して対応していくなど活発な活動を行っています。さらに、その成果を学術シンポジウムや出版物を通じて、全世界に公表しています。

最近では特に、「肥満」「食品バイオテクノロジー」「機能性食品」「食品安全・リスクアセスメント」の４つをメインのグローバル・プロジェクトとして活動を進めています。欧米をはじめ、各国で国際協調を目指した政策を決定する際には、科学的データの提供者としても高い信頼を得ています。ということで、各自の興味や関心に応じた最新の情報を詳しく調べることが可能です。

ＩＬＳＩは、米国本部ほか日本を含む11の地域支部から構成されています。各地域支部では、地域に特有な課題に対応すると同時に、さまざまな研究分野における世界的に優れた科学者の協力を得て、研究・調査を進めています（ＩＬＳＩ日本支部のホームページ：https://ilsijapan-org.prm-ssl.jp/）。私はＩＬＳＩ東南アジア支部（ILSI-SouthAsia）の要望に応じて、同支部の発行している「機能性食品モノグラフ（Functional Foods Monograph）２０２１」に「プロバイオティクス〜現在の考え方から将来の発展展望まで」を寄稿し、プロバイオティクスの保健機能食品としての世界的規制の状況を紹介するとともに、今後のプロバイオティクスの研究・開発のポイントを考察しました。

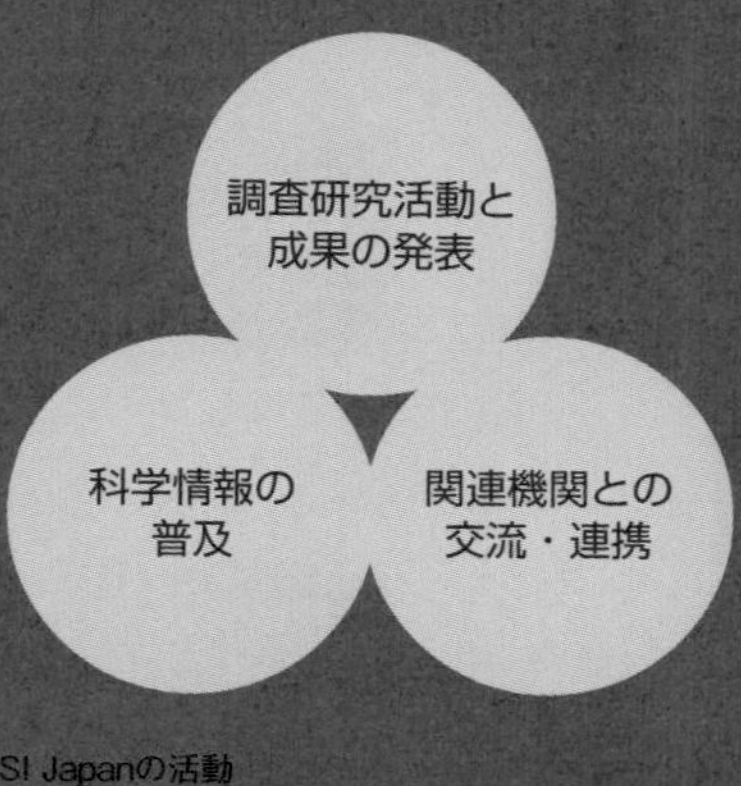

ILSI Japanの活動
（https://ilsijapan-org.prm-ssl.jp/ILSIJapan/ILJ/ILJ-B3.php#b2）

第2章

プロバイオティクスの保健作用

10 腸内フローラとは？

最も大きなプロバイオティクスの作用点

自然界に生息する極めて多様な微生物種のうち、限定された微生物群が私たちの消化管に独特な微生物生態系を構築しています。これを腸内フローラ（腸内細菌叢）と呼んでいます。口腔から肛門に至る消化管のあらゆる部位に、その環境に応じた特徴的な菌叢が形成されています。総数１００兆個とも言われる腸内細菌叢の大半は、下部消化管に生息しているのです。

今世紀に入り、現在の微生物における系統分類学が進展しました。下部腸管の腸内フローラは、ボランティアの新鮮便から抽出された核酸（ＤＮＡやＲＮＡ）の配列を調べることで解析が行われてきました。その結果、構成菌の種類は実に多様ではあるものの、系統分類学的に古細菌と呼ばれる1門と、細菌ドメインの11の門に集約されることがわかっています。

成人では、主に*Clostridium*（*Blautia*）*coccoides*群、*Clostridium leptum*群（以上、*Bacillota*門）、Bifidobacterium（Actinomycetota門）、Atpobium（Actinomycetota門）、*Bacteroides fragilis*群（Bacteroidota門）、Prevotella（Bacteroidota門）の嫌気性６菌群が全菌数の１００％近くを占めます。この中でも、腸内の最優勢嫌気性菌群であるBacillota門やBacteroidota門は、極めて多くの菌種を含んでいます。個人差はありますが、健常成人ではこれらを合わせると、総菌数の８～９割を占めるとされています。

一方で、生息レベルは最優勢菌群の１０００分の１～１００分の１と低いのですが、乳酸桿菌群や腸内細菌目菌群などの通性嫌気性菌群が生息しています。健常な状態では、これらの構成菌群の構成比率は安定していますが、感染や薬剤、ストレス、偏った食事などの因子により、生息菌数や構成比率の変化などの腸内フローラの異常がもたらされることになります。

要点BOX

- ●腸内フローラは私たちの腸内に共生する極めて多様な微生物生態系
- ●腸内フローラの構成はDNA解析で調べる

腸内細菌叢の系統分類

現在の門の名称	従来の門の名称	主な菌群(種)
Bacillota (バシロータ)	Firmicutes (ファーミキューテス)	*Clostridium leptum subgroup,Blautia coccoides group,Veillonella*(ベイロネラ) *Lactobacillus* (ラクトバチルス)
Pseudomonadota (シュードモナドータ)	Proteobacteria (プロテオバクテリア)	*Enterobacterales*(*Escherichia coli*)
Actinomycetota (アクチノマイセトータ)	Actinobacteria (アクチノバクテリア)	*Bifidobacterium, Atopobium cluster*
Bacteroidota (バクテロイドータ)	Bacteroidetes (バクテロイデーテス)	*Bacteroides, Prevotella*
Fusobacteriota (フソバクテリオータ)	Fusobacteria (フソバクテリア)	*Fusobacterium varium* (フソバクテリム バリウム)
Verrucomicrobiota (ウェルコミクロビオータ)	Verrucomicrobia (ウェルコミクロヒア)	*Akkermansia muciniphila* (アカマンシア ムシニフィラ)

健常成人の腸内フローラ構成菌種数の恒常性

α多様性(Chao1指数)

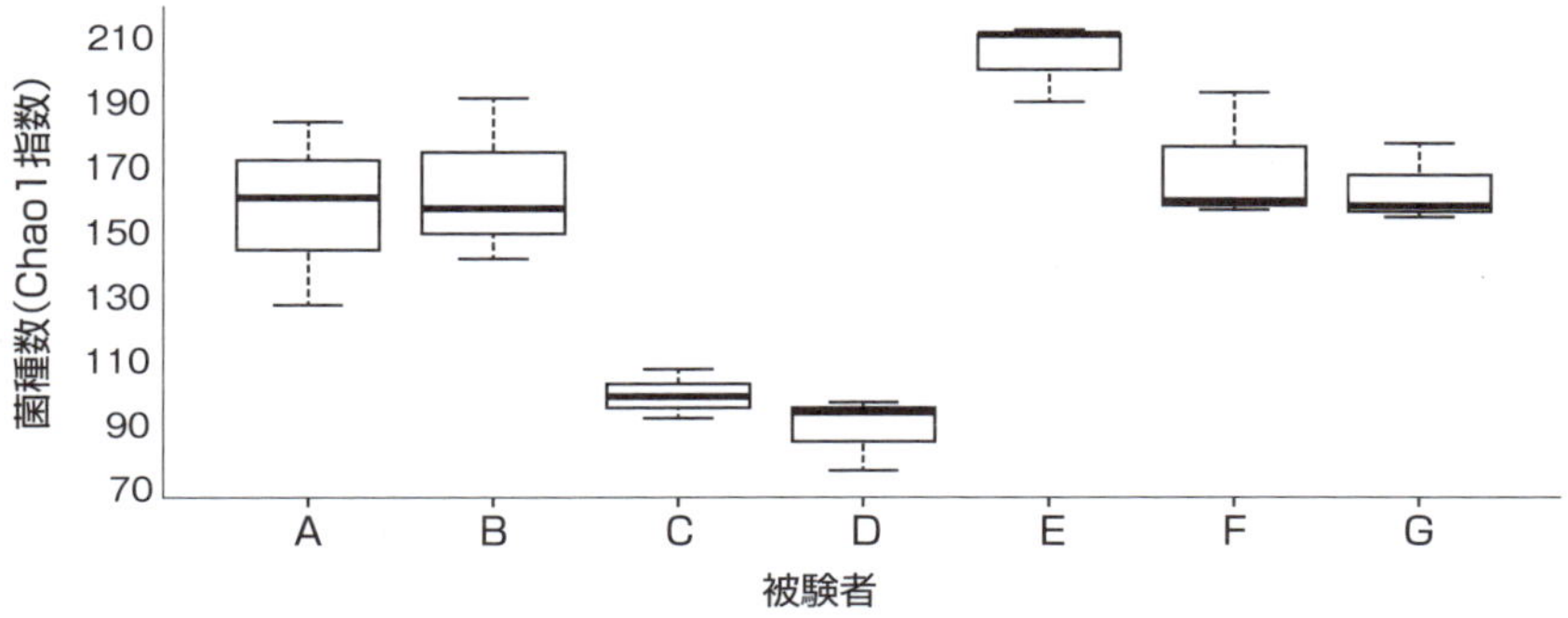

健常成人7人(平均年齢:22歳、男性3人、女性4人、A～G)から1～2週間おきに3回、自然排便を提出してもらい、これから抽出したDNAについて網羅的な菌叢解析を実施した

結果

・健常成人7人(A～G)の腸内フローラ(菌種数の豊富さ)には個人差があった
・3回の測定結果のバラツキは小さかった(恒常性)
(箱ひげ図の太線は、3回測定結果の中央値を示す)

用語解説

腸内細菌の系統分類：現在の系統分類学では、主にタンパク質の合成を司る細胞内器官「リボゾーム」の遺伝子配列の差異に基づく分類が行われている

11 治療から未病の予防へ

プロバイオティクスに含まれる微生物は、主に分類学的には乳酸桿菌（*Lactobacillus*）、ビフィズス菌（*Bifidobacterium*）、乳酸球菌（*Lactococcus*）、ストレプトコッカス（*Streptococcus*）腸球菌が多数派です。ほかにも、バチルス（*Bacillus*）属や酵母菌（*Saccharomyces*）、さらには大腸菌（*Escherichia coli*）も含まれます。以上のような、多様な菌種にまたがるプロバイオティクスの機能性は、食品の3機能（9項で説明）のうち3番目の機能（健康の維持増進や疾病の予防など体調の調節機能）に絞って考えることが可能です。

ところで、未病とは「自覚症状はなくても、検査で異常がある状態」と「自覚症状はあるけれども、検査では異常がない状態」とを合わせた状態、と説明されています（一般社団法人未病学会HP：https://www.j-mibyou.or.jp/mibyotowa.htm#mibyonohi）。プロバイオティクスの機能性は、「未病の予防」（未病状態から健常な状態への回復を促進すること）に重きを置いて考えるのが妥当ではないでしょうか。

保健機能食品の効果を訴求することを目的に、「……（血圧、血糖、コレステロールなどの検査値やおなかの具合など）が気になる方へ」というような表現が一般化しています。しかし、食品やサプリメントでは便秘症や糖尿病、高血圧症など、診断がついた疾病の治療に関わる訴求はできません。ただ、薬剤などによる治療効果を副次的に支える、いわゆるアジュバント（治療の補助）作用は、プロバイオティクスの本質的な意義であると考えます。

以後は、私が直接関わったプロバイオティクスの保健作用に関する検証試験のいくつかを紹介していきます。さらに、世界的に進められているプロバイオティクス臨床試験の結果のうち、明確な結果が得られているものについても適宜、図表を交えながら披露します。

要点BOX

- プロバイオティクスの菌種は乳酸桿菌やビフィズス菌など多様なものがある
- 未病の予防やアジュバント作用が肝心

未病とは

病気ではないけれども、健康でもない状態のこと
「自覚症状はないが、検査では異常がある状態」と「自覚症状はあるものの、検査では異常がない状態」を言う

（未病学会:https://j-mibyou.or.jp/mibyotowa.htm#mibyonohi）

12月17日は未病の日

江戸時代の儒学者で、本草学者(薬学者)でもある貝原益軒《かいばらえきけん》が健康長寿の心得を著した『養生訓』。病気を誘発する内欲を抑え、感冒やストレスなどの外邪を防ぐ心がけを説いた健康法が幅広く読まれた。そんな貝原益軒の誕生日12月17日が後に未病の日に制定された

「養生訓」(貝原益軒:1630 - 1714)

用語解説

アジュバント(adjuvant)：薬剤の有効性を補助したり、増強したりする目的で併用される物質を指す

12 健常児における腸内細菌叢の改善作用

通過菌の作用の特徴が表れている

よく、「プロバイオティクス飲料をどのくらい飲み続けるのがよいか?」と聞かれます。この質問への答えになる、ある臨床試験の結果を示します。

順天堂大学大学院プロバイオティクス研究講座で、健常小児を対象としたプロバイオティクスの長期飲用が、小児の腸内細菌叢に与える効果を調べたものです。この研究では、平均年齢8歳（4～12歳）の健常児に6カ月間、プロバイオティクス飲料（Lカゼイシロタ株を400億個含む乳飲料）を毎日摂取してもらうと、飲用後3カ月後と6カ月後に極めて明確な腸内細菌叢の改善が認められました。すなわち、ビフィズス菌の増加と大腸菌やブドウ球菌、ウェルシュ菌など有害菌の減少です。

腸内の有機酸濃度も、プロバイオティクスの飲用開始から3カ月以降に明らかな上昇が認められました。この結果は、プロバイオティクスの腸内フローラ改善作用を期待するために、1カ月間を超えて飲み続ける必要があったことを示しています。また、この研究で、飲用試験終了後さらに半年を経過した時点の同じ小児の腸内細菌叢と腸内環境は、試験開始時の状態に戻っていました。通常、プロバイオティクスは腸内に長くとどまらず、便とともに排泄されてしまう通過菌です。したがって、プロバイオティクスの効果を期待するには、継続的な摂取が必要とされるのです。

健常小児では、自身の腸内フローラによる「コロナイゼーションレジスタンス（CR）能（多様な微生物生態系の自律的な恒常性維持）」が強く、プロバイオティクスの有意な効果を得るのにより多くの時間がかかると推察されます。ただし後に紹介するように、腸内細菌叢の異常を伴うさまざまな基礎疾患を有する患者の場合は、CR能が低下しているために、プロバイオティクスやシンバイオティクスの腸内定着性が上昇したり代謝能が亢進したりすることで、その効果がより速やかに発揮される可能性があるのです。

要点BOX

- ●長期飲用で小児の腸内フローラ・環境が改善
- ●便とともに排泄されるため継続摂取したい
- ●作用は腸内のCR能が影響

プロバイオティクス飲用による腸内状況の変化

腸内フローラはプロバイオティクス飲用により改善し、
飲用を中止すると元の状態に戻る

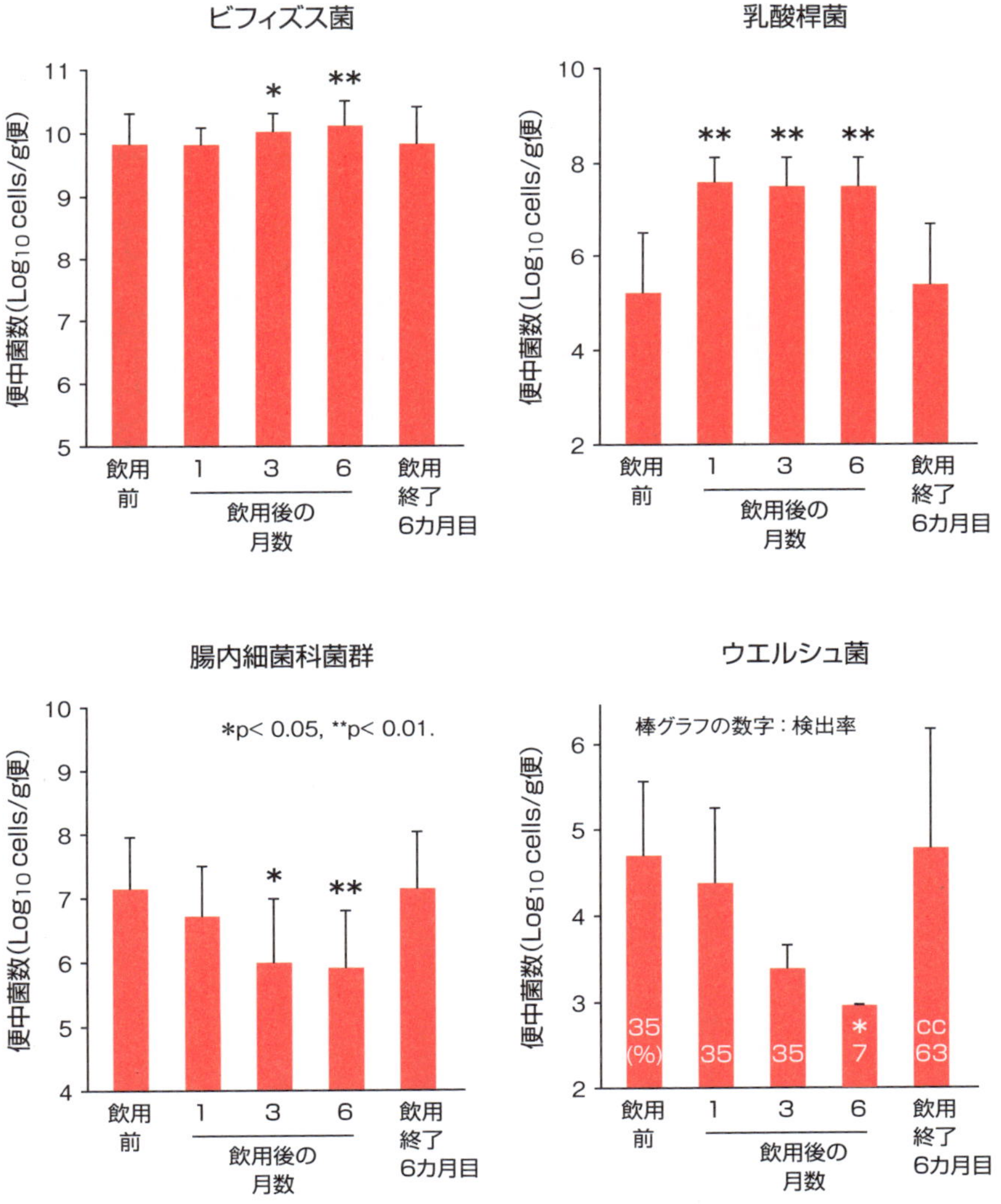

(Ann Nutr Metab, 67:257-266, 2015. doi: 10.1159/000441066.より改変・引用)

用語解説

ブドウ球菌：ヒトの腸内にも生息するグラム陽性の球菌。顕微鏡で見た菌がブドウの房状に集まっていることからブドウ球菌と名づけられた

13 新生児や小児外科の合併症予防

安全なビフィズス菌の利用

健常小児以外にも、医療領域で小児患者（患児）におけるプロバイオティクスの有用性が知られています。新生児の生後間もなくは、大腸菌やブドウ球菌などの通性嫌気性菌を主体とする腸内細菌叢が形成されます。これに次いで、ビフィズス菌が主体となる安定性の増した菌叢となります。

ビフィズス菌から産生される酢酸は腸内環境を安定させます。しかし、多様な外科疾患のある小児の場合は腸内細菌叢の異常が認められます。この状態で、ビフィズス菌を管で腸に投与することにより腸内細菌叢の異常を抑え、全身状態を改善した報告もあります。さらに白血病の患児においても、抗がん化学療法による腸内細菌叢の異常が、ビフィズス菌製剤の投与により改善し、副作用が軽減したことが報告されています。このような科学的証拠に基づくプロバイオティクスは、*Bifidobacterium breve*など一部の菌種や菌株に限られます。

ところで、わが国の出生数は低下傾向を示すものの、出生数に占める低出生体重児（出生時の体重が２５００g未満）の割合は１９８０年代から増加傾向にあり、この20年ほどは９％台で横ばいが続いています（人口動態統計）。そして、低出生体重児の合併症を予防する目的でビフィズス菌製剤が利用されています。これは出生後の児の腸内に、なるべく早くビフィズス菌を導入することにより、壊死性腸炎など起因菌の腸内増殖を防ぐことが狙いです。

特にビフィズス菌の早期腸内定着は、乳幼児期の健康な成長に重要と考えられています。外科手術前後のビフィズス菌製剤の投与により、術後の菌血症が抑制されることも報告されています。このように、生きた細菌でありながら、最も免疫力が脆弱とも考えられるこれらの児に対して、むしろビフィズス菌が感染防御的に働くというのは、まさに「菌をもって菌を制す」という証でしょう。

要点BOX

- ●プロバイオティクスは、小児の白血病や外科手術後の感染予防に有効であることを確認
- ●低出生体重児の感染予防に効くビフィズス菌

小児悪性腫瘍患者がプロバイオティクスを経口摂取したときの腸内フローラ・環境の改善

	発熱		下痢		抗生剤(経管)の使用
	回数	期間(日)	回数	期間(日)	日数
プラセボ飲料	0.95	3	0.55	3.45	6.9
プロバイオティクス (*B. breve*)	0.5	1.06	0.39	1.06	3.22

BBG-01：*B. breve*ヤクルト株生菌10^{10}個(1g当たり)を含む

(Support Care Cancer, 18:751-759,2010.doi: 10.1007/s00520-009-0711-6.より改変・引用)

外科手術後の小児がプロバイオティクスを経口摂取したときの腸内フローラ・環境の改善

対象患者：胸部、腹部、腫瘍、泌尿器の手術患者
年齢　プラセボ群：2.6歳、プロバイオティクス群：2.4歳
プロバイオティクス：*Bifidobacterium breve* (BBG-01)
手術10日前から退院まで連日投与

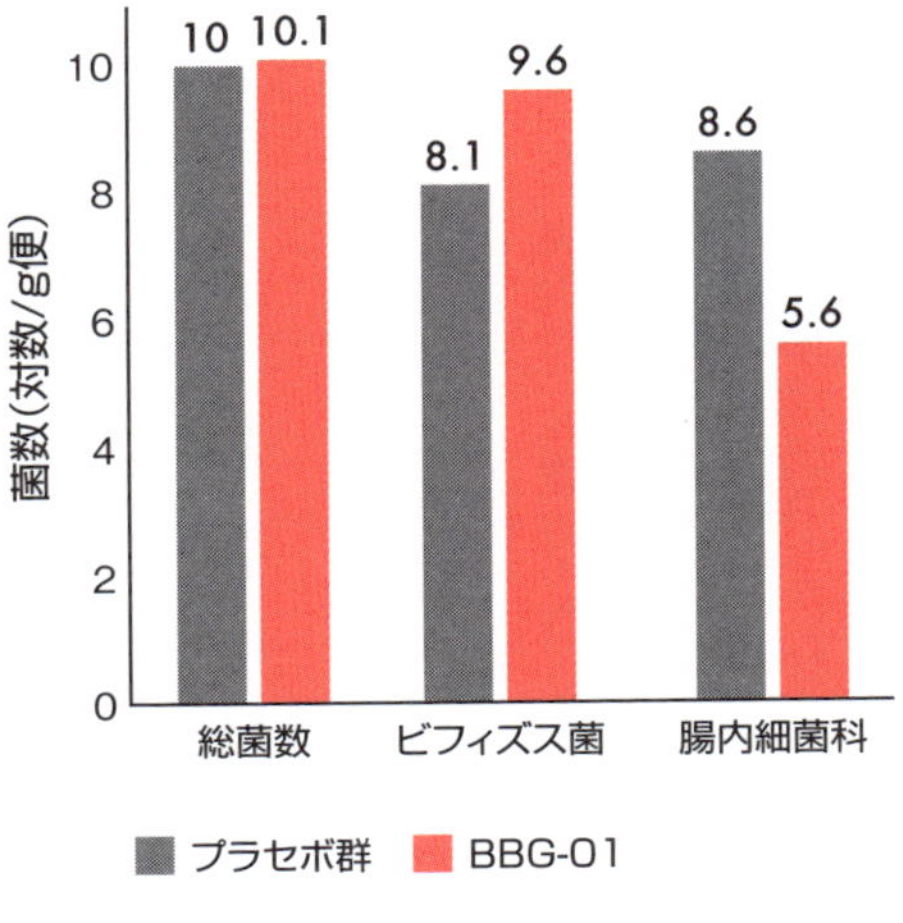

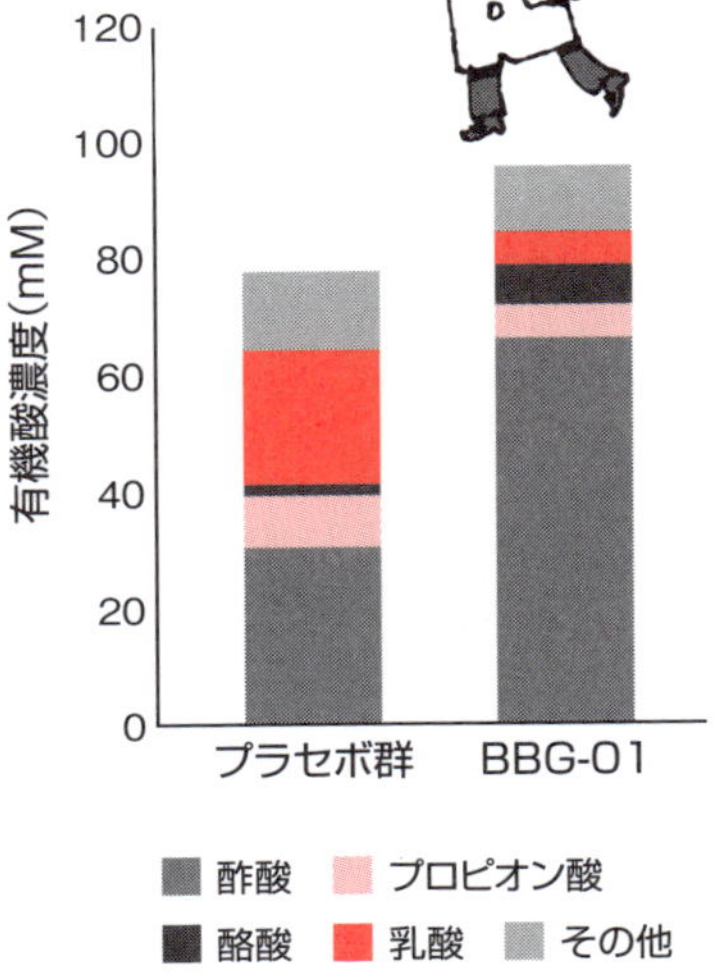

(Okazaki T, et al. Ann Nutr Metab, 71(suppl 1):31-36, 2017. DOI: 10.1159/000479921.より改変・引用)

用語解説

壊死性腸炎：主に低出生体重児に発生する腸の壊死を伴う疾患のこと。腸内フローラ異常に対するプロバイオティクスによる予防が唱えられている

14 高齢者における合併症の予防

施設スタッフにも有効

13項では、新生児や患児に対して、プロバイオティクスやシンバイオティクスが顕著な合併症の予防作用を発揮することを紹介しました。一方で高齢者向け施設の入居者（平均年齢85歳）を対象とした、プラセボ対照無作為化二重盲検と呼ばれる試験においても、プロバイオティクス（乳酸桿菌）飲料を6カ月間毎日飲用することで、腸内フローラ（ビフィズス菌数の上昇と腸内細菌目菌群や日和見感染菌の減少）・腸内環境（腸内有機酸濃度）が改善することが報告されています。

この試験では、高齢化に伴う腸内細菌科菌群（大腸菌など）の増加とビフィズス菌の減少で示される腸内細菌叢異常が、プロバイオティクスの継続摂取により顕著に改善されました。プロバイオティクス飲用群では、下痢や便秘、発熱の発症率もプラセボ飲料摂取群に比べて明らかに低かったのです。

ちなみにこの研究実施時に、同施設に勤務する職員（平均年齢40歳）にも同じプロバイオティクスを摂取してもらったところ、高齢者のケースと同様に腸内フローラの改善が認められました。健常者では、通常は健常者から未検出の緑膿菌が施設スタッフから検出されましたが、この緑膿菌の検出率もプロバイオティクス摂取により低下しました。

昨今では、耐性菌（緑膿菌も含む）による院内感染がしばしば問題となっています。しかし、以上の結果は、限られた生活環境下での施設入所者と施設スタッフの間の、微生物の水平伝播（感染症を含む）が、プロバイオティクスの摂取により予防可能であることを示唆しており、とても興味深いです。

さらに同じプロバイオティクスについて、同様の試験を別の高齢者施設で実施しました。すると、試験期間中にたまたま発生したロタウイルスを原因とする下痢症の発症率が、プロバイオティクス摂取群ではプラセボ摂取群に比べて、有意に低い結果が得られています。

要点BOX

- ●プロバイオティクスは高齢者の症状（発熱、便秘、下痢）改善に有効
- ●微生物の水平伝播の可能性を抑える

高齢者におけるプロバイオティクスによる合併症の予防

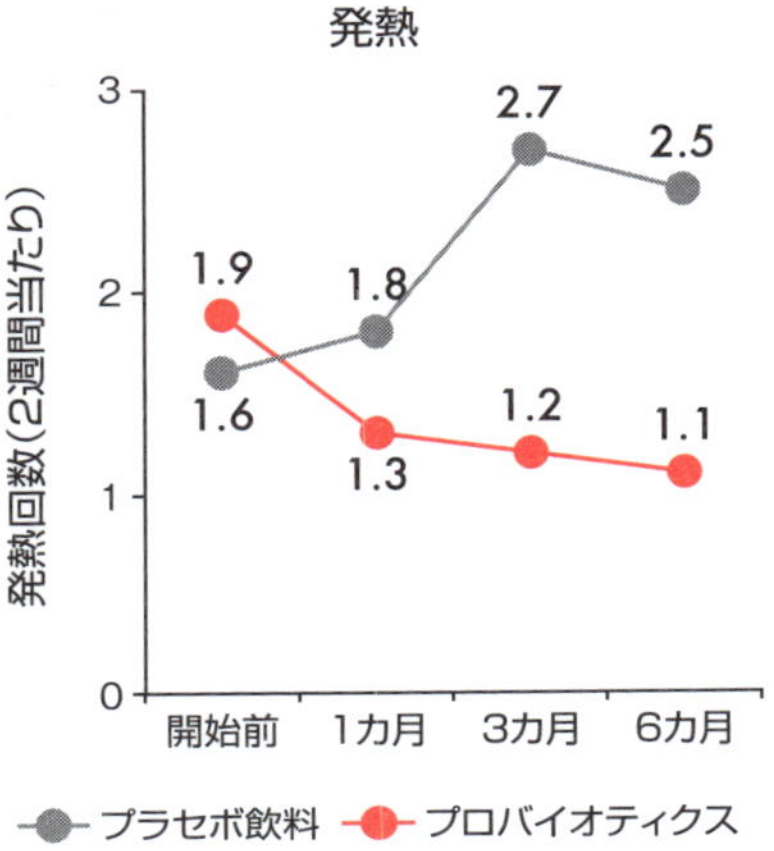

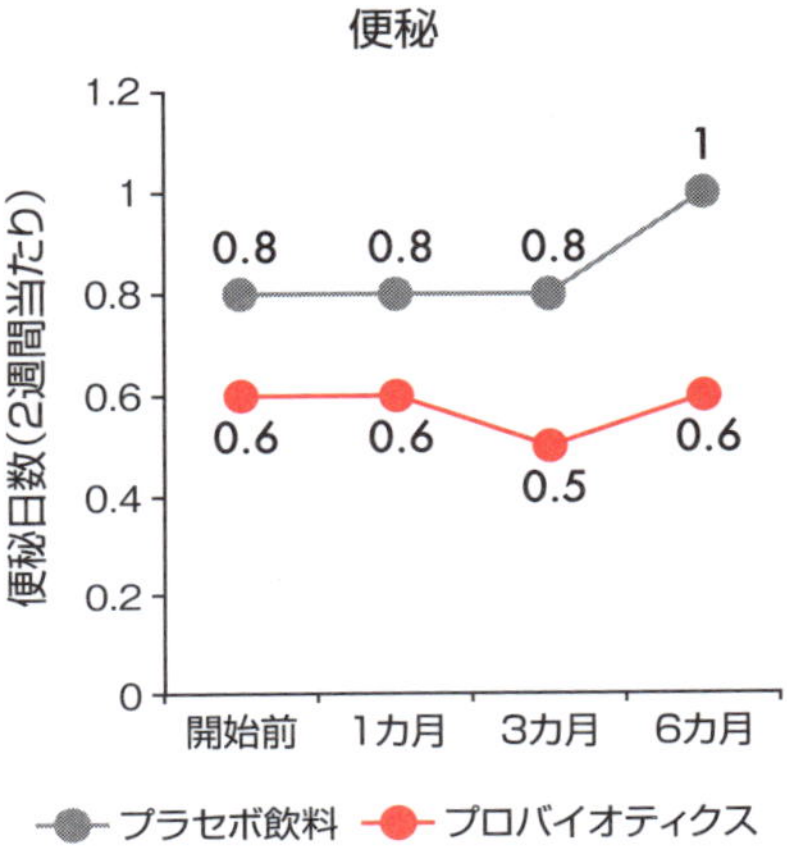

対象者：長期療養型病院の入所高齢者(平均年齢:85歳)
試験群：プロバイオティクス飲料群：36例、プラセボ飲料：36例

結果	プロバイオティクス飲料の継続摂取により、高齢者の臨床症状が改善した

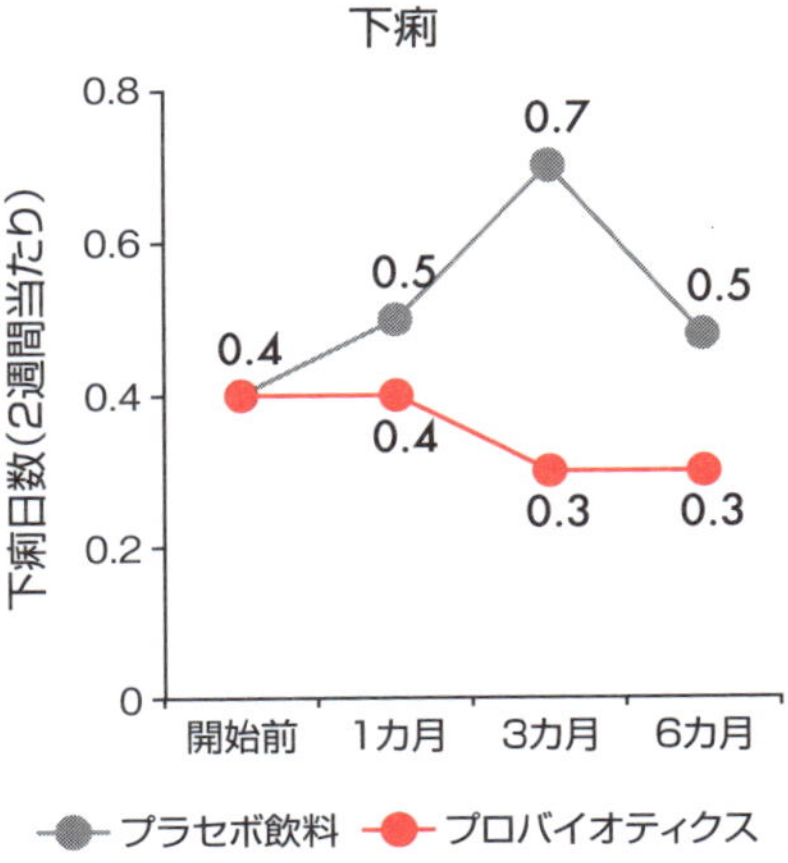

(Nagata, S. et al. Annal Nutr Metabol,68:51-59, 2016)より抜粋・改変

試験スケジュール

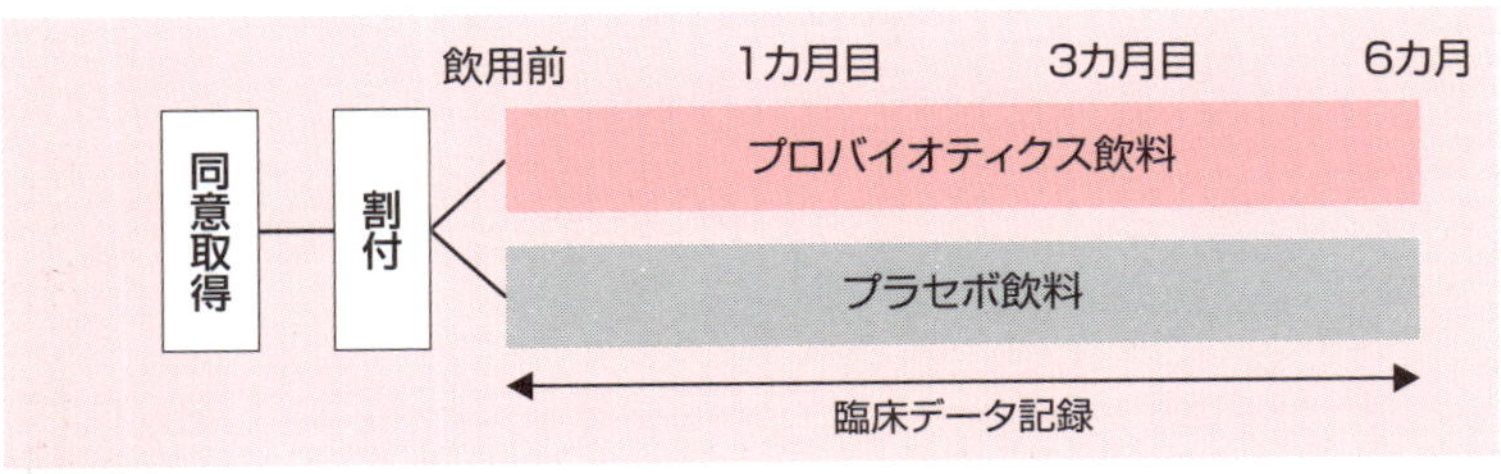

用語解説

プラセボ：披検物質と見た目や香り、味について区別がつきにくく、有効成分を含んでいない試験の対照として用いられる物質のことを呼ぶ

15 感染性下痢症とプロバイオティクス

Ｏ１５７の予防に有効

上下水道の完備や摂取食品の衛生管理、住環境の清浄化などが進展したことで、日常生活上において感染症への恐怖感はだいぶ薄れてきました。ただし、主要な感染性の一つである急性下痢症は、今なお私たちの脅威となっています。腸管出血性大腸菌Ｏ１５７の感染は１９９６年の大阪・堺市の集団食中毒を契機に発生し、今も年間で一定程度起きています。

Ｏ１５７は、大腸菌でありながら赤痢菌と同一の毒素を産生します。１００個程度の極めて少数の菌を摂取しただけで感染する、という強い感染力を持っています。感染菌は、感染後の腸内で爆発的に増殖する過程を経て、毒素を産生します。この毒素は腸管の上皮細胞を破壊するために、私たちは感染によって腸に大きなダメージを受けることになります。症状が進んだ場合、腎臓や中枢神経系の障害に至ることもあります。したがって、抗菌剤による治療に加えて大量の補液が肝心です。

プロバイオティクスの活躍の場として、このような急性感染性下痢症に対する予防作用が考えられます。私が経験した基礎実験では、あらかじめ抗菌剤で腸内フローラを乱した状態で、ここに抗生剤に自然耐性を示すプロバイオティクス菌株を投与すると、このプロバイオティクス菌株は腸内に定着して増殖し、Ｏ１５７やネズミチフス菌の経口感染に対する抵抗力が高まることを確認しました。このプロバイオティクスによる感染防御の作用メカニズムとして、プロバイオティクスが腸内に定着した状態で産生する酢酸や乳酸などの有機酸の、病原菌に対する抗菌作用が重要であることも示されています。

日常的にプロバイオティクスを摂取すると、何らかの原因により腸内フローラが乱れた折に、プロバイオティクスがこの乱れを補完してくれます。これにより、Ｏ１５７などの食中毒菌に対する抵抗性を維持する作用の発揮に期待が持たれています。

要点BOX

- ●腸管出血性大腸菌による感染症には今も注意
- ●プロバイオティクスの継続摂取がO157感染予防に有効であることを示す実験結果が多い

多剤耐性黄色ブドウ球菌（MRSA）に対するシンバイオティクスの感染防御作用

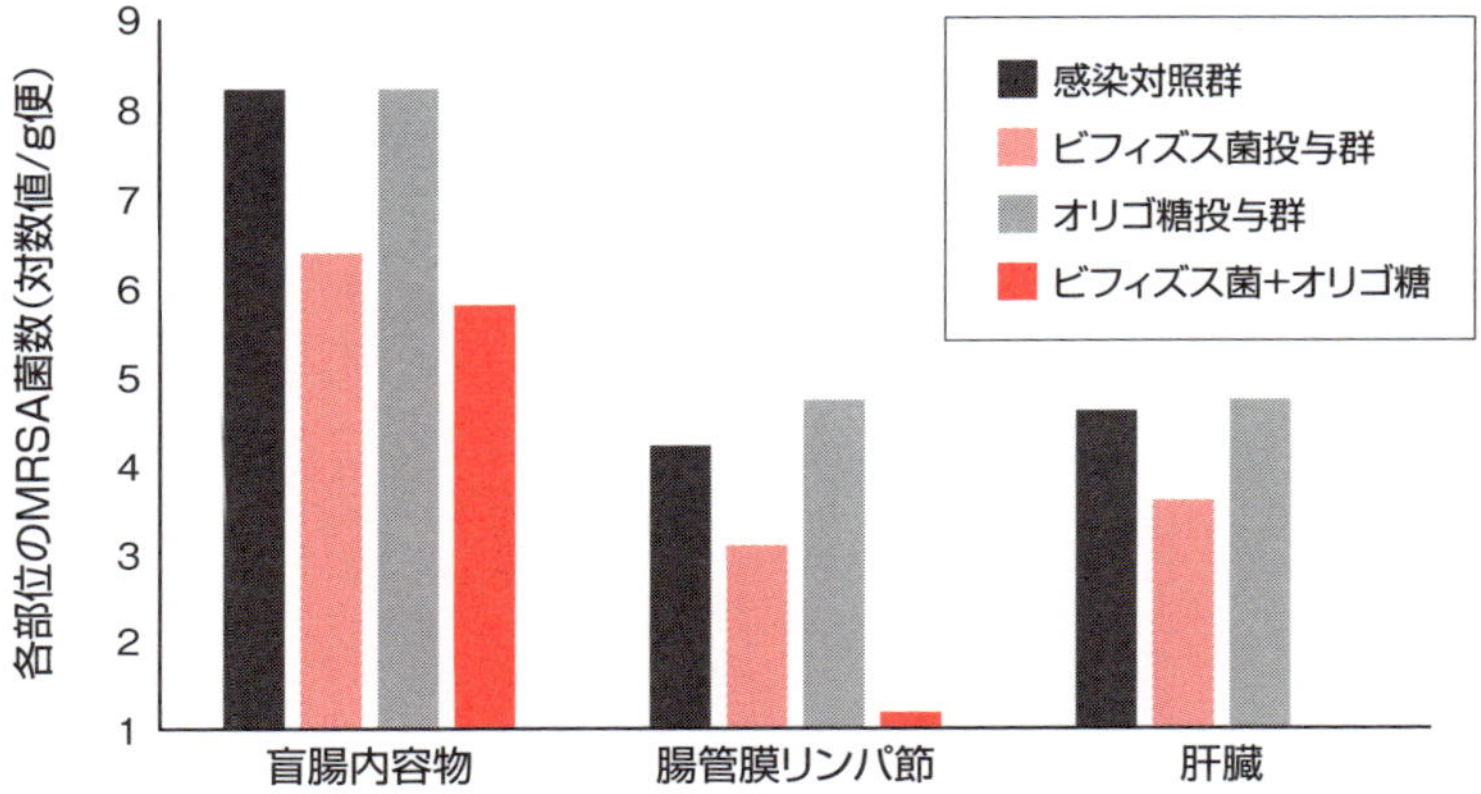

マウスにあらかじめビフィズス菌（*B. breve*ヤクルト株）を投与しておくと、MRSAの経口感染に対する抵抗性が強められた

（Lkhagvadorj E, et al. Microbiol Immunol, 54: 265–275, 2010. doi:10.1111/j.1348-0421.2010.00224.xより改変・引用）

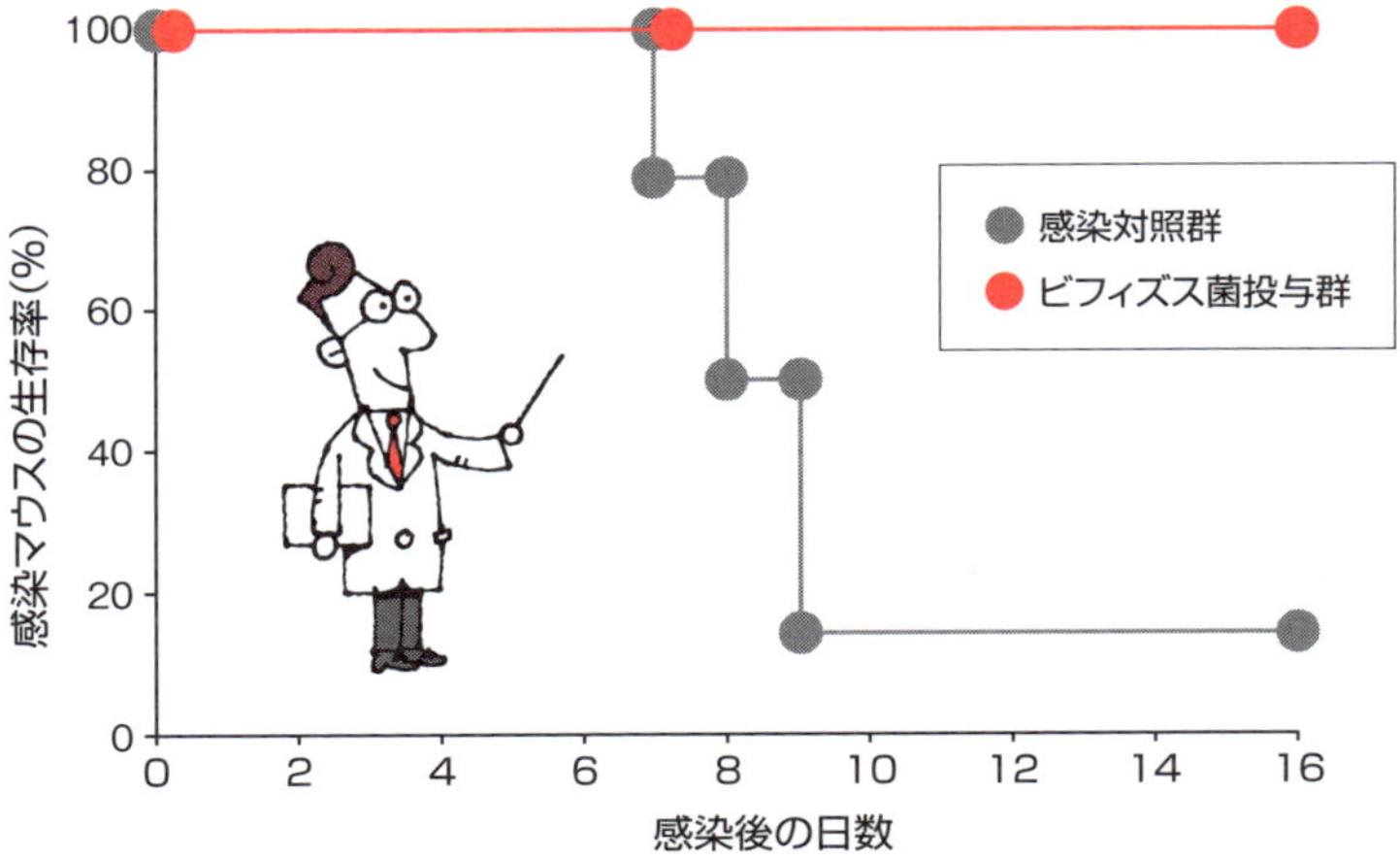

マウスにあらかじめプロバイオティクス（*B.breve*ヤクルト株）を投与しておくと、大腸菌O157の経口感染に対する抵抗性が強められた

（Asahara T, et al. Infect Immun, 72: 2240-2247, 2004. doi: 10.1128/IAI.72.4.2240-2247.2004.より改変・引用）

用語解説

下痢症：1日に3回以上の軟便か水様便の排泄のこと。感染性下痢症は通常、さまざまな細菌やウイルス、寄生虫が病原となる腸管感染症を言う。これらの感染性微生物は、汚染された食べ物や飲み水、劣悪な衛生環境に由来する

ネズミチフス菌：食中毒の起因菌として一般的なグラム陰性桿菌。細胞内への侵入と寄生を行うことで、宿主の免疫を回避する

16 急性下痢症に対する大規模臨床試験

適確な試験計画が肝要

少し時代は遡りますが、私たちはインド・コルカタ市における急性下痢症の予防作用を調べる臨床試験を実施したことがあります。この試験は、インド国立コレラ・腸管感染症研究所（National Institute for Cholera and Enteric Diseases：ＮＩＣＥＤ）と共同で実施しました。

当時のコルカタのスラム地域における下痢症の疫学調査によると、一定期間に5歳未満の乳幼児の約30%が急性下痢症に罹ることが示されました。この数字をもとに、統計学的に有意なプロバイオティクスの摂取による感染防御作用を導くための、無作為二重盲験試験の対象人数が約４０００人と算出されました。

ＮＩＣＥＤにより選ばれた約6万人（約1・5万家族）が住むスラム地域の1～5歳の乳幼児を、プロバイオティクスを含む飲料を飲ませるグループ（プロバイオティクス群）と、プロバイオティクスを含まない飲料を飲ませるグループ（プラセボ対照群）の2群に無作為に分けました。そして両群に12週間、それぞれの飲料を毎日摂取してもらい、摂取中と摂取後12週間の合計24週間、下痢症の発症を調べたのです。対象者数は、プロバイオティクス摂取群が１８０２人、プラセボ飲料摂取対照群が１７８３人でした。その結果、プロバイオティクス群の下痢発症率がプラセボ飲料摂取対照群に比べて低いことが示されました。プロバイオティクスによる感染防御作用は摂取を始めた早期から観察され、さらに摂取後12週間も継続して認められたのです。

すなわち、プロバイオティクス飲料を継続して摂取すると急性下痢症を予防する効果があり、飲料投与終了後も効果が一定期間認められることが判明しました。この例からもわかる通り、適正な臨床試験の結果があって、初めてプロバイオティクスの有用性を示すことが可能になります。

要点BOX

●大規模な臨床試験で小児の急性下痢症に対するプロバイオティクスの有効性を確認
●有効性を示すために適正な臨床試験が不可欠

インド小児を対象とするプロバイオティクスによる急性下痢症予防作用の結果

試験群	被験児数	下痢発症児数（%）	全下痢発症数	発症率（回数/児/年）	発症日数/児/年
プロバイオティクス	1,802	608 (33.7%)	900	1.08	1.86
プラセボ飲料	1,783	674 (37.8%)	1,048	1.27	2.19

結果　インドの小児を対象とする臨床試験で、プロバイオティクスの継続飲用により急性下痢症の発症が抑制された

（Sur D, et al. Epidemiol Infect, 139: 919-926, 2011..
doi: 10.1017/S0950268810001780. より改変・引用）

対象小児への被験飲料を摂取する小児

用語解説

コルカタ市：かつての英領インドの首都（旧名カルカッタ）で、平均気温が高く降雨量が多い5〜9月には急性下痢症の発症率が高まる

17 臨床研究の方法

プラセボ対照二重盲検試験、疫学試験

ランダム化比較試験（randomized controlled trial：ＲＣＴ）は、薬剤の効果を正確に判定する試験方法として一般的です。そのポイントは、①試験の被験者は無作為（ランダム）に薬剤を投与されるグループと、比較対照となるプラセボを投与されるグループとに分けられる、②薬剤投与群とプラセボ投与群のいずれかに割り振られたかが、試験担当者と被験者のいずれにも伏せられた状態で試験が進められる、ことが挙げられます。プロバイオティクス飲料の作用をＲＣＴで調べる際に、プラセボとして味や風味や見かけはプロバイオティクス飲料と区別がつかないが、調べる対象のプロバイオティクス微生物を含まない飲料を作成して使用します。

メタアナリシスやシステマティックレビューは、複数のＲＣＴの結果をバイアスのない（良い結果のみを抽出しないようにすることなど）ように比較解析する方法です。「コクランレビュー（日本コクランセンターＨＰで日本語訳の閲覧可能）」を通じて、プロバイオティクスのさまざまな効能を調べることが可能です。

他に、大規模なコホート試験を通じてプロバイオティクスの保健機能を調べることも行われます。地域や職業などを共有する被験者集団について、プロバイオティクスの摂取の有無や頻度と、焦点となる疾患の発症などの特徴を比較します。時間的に、将来に向かって調べる「前向き」試験と、過去に遡って調査する「後ろ向き」試験とに分けられます。

プロバイオティクスの臨床試験は、該当製品を製造しているメーカーが主体となって実施する場合が多く、公平性を担保することや被験者に不利益が及ばないことなど、慎重な体制で実施されています。得られた結果は、学術論文化することで公表します。また同時に、臨床試験の登録機関に試験登録されている場合も多いため、これらを通じて試験方法の詳細や試験結果をチェックすることも可能です。

要点BOX

- ランダム化比較試験（RCT）は厳密な臨床試験
- メタアナリシスやシステマティックレビューでは複数のRCT結果をまとめて評価する

最も信頼性の高い臨床試験の方法

ランダム化比較対照試験

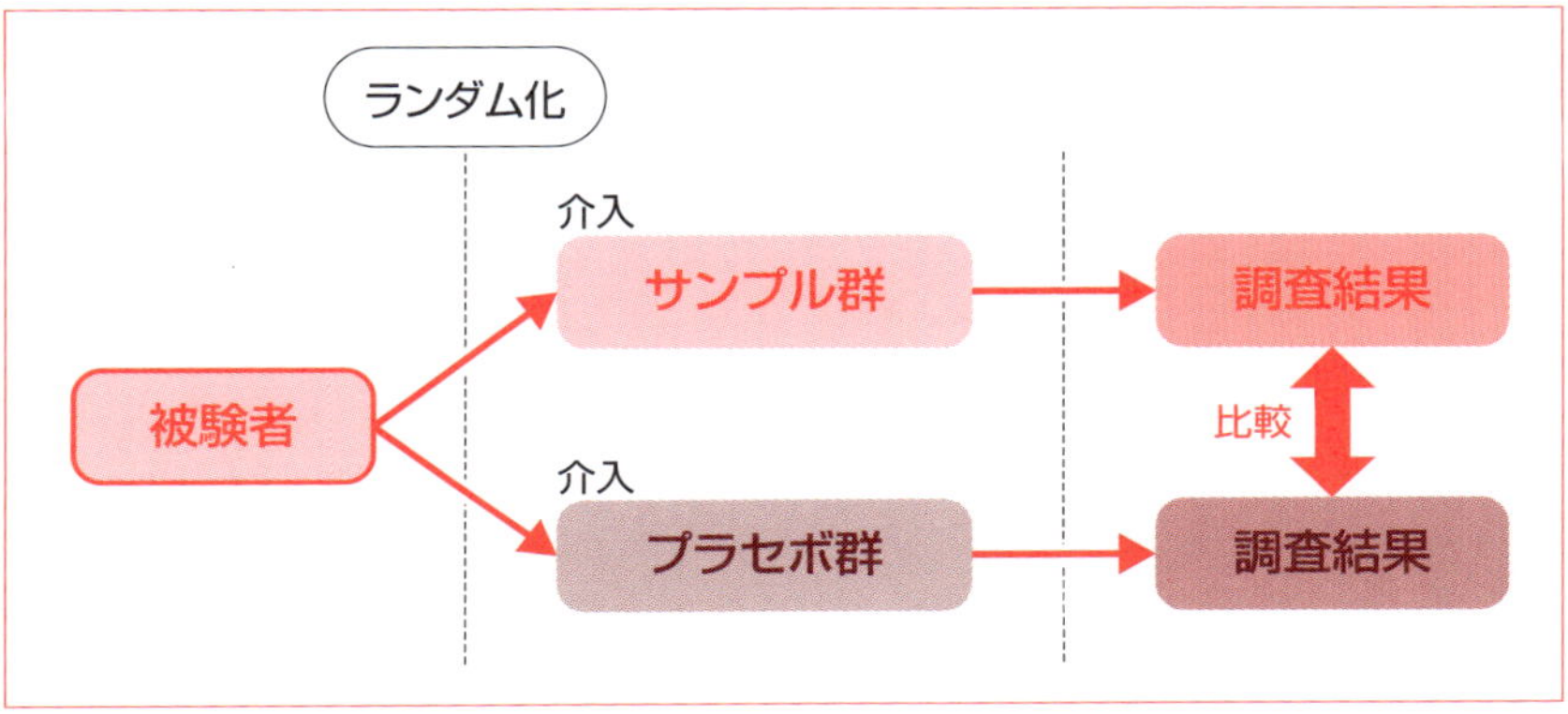

システマティックレビュー

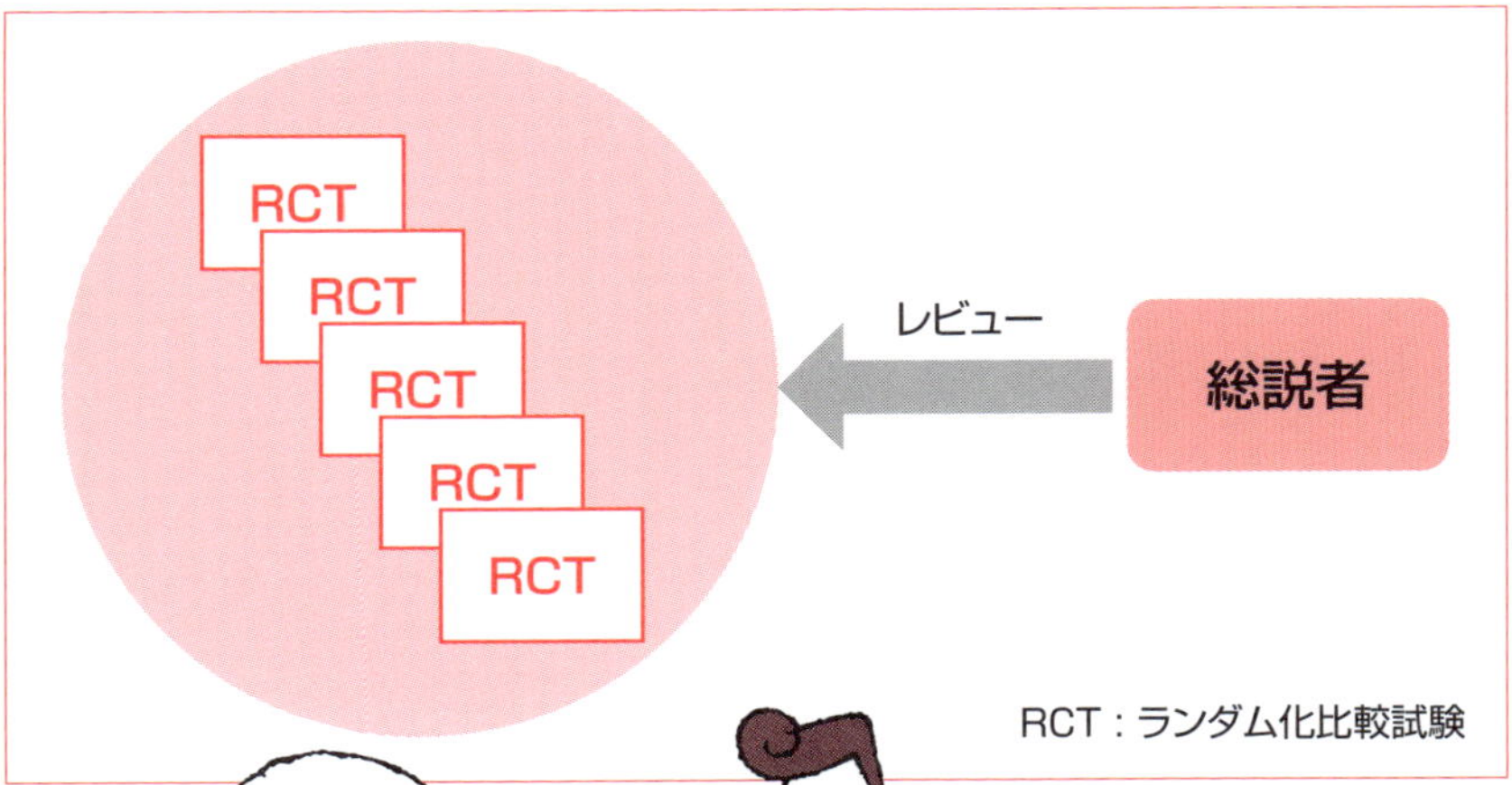

用語解説

コホート研究：仮説要因（たとえばプロバイオティクスの摂取歴）を持つ集団と持たない集団を追跡調査し、両群の疾病の発症率などを比較する方法

18 アレルギー疾患の予防

母子間の有効性伝播

現在では、プロバイオティクス乳酸菌の訴求文句として、「免疫の司令塔」や「免疫ケア」という表現が一般化しています。アレルギーや自己免疫疾患が身近になっていることから、これへの対策として普段の生活で対応しやすい食品やサプリメントを使うことは、十分に理解できます。

このような免疫疾患の予防効果について、十分確かと言える情報の一例を紹介します。フィンランドの研究グループは２００１年に、家族や親族にアトピー性皮膚炎の家族歴がある妊婦を対象とするプラセボ対照ランダム化比較試験を行いました。妊娠末期と産後に、*Lactobacillus*GG株（ＬＧＧ）の菌末の入ったカプセルを継続的に摂取することにより、この妊婦から生まれた赤ちゃんが、生後2歳になるまでにアトピー性湿疹などの臨床的症状の発症する率が、プラセボ粉末入りのカプセルを摂取した妊婦から生まれた赤ちゃんに比べて、顕著に低いことを報告したのです。

この報告の後、同様の試験プロトコルにより、さまざまなプロバイオティクス菌株について数多くの臨床研究が世界各国で実施されました。これらの研究結果をまとめたシステマティックレビューに基づき、世界アレルギー機関は、アレルギー発症リスクの高い児を出産する可能性の高い妊婦らにおけるアレルギー予防について、プロバイオティクスの使用を推奨するガイドラインを発表しました。

より最近では、２００６年から２０１８年にかけて世界各国で実施された28の同様の臨床研究の結果を集計したメタアナリシスをまとめた考察として、出産前後のプロバイオティクスの摂取は、出産後の児のアトピー発症を低減させるとしています。ただし、複数の臨床試験で使用された多様なプロバイオティクス菌株のすべてが有効だったわけではない（無効な菌株もある）点にも留意が必要です。

要点BOX

●アトピー性皮膚炎の発症予防を示唆するガイドラインを世界アレルギー機関が発信
●菌株すべてが有効なわけではない点に注意

プロバイオティクスによるアトピー性皮膚炎予防の可能性：システマティックレビュー

18例の臨床試験で使用されたプロバイオティクス菌株		持続性湿疹の発症率		P値*
		プロバイオティクス群	プラセボ群	
1.	*L. rhamnosus GG*	23%	46%	0.008
2.	*L. rhamnosus GG*	15%	47%	0.01
3.	*L. reuteri* (ATCC55730)	36%	34%	NS
4.	*L. rhamnosus GG* , *L. rhamnosus* LC705B. *breve* Bb99, *P. freudenreichii* (DSM7076)	26%	32%	0.035
	L. rhamnosus GG , *B. lactis* Bb12	10%	18%	NS
5.	4. に同じ	31%	39%	NS
6.	*L. rhamnosus* HN001	15%	27%	0.03
7.	*B. lactis* HN019	24%	19%	NS
8.	*L. rhamnosus* GG	28%	27%	NS
9.	*B. bifidum* W23, *B. lactis* W52,	6%	21%	0.02
10.	*Lactococcus lactis* W58			
11.	*L. rhamnosus GG* , *B. animalis* Bb-12	21%	34%	NS
12.	*L. acidophilus* La-5			
13.	*B. bifidum* BGN4, *B. lactis* AD011,	36%	63%	0.029
14.	*L. acidophilus* AD031			
15.	*L. rhamnosus* GG	32%	42%	NS
16.	*L. rhamnosus* GG	25%	18%	NS
17.	*L. salivarius* CUL61他3菌株	34%	32%	NS
18.	*L. rhamnosus* LP他3菌株	29%	71%	0.001

（Ricci G et al., World Allergy Organ J. 2016; 9:9.より改変して引用）

P値*　試験群間の差が統計的に有意であるか否かを示すために使用される。p値が小さいほどデータ間の差が統計的に有意であると認識される。一般的にp値が0.05より小さい場合、試験群間の差が統計的に有意であると認識される。したがって、表中の試験番号（1, 2, 4, 6, 9, 13, 18）ではプロバイオティクスの効果が統計的に有意だったと認められるが、その他の試験ではプロバイオティクスの効果は認められなかったと判断される

用語解説

「アトピー性皮膚炎診療ガイドライン2024」（日本皮膚科学会）では、プロバイオティクスによる予防効果に一定の評価を示す記述がなされている

19 メンタルヘルスと腸内細菌叢

サイコバイオティクス

自閉症や統合失調症、注意欠陥・多動性障害、大うつ病、拒食症、パーキンソン病、アルツハイマー病などさまざまな精神・神経疾患における腸内フローラの異常を示す報告が蓄積しています。発症の仕組みとして、腸管上皮バリアの統合性が破綻し、腸内常在菌で特に内毒素を有する大腸菌群などが生体内に侵襲し、宿主の免疫系などに悪影響を及ぼす代謝性内毒素血症が多くの疾患の引き金となるほか、進行に影響を及ぼすことが考えられています。

プロバイオティクスの精神・神経系に及ぼす影響についての研究も進んでいます。基礎研究ではありますが、マウスの回虫（*Trichuris muris*）感染マウスモデルにおける焦燥や認識ストレスなどの症状をビフィズス菌（*Bifidobacterium longum*）が改善することや、乳酸桿菌（*Lactobacillus rhamnosus*）による腸管の神経伝達物質（ガンマアミノ酪酸：ＧＡＢＡ）受容体の発現調節を介するラットの抑うつ症状の改善などが報告されています。

このような結果に基づいて、Dinanらは、〝サイコバイオティクス（psycobiotics：メンタルヘルスに良好な影響を及ぼす生きた微生物）〟の概念を提唱しています。

さらに、ヒトにおける数々の臨床研究において、情動やストレスに対するプロバイオティクスの改善作用が報告されています。たとえば、最近の国家試験前の医学生を対象とした臨床試験では、試験前の8週間にわたり、1000億個のプロバイオティクス（Lカゼイ シロタ株）生菌を含む乳酸菌飲料の飲用により、ストレス関連症状（腹部や風邪の症状）の改善やストレス関連ホルモンの分泌の軽減、睡眠の質の向上などが示されました。この臨床試験で着目すべき点は、複数年にわたり同様の計画に基づく3回の臨床試験が実施されて、再現性が検証されていることが挙げられるでしょう。

要点BOX

- メンタルヘルスに有効という基礎研究結果も
- 繰り返し臨床試験でプロバイオティクス(Lカゼイ シロタ株)のストレス軽減作用を示す

脳-腸-腸内細菌叢の相関とプロバイオティクスの作用

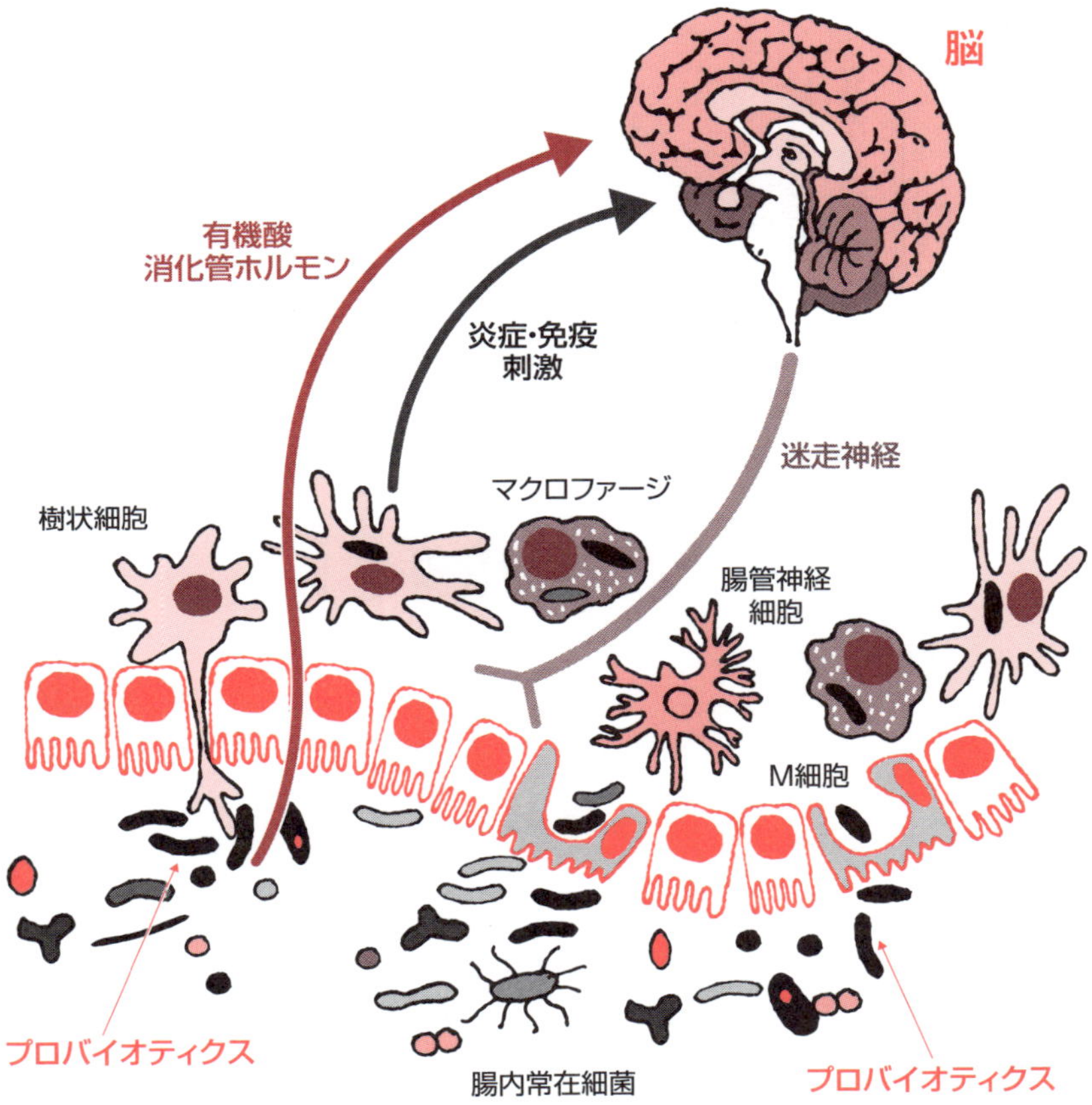

脳－腸－腸内細菌叢 相関におけるプロバイオティクスによる作用

1. 有機酸産生の促進→有害菌レベルの低下、腸管上皮バリア機構の強化、特異的受容体を介する全身的な神経刺激
2. 神経伝達物質の産生亢進（腸管上皮細胞、腸内細菌、プロバイオティクス自身）
3. 自然免疫系（樹状細胞やマクロファージ）を介する免疫調節作用

用語解説

GABA：抑制性の神経伝達物質で、脳機能改善や高めの血圧の改善などの作用が示されており、医薬品やトクホとして開発されている

20 機能性消化管障害の症状を軽減する

ＩＢＳの臨床ガイドラインで推奨

機能性消化管障害（機能性ディスペプシアや過敏性腸症候群）の有病率は世界的に高く、40％を超えることが報告されています。このうち過敏性腸症候群（Irritable Bowel Syndrome：ＩＢＳ）は、「機能性消化管障害に頻用されているＲｏｍｅ基準（ＲｏｍｅⅣ：２０１６年改訂）において、「直近３カ月のうち〝腹痛が〟１週間に少なくとも１日以上あり、以下に掲げる項目の２つ以上の特徴を有するもの」と定義されています。

具体的には、①排便と症状が関連する、②排便頻度の変化を伴う、③便形状の変化を伴うの３項目で、少なくとも診断の６カ月以上前に症状が現れ、直近３カ月間は基準を満たすことが条件です。わが国での有病率は、消化器内科受診患者の30％を占めると言われています。

ＩＢＳの発症原因は明らかになっていませんが、腸内細菌叢の異常を伴うことは明らかです。すなわち、腸内のBifidobacteriumやFaecalibacteriumの減少に加え、大腸菌などの腸内細菌科菌群や乳酸桿菌（通性嫌気性菌群）やBacteroidesの減少が特徴的とされています。日本消化器病学会の機能性消化管疾患診療ガイドラインでは、「ＩＢＳにプロバイオティクスは有効で、ＩＢＳの治療法として用いることを推奨する。推奨の強さ：強（合意率：１００％）、エビデンスレベル：Ａ」と記載されています。

ただし、このような評価の基準となったメタアナリシスや、システマティックレビューの対象とされた数多くの臨床試験で用いられるプロバイオティクス菌株は多様であり、その使用法（量や期間）も試験によって異なります。そのため、すべてのプロバイオティクスがＩＢＳに有効であるわけではないことに留意すべきでしょう。なお、上記のガイドラインに示されている食事指導の項目にはプロバイオティクスが含まれています。

要点BOX

- 日本消化器病学会の機能性消化管疾患診療ガイドラインでIBSに有効と明示
- IBSに腸内フローラの乱れが関係している

過敏性腸症候群(IBS)の治療ガイドライン:第1段階に記載されているプロバイオティクス

食事指導・生活習慣改善

$5\text{-}HT_3$拮抗薬　消化管運動機能調節薬　粘膜上皮機能変容薬

プロバイオティクス・漢方薬・抗アレルギー剤など

止痢薬　抗コリン薬　下剤

多くのメタアナリシス、システマティックレビューの結果は、総合的にはプロバイオティクスはIBSに対して有効と結論づけている

プロバイオティクスの有効性や安全性の観点から、IBSに対する治療として有用であり、これを推奨する

（日本消化器学会　機能性消化管疾患診療ガイドライン2020－
過敏性腸症候群(IBS)(改訂第2版)より改変・引用）

IBSの一般的な症状

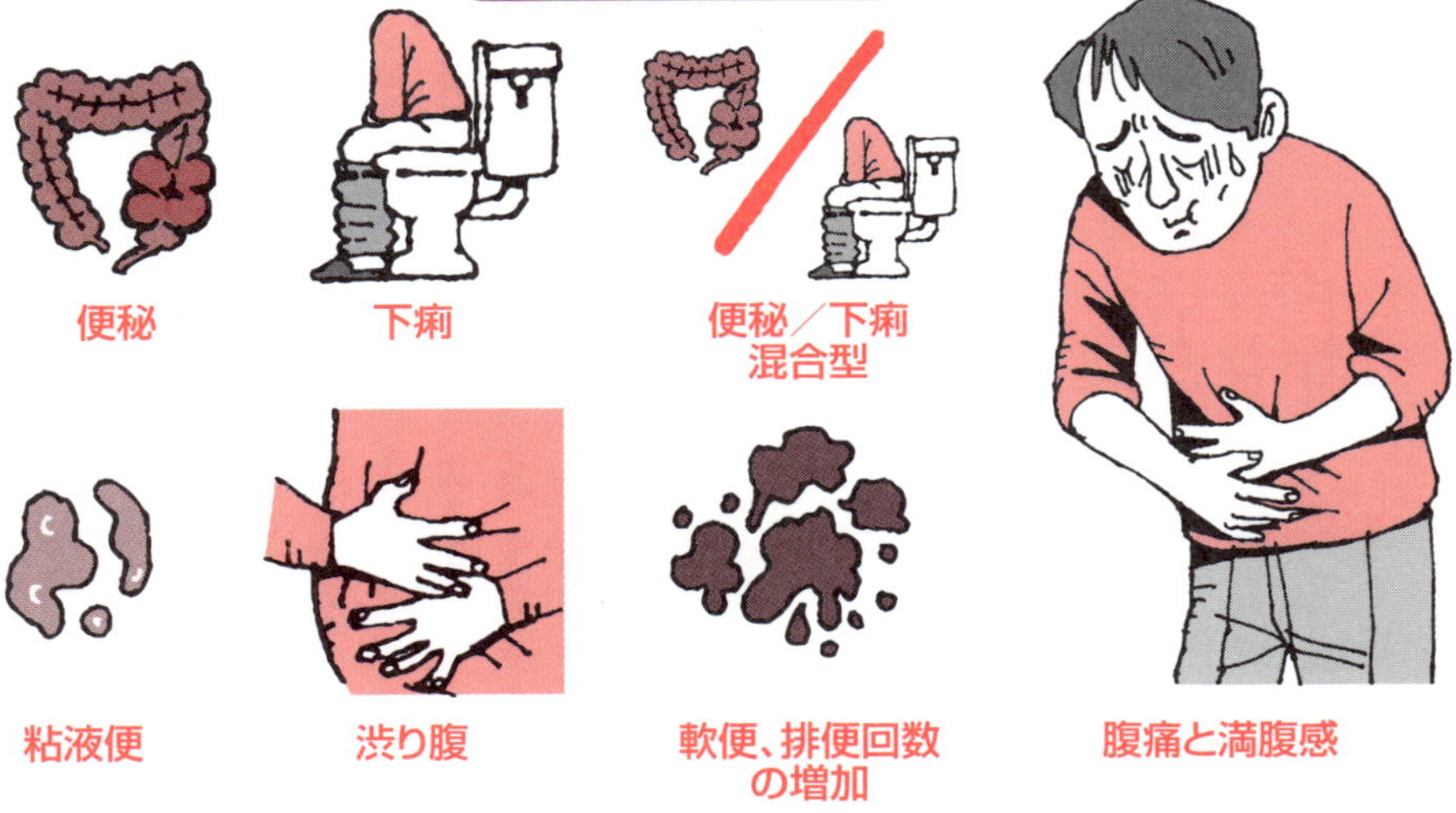

用語解説

IBS：便秘便（硬便、兎糞状便）と下痢便（軟便、水様便）の割合から便秘型、下痢型、混合型、分類不能型に分類される

21 炎症性腸疾患に対する有効性

プロバイオティクス・便微生物移植による症状軽減

炎症性腸疾患（Inflammatory Bowel Disease：ＩＢＤ）は、慢性あるいは寛解・再燃性の腸管の炎症疾患の総称です。主に潰瘍性大腸炎（Ulcerative Colitis：ＵＣ）とクローン病（Crohn's Disease：ＣＤ）が二大疾患ですが、現在も原因は不明です。

問題は、これらの疾患の発症数が年々増加していることです。現在では対症療法として、炎症を緩和する薬剤が使われています。特にＩＢＤに対して開発された抗炎症作用を持つ抗体製剤が、寛解維持に有効なことが示されています。ただ、できれば発症を未然に防ぐか、再発の原因を断つことが可能になればというところです。

プロバイオティクス菌株について実施された多くの臨床試験があります。その中で、たとえばＬＧＧやＶＳＬ＃3、*Saccharomyces boulardii* などのプロバイオティクスによる寛解期間の延長や症状の軽減などの有効性を示す結果が得られています。

便微生物移植によるＩＢＤの症状緩和や寛解維持作用を検証する臨床試験では、有効であることを示す結果も少なくありません。また、ＦＭＴに使用する便を凍結保存しておき、これを適宜融解させて使用することが有効と示す結果も得られており、ＦＭＴの実効性を高めるものと考えてよさそうです。

ただし、必要なＦＭＴの回数や量的な問題の結論は、まだ明らかになってはいません。これは、症状改善に寄与する微生物の種類や作用メカニズム（腸内フローラの正常化や過剰な炎症の制御、腸管上皮バリア機能の正常化など）が不明であることにも原因があります。

いずれにせよ、ＦＭＴの可能性を追求する臨床試験は世界各国で実施されています。近い将来には、こうしたことへのより明確な答えが出されることが想像され、その中からＩＢＤに特異的な新たなプロバイオティクス候補の出現が期待されています。

要点BOX

- ●IBDの原因に腸内フローラ異常の関連を示唆
- ●プロバイオティクスに症状緩和作用を確認
- ●IBDに対する便微生物移植の有効性を示す

IBD(慢性炎症性腸疾患)のさまざまな発症要因とプロバイオティクスの可能な改善ポイント

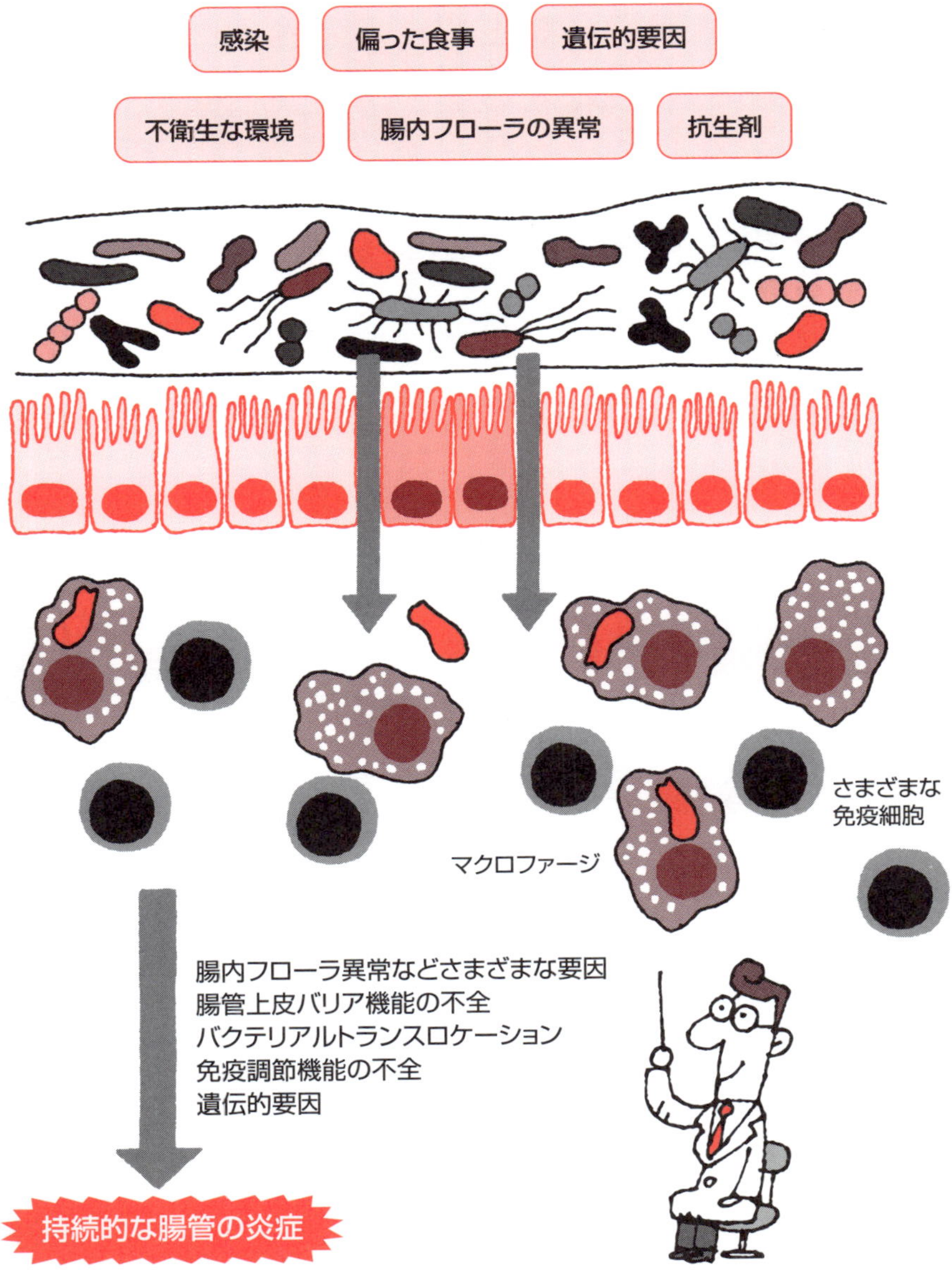

用語解説

潰瘍性大腸炎：潰瘍性大腸炎の多くの患者は、症状が治まっている状態（寛解）と、再び症状が悪化する状態（再燃）とが繰り返される「再燃寛解」型とされる

22 代謝性疾患の予防

増加しているＮＡＦＬＤ

アルコール性肝臓疾患（Alcoholic Liver Disease：ＡＬＤ：脂肪肝、脂肪性肝炎、肝硬変、肝がんなど）における腸内フローラ異常と、腸管バリア機能の低下による腸内細菌の生体内侵襲の関与が重要視されています。ヒトでの臨床試験や実験動物モデルを用いた研究の結果から、多くのプロバイオティクス（ＬＧＧやＶＳＬ＃３など）や腸内有用細菌（*Akkermansia muciniphila*）がＡＬＤを改善することが報告されています。

一方で、非アルコール性脂肪肝疾患（Nonalcoholic fatty liver disease：ＮＡＦＬＤ）は、アルコールを除くいろいろな原因で起こる脂肪肝の総称です。その多くは肥満や糖尿病、脂質異常症、高血圧を伴っていて、メタボリックシンドロームの肝臓病と考えられ、有病率は全国で１０００万人を超えると言われています。

ＮＡＦＬＤ患者の多くに小腸内の細菌の異常増殖（Small Intestinal Bacterial Overgrowth Syndrome：ＳＩＢＯ）と腸管透過性の亢進が認められています。大腸菌をはじめとする腸内細菌目菌による代謝性内毒素血症の誘導が、その発症や進展において関与することが言及されています。

肝臓障害の実験動物モデルにおける乳酸桿菌*L. casei* シロタ株（ＬｃＳ）の改善作用が示されています。たとえばＬｃＳは、マウスの食餌性脂肪肝やラットの高果糖負荷食による肝障害を抑制することが報告されています。この作用メカニズムとして、インスリン抵抗性や耐糖能異常の改善、代謝性内毒素血症の軽減が示唆されています。

以上は、ＮＡＦＬＤにおいて「高脂肪や高果糖食など→腸内フローラの異常→代謝性内毒素血症の誘導→肝機能異常」という経路が重要な発症メカニズムとなっています。そこで、ＬｃＳなどプロバイオティクスの摂取による改善が期待されているのです。

要点BOX

- ALDに一部のプロバイオティクスが有効
- NAFLDが一般化し、腸内フローラ異常との関連が示される

プロ(プレ、シン)バイオティクスによる非アルコール性脂肪性肝疾患(NAFLD)の症状改善作用

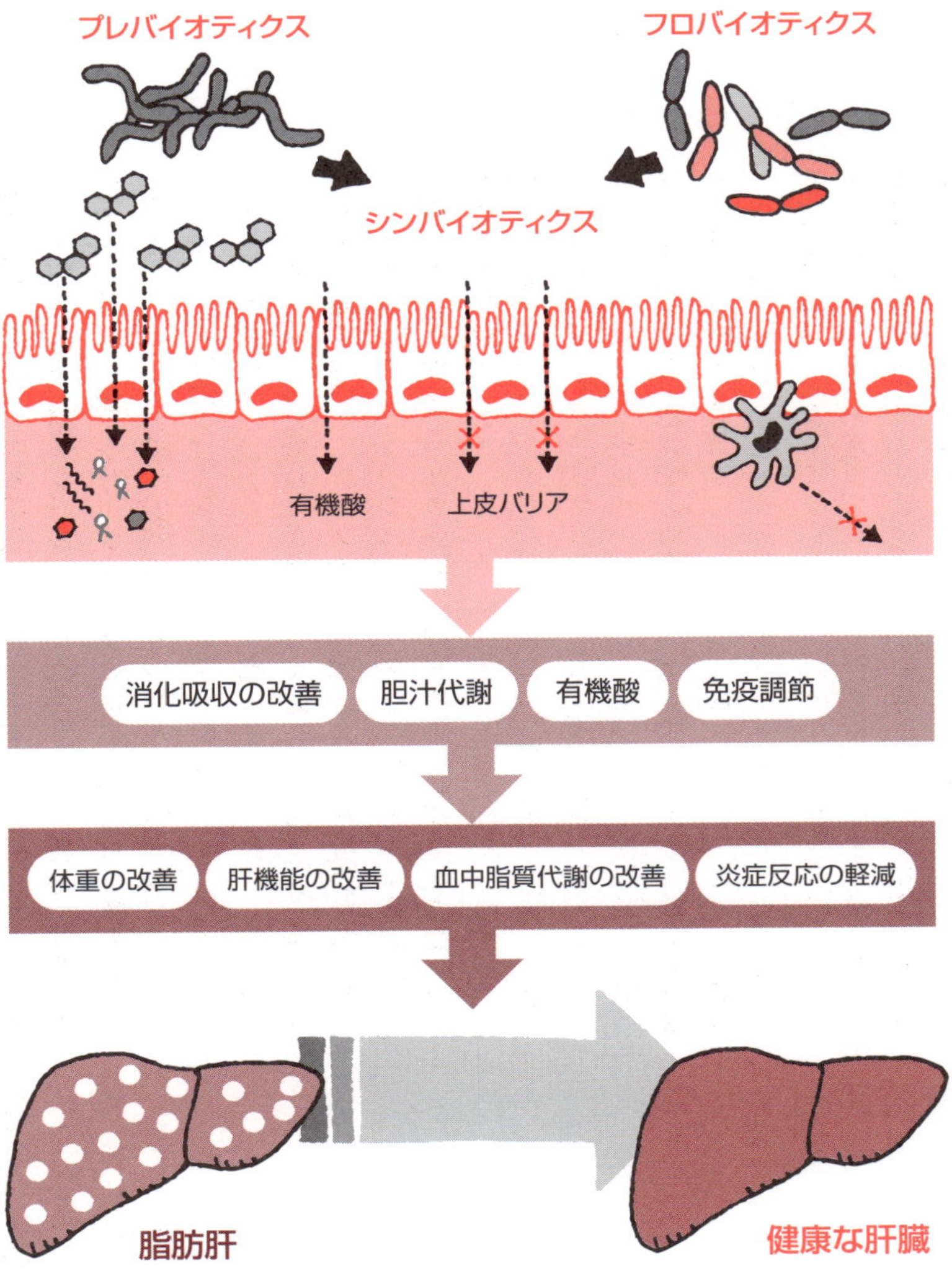

(Loman BR, et al. Nutr Rev, 76: 822–839, 2018. doi: 10.1093/nutrit/nuy031.より改変・引用)

用語解説

SIBO：対策として、小腸内の異常な菌叢改善のための抗生物質治療と食事の改善に加え、ハーブやプロバイオティクスの可能性が示唆されている

Column

大規模臨床試験の"implementation"

16項で紹介した大規模臨床試験は当時、国立国際医療研究センター研究所の竹田美文所長が主導し、Dr. D. SurをリーダーとするＮＩＣＥＤの疫学部門スタッフと日本側サンプル提供企業の研究グループが協力して行いました。使用した飲料はオランダの工場で製造し、アムステルダム空港からフランクフルト国際空港を経由してコルカタ国際空港まで空輸されました。その後、空港からはチャーターした冷蔵車でＮＩＣＥＤ研究所まで輸送されました。終始10℃以下に保ちながら、13週間にわたって毎週空輸したのです。

コルカタ空港からＮＩＣＥＤ研究所までは、冷蔵車でプロバイオティクス飲料を運び、研究担当者の私たちとＮＩＣＥＤスタッフは、冷蔵車が到着する毎土曜日の早朝６時にＮＩＣＥＤ研究所玄関で待機しました。まさに「ヨーイドン」で、専用台車を用いて３８４００本もの飲用サンプルを毎回冷蔵室に運び込んだものです。

特注で製作したクーラーボックスに入った飲用サンプルを、専属スタッフが被験者の自宅まで運び、被験者である幼児が毎日１本ずつ飲用することを確認しました。これを、飲用期間である84日間連続して行いました。

サンプル飲料の配布と並行して、選抜された被験児から腸内細菌叢測定のため定期的に新鮮便の提供を受け、これも採取された新鮮便を冷蔵した状態でＮＩＣＥＤ研究所に運ばれました。そして受け取り後、速やかに菌叢解析を目的とした核酸抽出作用のための１次処理を行いました。もちろん試験期間中、日本スタッフは現地に駐在して気温40℃、湿度１００％近い環境で、間違いない試験の実施(implementation)に努めました。

インド・コルカタ市の公園

第3章

プロバイオティクスの作用メカニズム

23 プロバイオティクスを支える科学技術

特徴的なマルチオミクス研究

微生物を培養する技術の進歩により、従来は培養が極めて難しかった微生物の培養もかなり改善されてきました。その一つに嫌気培養があります。

下部腸管の酸素分圧はかなり低いため、酸素感受性の高い嫌気性菌が最優勢に生息しています。そこで、内部が窒素と水素、二酸化炭素の3種の気体で満たしている密閉環境をつくり、その中で嫌気性菌を操って培養します。またこれに加え、いわゆる「培養困難微生物（fastidious microorganism）」と呼ばれる栄養の要求性が特殊であるような微生物には、血液かヘモグロビン、特殊なアミノ酸やビタミン、ミネラル類を加えた培地で培養するのです。

分子生物学を背景にした解析法の進歩は、プロバイオティクスの機能の解析に多大な効果をもたらしました。微生物の遺伝子配列に基づく、極めて多様で複雑な生態系である腸内微生物叢の構成の解析が可能となりました。たとえば、私の研究グループでは、細菌のｒＲＮＡを対象とする解析方法として、「定量的ＲＴ-ＰＣＲ法」という技術を確立しています。この方法を用いることで極めて感度が高く、精度の良い腸内微生物叢の構造解析が実現しました。また、たとえば腸内細菌が宿主体内に侵入した場合に、血液中の1個の侵入菌の存在を明らかにすることも可能です。

腸内微生物の機能的側面の研究では、いわゆるマルチオミクス研究の進展が関わっています。すなわち、遺伝子（マイクロバイオーム）、タンパク質（プロテオーム）、さまざまな代謝産物（メタボローム）、遺伝子発現（トランスクリプトーム）を網羅的かつ精細に解析することができるようになりました。得られた膨大なデータ間の相関関係を見出すことによる、いわゆる「データ主導型」研究も実現しています。もちろん、マルチオミクス解析はプロバイオティクス機能の研究にも有用です。

要点BOX

- 遺伝子配列に基づく精密な解析が可能に
- マルチオミクス解析の進歩はプロバイオティクスの機能の解明に寄与している

現在の腸内フローラ解析で用いられる多くの機器

定量的PCR装置: 腸内細菌の定量的解析

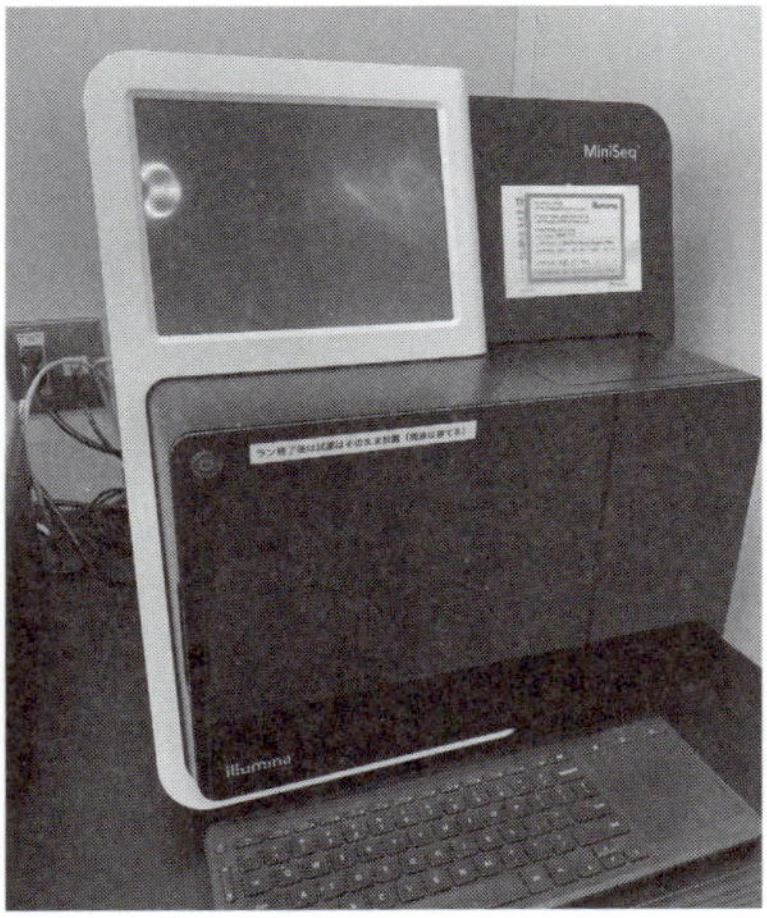

次世代シーケンサー：
腸内フローラの多様性解析

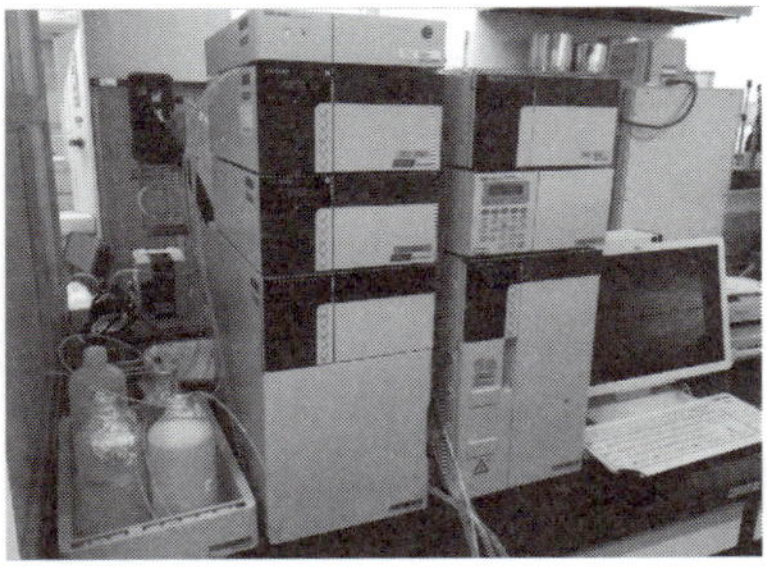

便中有機酸の測定用
高速液体クロマトグラフィ

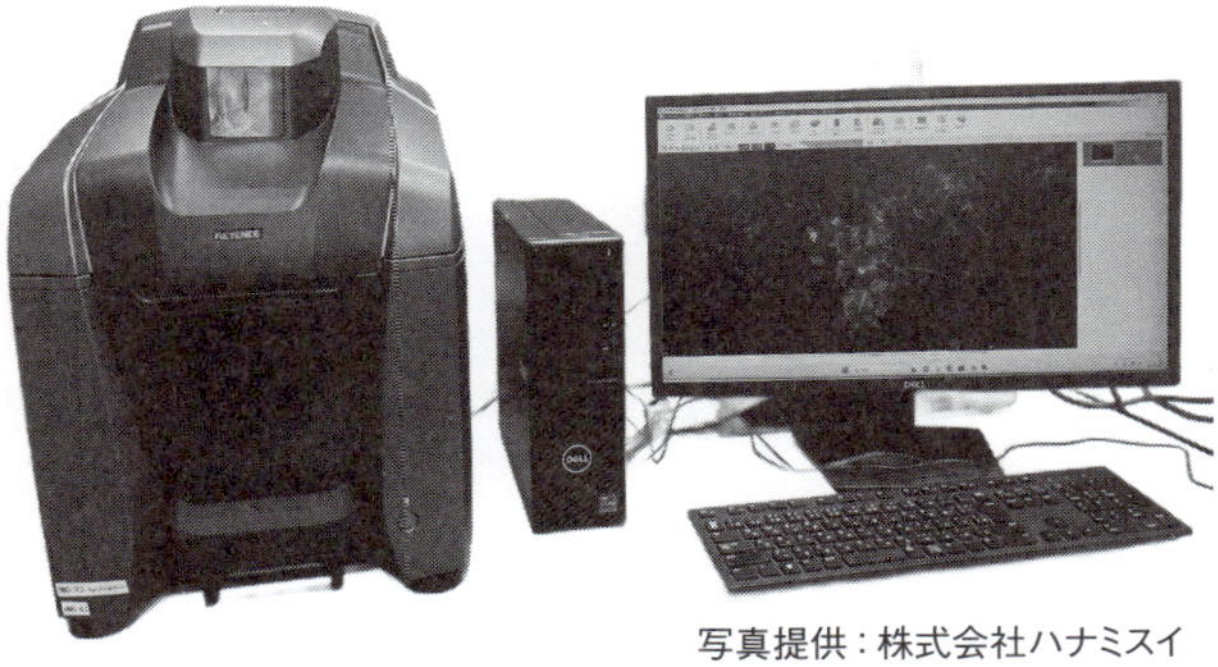

多機能顕微鏡：明視野、蛍光、位相差など多様な視覚化
さまざまな機能の自動化：鏡検、焦点合わせなど

写真提供：株式会社ハナミスイ

用語解説

培養困難微生物：栄養要求性が特殊で培養しにくい微生物のこと。これらの培養のために、カルチャロミクス（culturomics）法と呼ばれる微生物の機能性に重きを置いた解析法が用いられる

24 有機酸とは?

プロバイオティクスの機能を支える

　私たちの腸内の有機酸は、大半は腸内に生息する微生物群から産生されます。腸内で産生される有機酸として、主に酢酸やプロピオン酸、酪酸、吉草酸、コハク酸、乳酸が検出されます。健常成人の腸内有機酸の主体は有機酸とプロピオン酸、酪酸の3種で、これらをまとめて「短鎖脂肪酸」とも呼んでいます。

　腸内の有機酸は、大腸上皮細胞の栄養となるばかりでなく、大腸の蠕動運動を促進します。また、私たちの健康にも密接な関係があるとされ、がんや糖尿病、肥満などの予防効果をはじめ、免疫調節機能の促進などまで幅広い作用が報告されています。

　主要な腸内有機酸である酢酸の健常成人の大腸における濃度は、個人差はありますが、およそ１００mM（ミリモル）に達するレベルです。大腸内の弱酸性環境において、日和見菌（大腸菌群やブドウ球菌群などの通性嫌気性菌群やウェルシュ菌など毒素産生性の日和見病原菌：後に詳述）の異常増殖を抑えたり、腸管粘膜上皮のタイトジャンクションと呼ばれる腸管上皮バリアの統合性を維持したりするなど、重要な機能を発揮しています。

　最近では、有機酸の刺激を特異的に受容する、生体の受容体分子が多く知られるようになりました。たとえば、ＧＰＲ41やＧＰＲ43と呼ばれる受容体のそれぞれに特有の短鎖脂肪酸が作用すると、これらを発現する細胞の機能が活性化し、私たちの体内で代謝の亢進につながることがわかってきたのです。一例を挙げると、ＧＰＲ41受容体は交感神経細胞に多く発現し、この細胞を酢酸で刺激すると交感神経の活動が高まる、というような具合です。

　また酪酸には、免疫の暴走を防ぐ「制御性T細胞」の分化を促進する作用があることも判明しました。腸管内に生息する微生物により持続的に産生する有機酸が、腸管局所の環境維持や改善のみならず、全身的な作用を発揮することは意義深いです。

要点BOX

- ●腸内有機酸は腸内細菌により産生・分泌
- ●局所作用のみならず全身作用を発揮する
- ●有機酸は無機酸（塩酸や硫酸など）の反対語

さまざまな発酵形式

❶ ホモ型乳酸発酵

$C_6H_{12}O_6$(ブドウ糖) → $2CH_3CHOHCOOH$(乳酸)

❷ ヘテロ型乳酸発酵

$C_6H_{12}O_6$ (ブドウ糖) → $CH_3CHOHCOOH$(乳酸)
+ C_2H_5OH(アルコール)+CO_2 (炭酸ガス)

❸ ヘテロ型乳酸発酵(ビフィズス菌による発酵)

$2C_6H_{12}O_6$ (ブドウ糖) → $2CH_3CHOHCOOH$(乳酸)
+ $3CH_3COOH$(酢酸)

❹ 酢酸発酵(酢酸菌による発酵)

C_2H_5OH (エタノール) + O_2 (酸素)
→ CH_3COOH (酢酸) + H_2O (水)

❺ アルコール発酵(酵母)

$C_6H_{12}O_6$(ブドウ糖) → $2C_2H_5OH$ (エタノール) + $2CO_2$(炭酸ガス)

腸内で産生される主な有機酸

有機酸の種類	分子式	特徴
酢酸	$C_2H_4O_2$	腸内有機酸のうち最高の濃度で存在する
プロピオン酸	$C_3H_6O_2$	プロピオン酸生産菌はビタミンB12を生産する主要な菌
酪酸	$C_4H_8O_2$	制御性T細胞の誘導
乳酸	$C_3H_6O_3$	乳酸菌の主要発酵産物
コハク酸	$C_4H_6O_4$	貝類に含まれるうま味物質
n吉草酸	$C_5H_{10}O_2$	セイヨウカノコソウ(吉草、学名 Valeriana officinalis L.)から最初に発見された
iso吉草酸	$C_5H_{10}O_2$	特定悪臭物質の1つ 微生物による酸代謝の過程で産生される
ギ酸	CH_2O_2	炭素源の少ない環境で、酢酸とともに産生されるが通常、腸内濃度は低い

用語解説

モル濃度:単位容積の溶液中に溶けている物質の量で示される濃度で、各物質に固有のモル質量により決まる

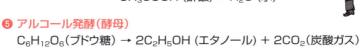

25 腸内の有機酸産生

有効性を支える主要メカニズム

微生物種の多様性が十分に保たれている健常な腸内細菌叢では、いわゆるクロスフィーディング（Cross Feeding：腸内に生息している微生物間の栄養的な互助作用）という仕組みにより、さまざまな有機酸種の産生がバランス良く保たれています。たとえば、ビフィズス菌は酪酸を産生しませんが、ビフィズス菌がオリゴ糖などを資化して産生した酢酸をもとに、腸内の酪酸産生菌が酪酸を産生すると言われています。一方、酪酸については、過剰な免疫作用を抑える役目を持つ制御性T細胞の分化誘導を促すことにより、免疫の調節に関わっていることが示されています。

プロバイオティクスの腸内フローラ・腸内環境の改善の作用メカニズムは以下のように考えられます。すなわち、さまざまな要因により腸内フローラ異常が生じて腸内のコロナイゼーションレジスタンス（Colonization Resistance：CR）が顕著に低下した状態では、上記のクロスフィーディングもうまく機能しなくなり、有機酸産生能が低下してしまいます。

この状況でプロバイオティクスを摂取すると、通常のCR機能が正常な状態では通過菌であるプロバイオティクスが、腸内フローラの異常を補完するように一過的に腸内に定着（あるいは増殖する場合もある）して、乳酸や酢酸、プロピオン酸、酪酸などの有機酸を産生します。その結果、腸内pHを適正なレベル（弱酸性）に維持することで、大腸菌などの通性嫌気性菌やディフィシル菌など日和見的な感染症起因菌の増殖が抑制されます。さらに、腸管バリアの統合性を強化することで、これらの日和見菌やその代謝産物の生体内侵襲を防ぐという有益な結果につながるのです（CR機能の回復）。

なお、プロバイオティクスは通常長く腸内にとどまることはありません。したがって、過度の有機酸を産生することはないと言われています。

要点BOX

- クロスフィーディングで効果的に有機酸を産生
- プロバイオティクスによる腸内有機酸濃度の維持で適正な腸内CR機能を確保

腸内共生菌によるクロスフィーディングの一例

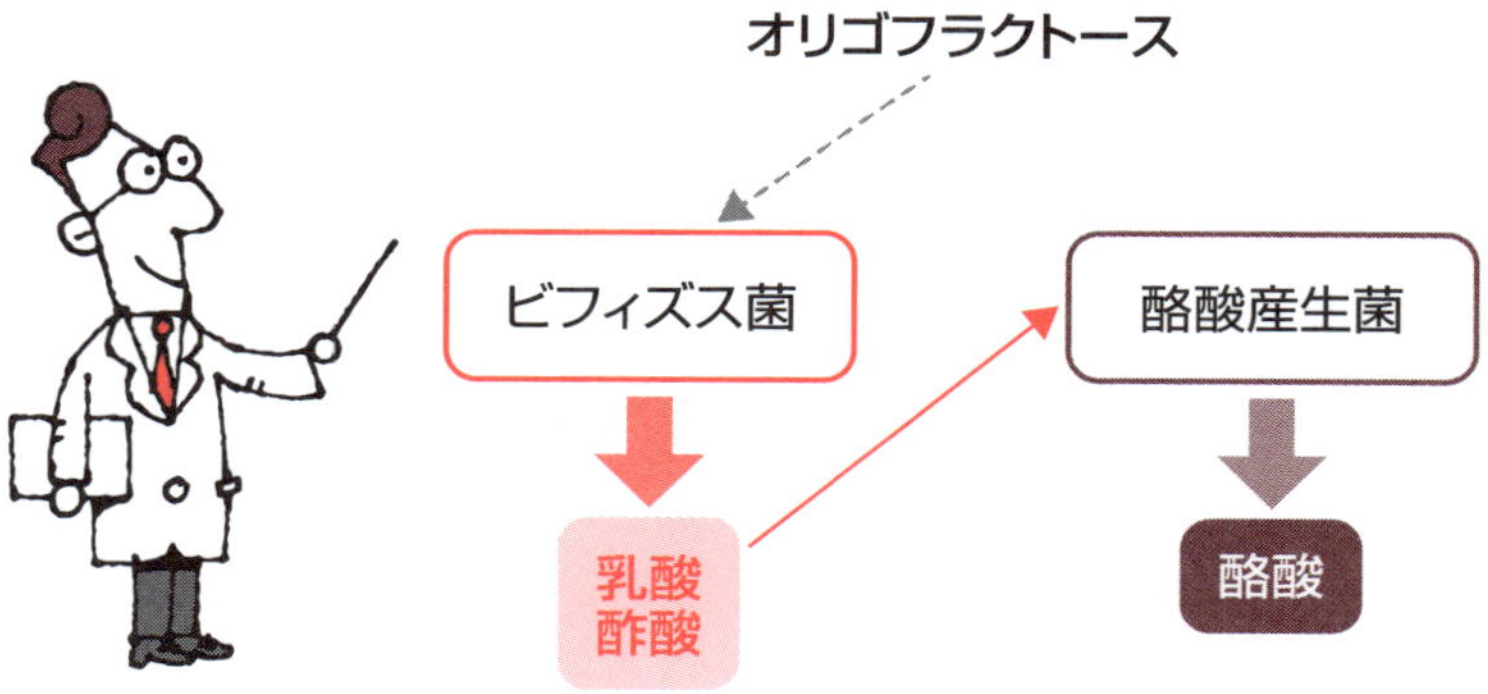

短鎖脂肪酸(SCFA)の受容体を介する経路とさまざまな組織におけるエネルギー代謝への影響

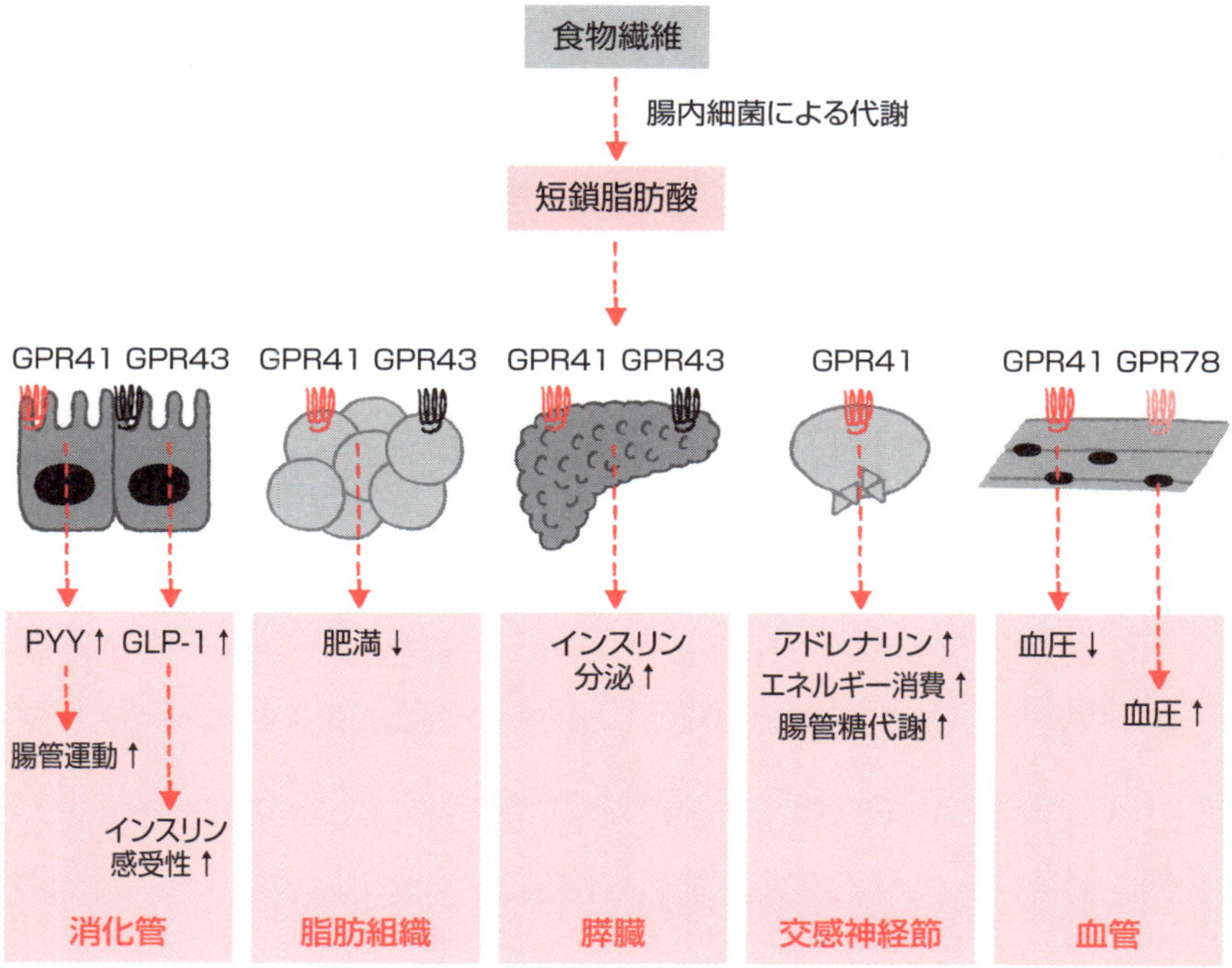

(Li X, et al. Front Immunol. 2017 Dec 20:8:1882. doi: 10.3389/fimmu.2017.01882.より改変・引用)

用語解説

ディフィシル菌：クロストリジオイデス・ディフィシル(*Clostridioides difficile*)は、特有の毒素を産生する嫌気性菌で下痢症の起因菌と言われる

26 プロバイオティクスによる免疫調節

まずは免疫の基本とは?

最近のプロバイオティクス製品の広告では、私たちの免疫を促進するような文言が目立ちます。一方で、「生体防御」という表現があります。これは、健康を脅かす異物（正常細胞が変異したがん細胞も含む）に対する、私たち自身に備わっている防御機構の総体を示します。免疫はこの中で、狭義の免疫機構を介して異物から私たちを守るシステムです。

免疫の効き方には、幅の大小はありますが、対象に対する特異性が含まれることが特徴と考えます。免疫機能の発揮を時間軸で見ると、初期には、メチニコフ博士が発見した食細胞（好中球やマクロファージなど）による異物処理が行われます。さらに、これらの自然免疫系による処理された抗原が、一方の免疫系の担当である獲得免疫系（B細胞やT細胞などのリンパ球細胞）に提示されます。抗原提示刺激を受けた未熟なT，B細胞は成熟したリンパ球に分化・増殖し、抗原に特異的な免疫反応を発揮します。このとき、効果因子が抗体である「体液性免疫」と、細胞である「細胞性免疫」とに分ける考え方があります。

免疫系によるプロバイオティクスの認識は、プロバイオティクス菌体を食細胞（自然免疫系）が菌体処理する時点で開始されると言ってよいでしょう。マクロファージや樹状細胞など自然免疫系の抗原提示細胞の細胞表層には、さまざまな抗原に対する特異性を持った受容体が発現しています。

その代表的なものとしてパターン認識受容体（pattern recognition receptor：ＰＲＲ、微生物が持つ免疫刺激分子に対する受容体）が知られていますが、これらの受容体に応じた微生物の多様な構造や成分が特異的に認識され、これを認識した自然免疫系が活性化することになります。その方向性は、受容体分子によって異なります。各プロバイオティクス菌株（菌体構造や構成成分）による免疫刺激活性には差異があるようです。

要点BOX

- プロバイオティクス菌体は自然免疫系で認識
- 各プロバイオティクス菌株により免疫刺激活性に差異がある

腸管を介するプロバイオティクスの免疫調節作用のメカニズム

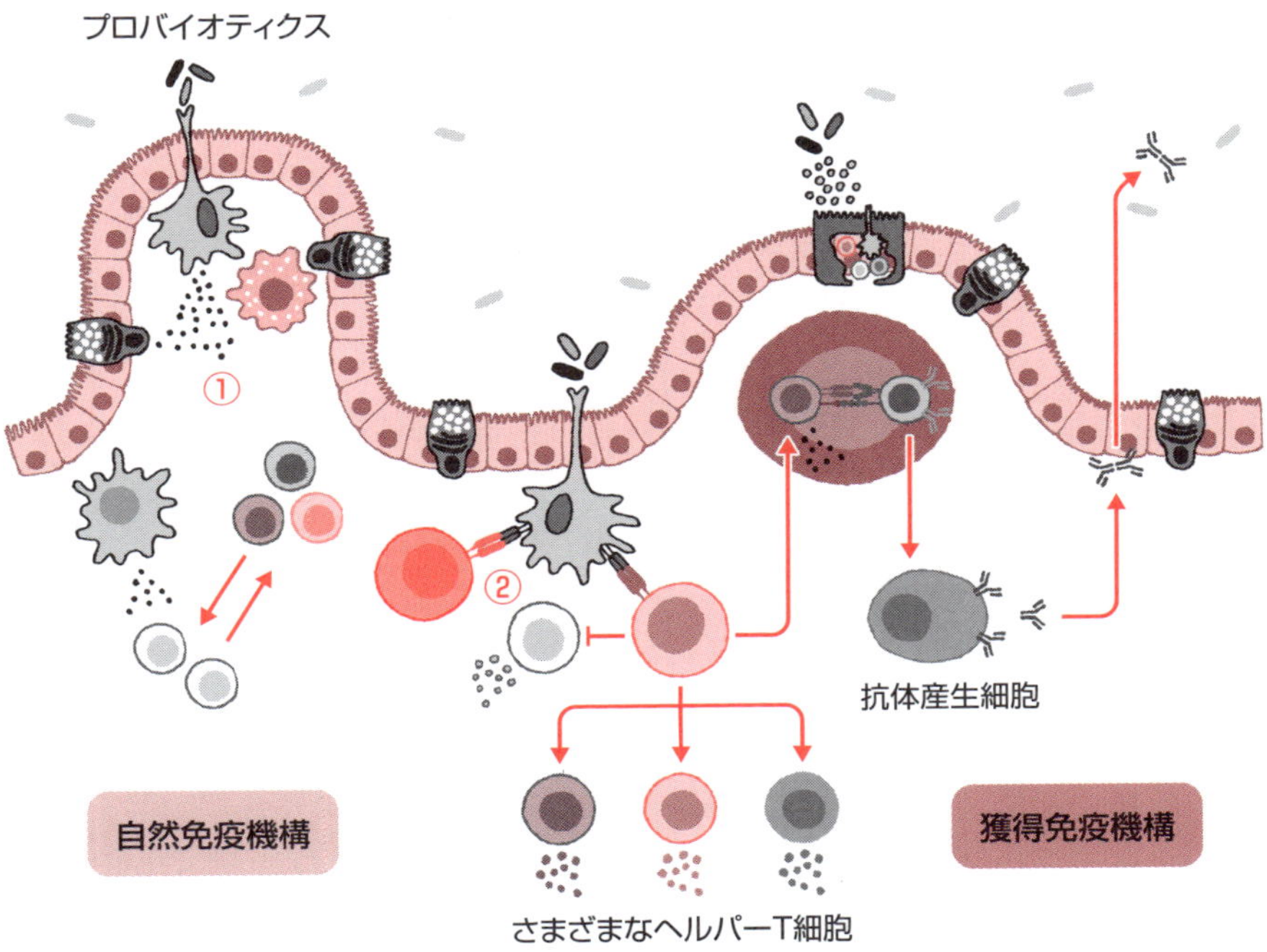

① 腸内のプロバイオティクスによるマクロファージの刺激
⇒免疫刺激性のサイトカインの放出

② 腸管粘膜固有層の樹状細胞によるプロバイオティクスの取り込み
⇒ 抗原提示細胞として、獲得免疫系細胞（さまざまなT細胞 ： ヘルパーT細胞、抗腫瘍性T細胞など）の刺激

③ 腸管に付属する免疫細胞（M細胞）によるプロバイオティクスの取り込み
⇒ 腸管免疫リンパ節におけるさまざまな機能性免疫細胞の成熟

用語解説

抗原提示：マクロファージや樹状細胞などの抗原提示細胞が、細胞内で処理した抗原を細胞表面に提示し、これをT細胞などの獲得免疫系細胞が認識する

27 生体防御論

プロバイオティクスによる免疫調節の理解

九州大学の野本亀久雄《のもときくお》名誉教授が提唱した「生体防御論」により、プロバイオティクスの作用が理解しやすくなります。まず、異物の種類に応じて、対応する生体防御を担う仕組みの重みが異なる特徴があります（比重論）。結核菌やサルモネラ菌などは細胞内寄生菌との位置づけで、貪食細胞に貪食された後も細胞内殺菌の仕組みを逃れて生き延びることにより病原性を発揮するのです。

これに対して、もともとプロバイオティクスの主体を成す乳酸菌やビフィズス菌は病原菌ではありません。したがって、これをマクロファージが貪食しても即座に殺菌され、マクロファージなどの食細胞を過剰に活性化することはないのです。また、異物に対処する身体部位により、対応する生体防御因子が異なります（場の選択性）。一般的にプロバイオティクスは経口摂取されることが多く、これを認識するのは主に消化管内面の粘膜になります。

同じ乳酸桿菌でも、その生体防御機構の刺激性に差が見られます。多くの乳酸菌は、最前線の自然免疫の主役であるマクロファージに貪食された後に速やかに酵素的に消化されます。一方で、*L.casei*シロタ株（LcS）などいくつかの菌種や菌株は、マクロファージによる細胞内消化に対する抵抗性を示し、その活性化作用を発揮するのです。この「マクロファージの活性化」において、プロバイオティクス菌体を構成する成分の特殊性が必要であることを示す結果も得られています。

マクロファージは単なる貪食細胞として働くだけでなく、同類の樹状細胞などと一緒に、獲得免疫系への「抗原提示」という重要な役目を担っています。LcSなど限られた菌株は、実験レベルでI型アレルギーの軽減や自己免疫疾患の発症予防などの獲得免疫系の行き過ぎを抑制する、いわゆる免疫調整作用を発揮する結果が示されています。

要点BOX

- ●生体防御論に基づくとプロバイオティクスの免疫調節作用の理解が進む
- ●菌体構造や構成成分で免疫調節作用が異なる

生体防御論に基づく、プロバイオティクスの生体防御作用の捉え方

野本亀久雄名誉教授（九州大学）

主なコンセプト	特長	プロバイオティクスによる 生体防御への働きかけ（作業仮説を含む）
異物に対する連続的バリアー	異物が生体内に侵入後、継時的に異なった防御因子が連続して異物排除に働く	毎日のプロバイオティクスの摂取により、腸内環境が整備され、日和見的な腸管感染症の病院となる微生物の増殖や毒素産生が予防的に抑制される。異物の生体内侵襲に対しては、プロバイオティクスによる自然免疫系の刺激に端を発する生体防御能が活性化される
比重論的位置づけ	異物の性質によって、対応する生体防御システムの比重が異なる	プロバイオティクスにより刺激を受けたマクロファージや樹状細胞は、偏った体液性免疫や細胞性免疫応答のバランスを改善することによる免疫調節機能を発揮する
場選択性	異物対応の場に応じた適切な生体防御因子が働く	経口的に摂取されたプロバイオティクスが、局所的に腸内環境を改善したり腸内フローラを改善したりするとともに、腸管粘膜を介して全身的な作用（免疫調節作用など）を発揮する

用語解説

マクロファージ（macrophage）：大食細胞とも呼ばれ、異物を貪食することにより生体防御の最前線で働く細胞で、全身に配置されている

28 腸内細菌によるがん免疫の修飾

バクテリアルトランスロケーション

腫瘍局所における抗腫瘍免疫応答について、近年では「炎症性腫瘍（hot tumor：HT）」と非炎症性腫瘍（cold tumor：CT）」の概念が唱えられています。HTでは、抗腫瘍免疫応答を担う免疫細胞（マクロファージや樹状細胞、NK細胞などの自然免疫系と、キラーT細胞などの獲得免疫に携わる細胞）が、腫瘍に浸潤して抗腫瘍作用を発揮しています。これに対して、CTでは免疫細胞の腫瘍浸潤の程度が低く、免疫応答も弱いというものです。

腫瘍の微小環境をよく調べると、腫瘍局所に多様な微生物が集積していることがわかってきました。しかもその数は、腫瘍組織の細胞（がん細胞やがん組織の支えとなる細胞、上記の免疫細胞群など）の25%に及ぶことが確認されています。これは、腸内微生物が、バクテリアルトランスロケーション（BT）を介して腫瘍に集積すると考えられるためです。

BTを起こす微生物の種類は多様で、がんの種類によって集積する微生物の種類が異なります。このうち、腫瘍に対する免疫を増強してHTに導く菌種と、逆に抗腫瘍免疫に影響を与えない菌種があることがわかってきました。たとえば、予後が良くない膵がんの免疫学的な微少環境で、長期生存者は短期生存者より腫瘍の微生物（BTにより腫瘍に到達）叢がより多様であることと、腫瘍の微生物叢の解析により患者の予後が予想できることが示唆されています。

膵臓は膵管を通じて腸管に連絡しているため、腸内細菌のがん腫への移行が生じやすいのです。肺や皮膚、腸管などのがん腫では、外界の微生物に暴露される可能性が高く、膵がんと同様なことが考えられます。BTを誘導する実験モデルで、BTを介して腸内から腫瘍局所に到達したビフィズス菌や乳酸桿菌などが、抗腫瘍免疫作用を増強することも明らかになっています。

要点BOX

- ●がん組織にBTを介して腸内細菌が集積する
- ●集積する菌種はがん免疫の方向性に影響する
- ●ビフィズス菌などが抗腫瘍免疫作用を増強

バクテリアルトランスロケーション

腸内細菌が、腸管バリアを潜り抜けて生体内に侵襲すること

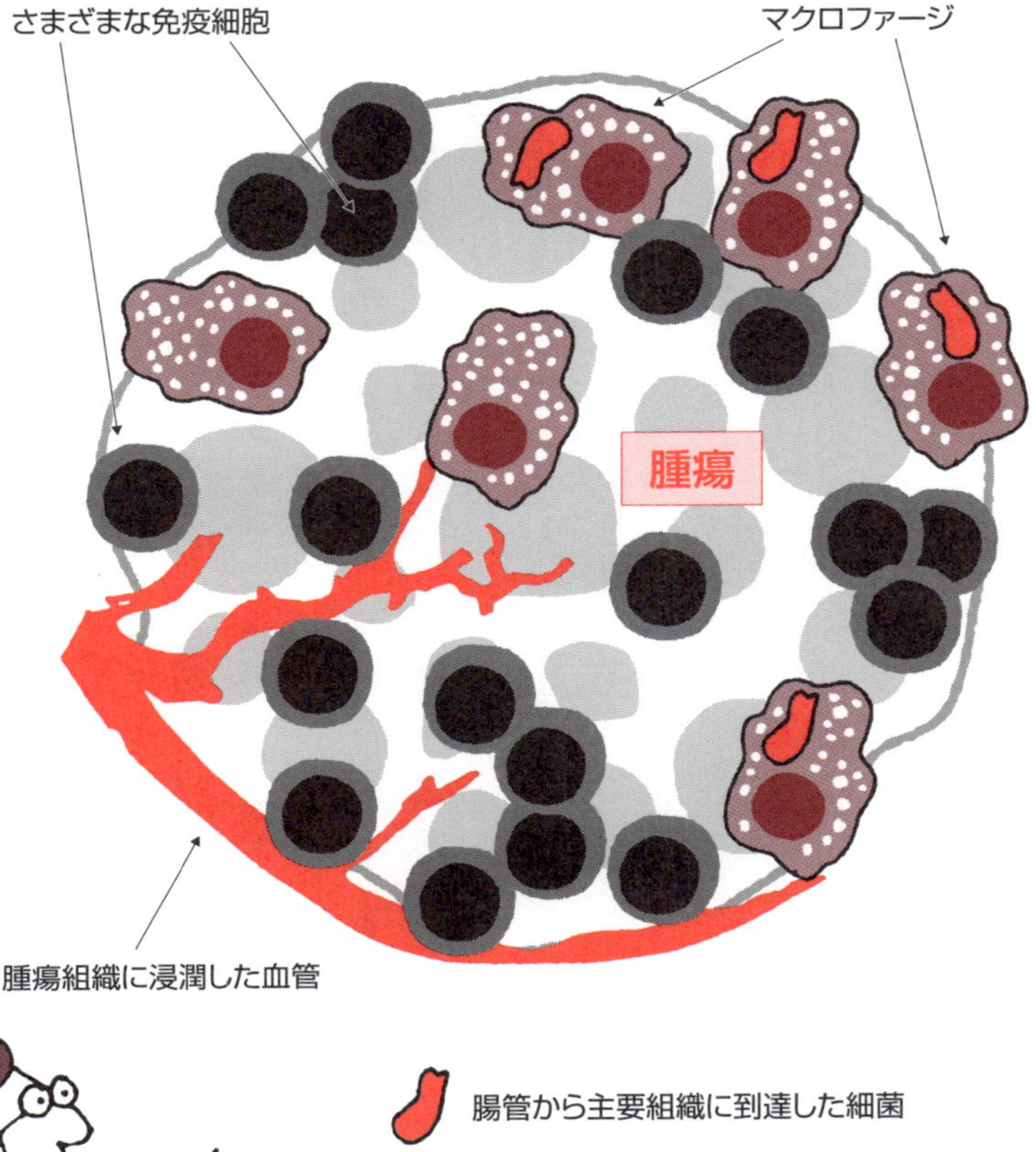

バクテリアルトランスロケーションを介して、腸管から腫瘍組織に到達した微生物が、腫瘍における免疫反応に大きな影響をもたらす

（Atreya CE & Turnbaugh PJ, Science, 368: 938-939, 2020より改変・引用）

用語解説

免疫チェックポイント（免疫チェックポイント阻害剤）：がん細胞や樹状細胞などの共抑制分子に結合する特異的リガンドに対する抗体が、がん免疫の抑制状態を解除して、がん細胞への攻撃を有効にする

29 免疫チェックポイント阻害剤

腸内細菌も関与する？

私たちの免疫機構が、がんに対する効果を及ぼしていることについて決定的な答えを出したのは、本庶祐先生および米国のジェームズ・Ｐ・アリソン先生による「免疫チェックポイント」（免疫応答を抑制するように働く免疫細胞上に発現する分子）の発見でしょう。両氏は、「免疫抑制の阻害によるがん治療法の発見」で、２０１８年のノーベル生理・医学賞を受賞しました。

　その後、現在まで、いくつもの免疫チェックポイントが発見されています。これらに対する抗体が、免疫チェックポイント阻害剤（Immune-Checkpoint Brockade：ＩＣＢ、免疫応答のブレーキを解除することにより、働かなくなっていたがん細胞に対する免疫応答を活性化する）として、さまざまながんに対する治療薬として応用されています。

　ＩＣＢがＢＴを誘導することが示唆されています。ＩＣＢの治療を受けたがん患者で、治療後に抗生剤治療を受けた人の予後は、抗生剤治療を受けなかった人に比べて良くなかった結果が示されています。これは、ＩＣＢの治療効果へのＢＴを介する腸内フローラの関与を示す意味で印象的です。さらに、大腸がんや悪性黒色腫の実験モデルで、腸内に生息するビフィズス菌や乳酸桿菌（*Lactobacillus reuteri*）がＢＴを介して腫瘍局所に集積し、ＩＣＢの抗腫瘍作用を増強することが報告されています。

　ＩＣＢには腫瘍細胞のみでなく、私たちの通常細胞に対する免疫細胞による攻撃の抑制も解除してしまう（自己免疫作用）という副作用が指摘されています。腫瘍に集積している微生物群によるＩＣＢの活性化は、腫瘍局所に特異的という意味で特徴的です。近い将来には、上記のような作用を有する微生物の中から、「抗腫瘍プロバイオティクス」と呼ばれるような新種が臨床応用されることに大きな期待が寄せられています。

要点BOX

- ICBの抗がん作用に腸内細菌が関与
- 抗がん免疫応答においてさまざまな免疫チェックポイントが明らかにされている

免疫チェックポイントの阻害による抗がん作用

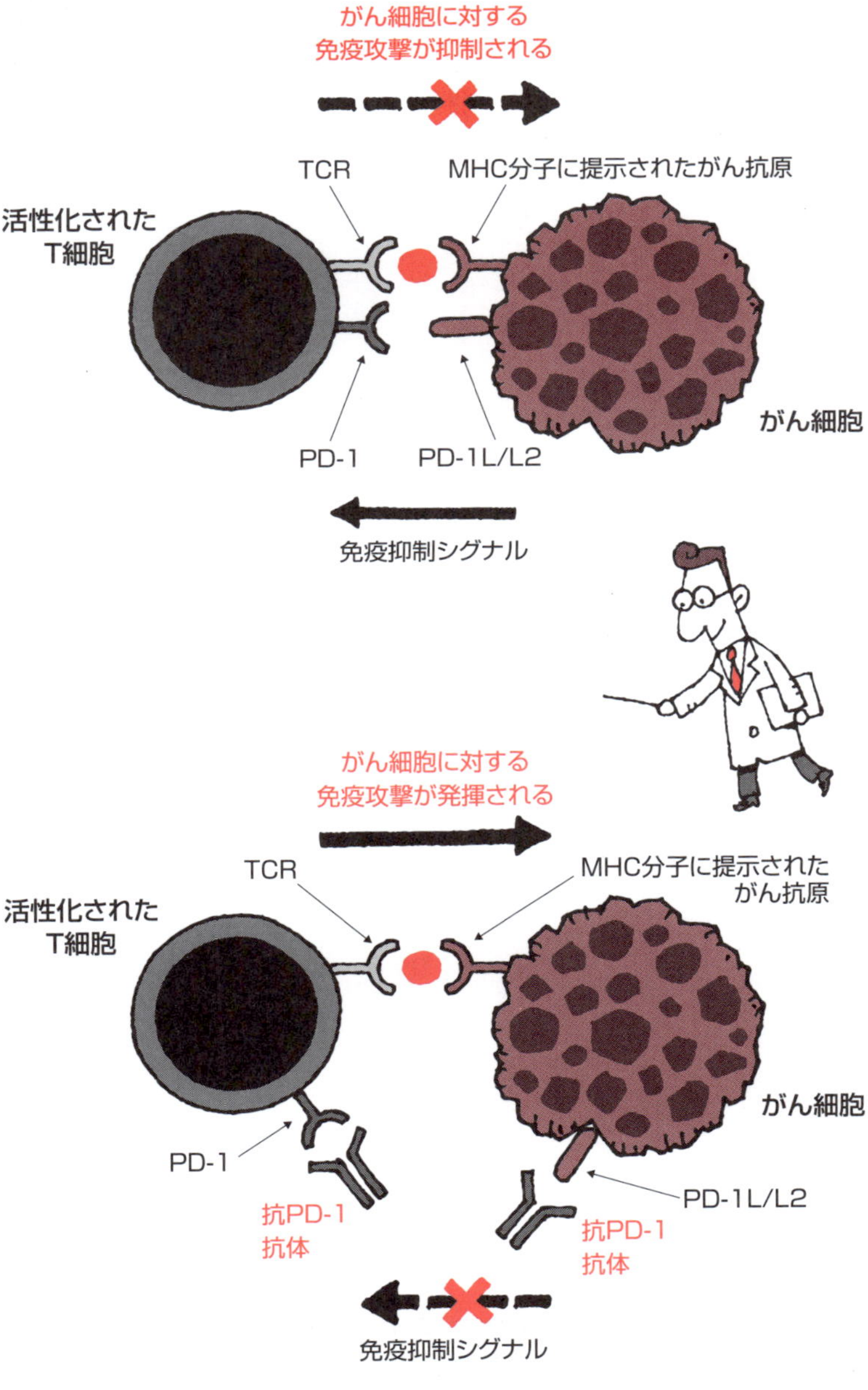

30 訓練免疫の可能性

自然免疫の活性化

新型コロナウイルスが、世界的なパンデミックを引き起こしたことは記憶に新しいところです。この対策として、新たに開発されたメッセンジャーＲＮＡワクチンが世界的に利用されました。これにより、ワクチンによる感染予防や重症化の抑制が再認識されたのではないでしょうか。

また、疫学的および免疫学的な解析により、本来は特定のウイルスに特異的に働くはずのワクチンが、標的ウイルスを超えた対象に対して非特異的な作用を発揮することにも注目が集まっています。たとえば、わが国の典型的な定期摂取ワクチンと言われるＢＣＧや麻疹、ポリオなどは、それぞれの対象疾患に対する特異的な免疫増強作用を発揮しますが、これに加えて対象微生物を超えた非特異的な免疫増強作用をも発揮することが示されています。

このように、ある抗原が自然免疫系を活性化する際に、より幅広い異物抗原に対する非特異的な免疫応答をも活性化する過程を、「訓練免疫」と呼んでいます。訓練免疫の誘導では、自然免疫機構でさまざまな異物抗原の受容体となるパターン認識受容体を介した自然免疫細胞の活性化が重要なのです。

訓練免疫の典型例として、表在性膀胱がんや上皮内がんに対するＢＣＧ（弱毒化結核菌のワクチン）の膀胱内注入の有効性が知られています。ＢＣＧは膀胱内に注入されると、局所の自然免疫系細胞を活性化することにより抗がん作用を発揮すると考えられています。私は、マウスの膀胱がん同所移植モデルにおける乳酸桿菌の抗腫瘍作用を調べた経験がありますが、臨床で使用されるＢＣＧ東京１７２株と比較して、乳酸桿菌*L.casei*シロタ株の加熱死菌（ＬＣ９０１８）の抗腫瘍作用がより強力であると判明しました。このような、プロバイオティクス乳酸菌によるがんの増殖抑制作用も、自然免疫の賦活化に基づく訓練免疫作用と言っていいでしょう。

要点BOX

- ワクチンで訓練免疫作用の発揮が明らかに
- プロバイオティクスの自然免疫系の活性化作用は訓練免疫と言っていい

プロバイオティクスによる訓練免疫促進の可能性

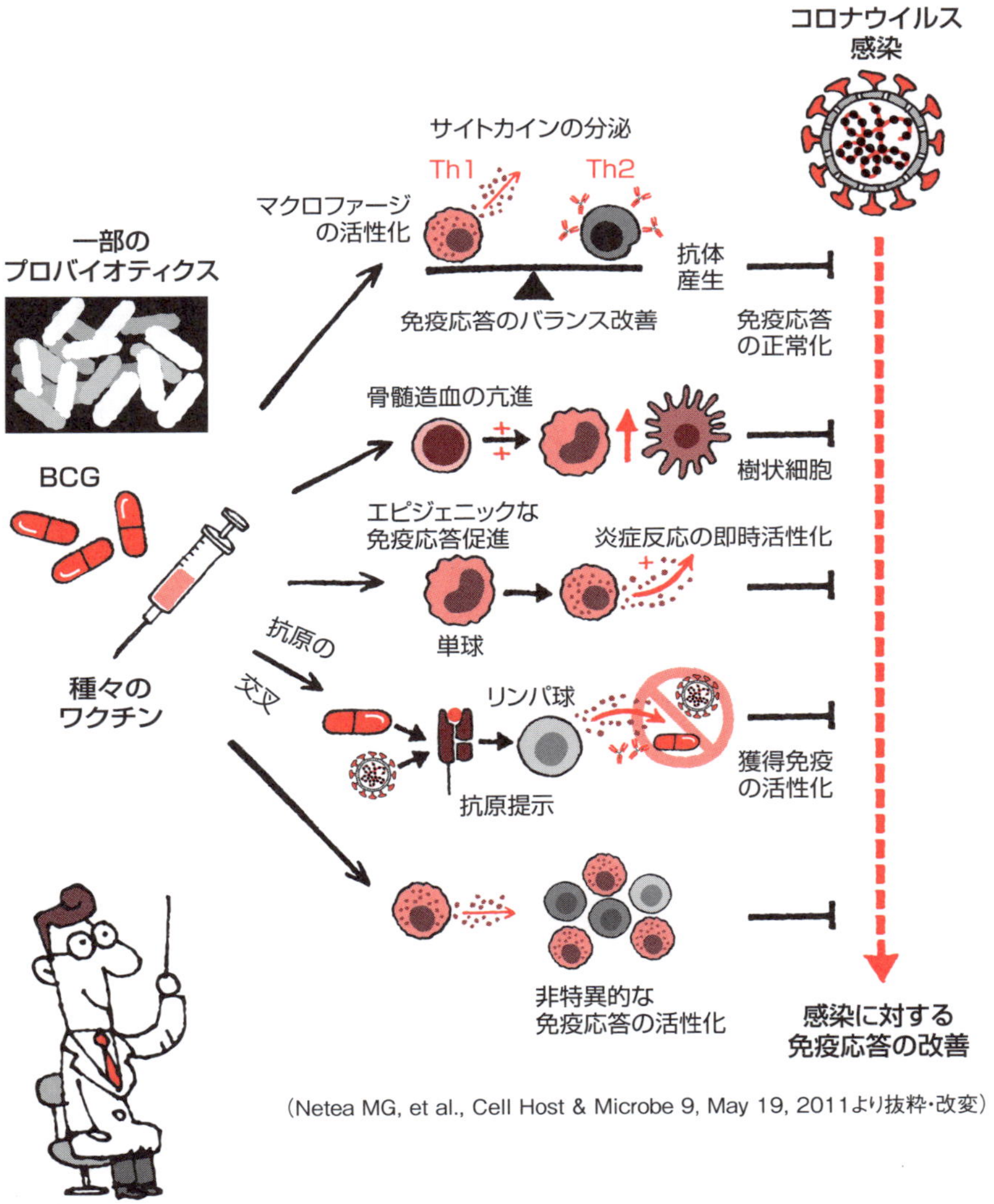

(Netea MG, et al., Cell Host & Microbe 9, May 19, 2011より抜粋・改変)

用語解説

BCG(Bacille de Calmette et Guérin)：弱毒化されたウシ型結核菌で、結核の生ワクチンとして採用され、世界中でさまざまなBCG菌株が使われている

31 抗菌物質の産生促進

ディフェンシン～広がるポテンシャル

すでに紹介した、腸内微生物が産生する有機酸は腸内抗菌物質の代表選手です。これとは異なり、私たちの生体自身が抗菌物質を産生することがわかっています。

「ディフェンシン（ＤＥＦ）」と呼ばれる抗菌オリゴペプチド（以下、抗菌ペプチド）について大きな注目が寄せられています。自然免疫を担う好中球などの貪食細胞の細胞内顆粒に含まれるほか、口腔から大腸までの消化管、気道、泌尿器、皮膚などの上皮細胞が抗菌ペプチドを産生します。ＤＥＦには、大きくα（アルファ）ＤＥＦとβ（ベータ）ＤＥＦとに分けられます（θ（シータ）ＤＥＦは旧世界ザルのみに発現し、ヒトでは産生されない）。

αＤＥＦは、主に小腸上皮細胞の一種であるパネート細胞（Paneth Cells）から産生されます。パネート細胞は、感染性微生物や神経性（コリン作動性）の刺激に応答して、αＤＥＦに富む顆粒を小腸管腔に分泌します。これに対して、βＤＥＦは貪食細胞のほかに気道、消化器、腎臓、眼、生殖器、泌尿器などの全身の粘膜上皮や皮膚の細胞が、主に感染性の刺激を受けて産生するのです。

ＤＥＦの特徴として、私たちに有害と考えられる微生物に対して抗菌作用を発揮する一方、内在性の腸内細菌には抗菌作用を及ぼさない、という大変都合の良い働きをしてくれる点が挙げられます。これらの抗菌ペプチドがどんな作用メカニズムで抗菌作用を発揮するか、完全に理解されているわけではありません。ただその電気的な性質から、微生物の膜にくっついてこれに穴をあける、というような作用メカニズムが提唱されています。ＶＳＬ＃３やＬＧＧ、*Lactobacillus helveticus*（発酵乳製品に使用される菌種）ＳＢＴ２１７１株などのプロバイオティクスが宿主粘膜細胞に刺激を与え、βＤＥＦ産生を促進する可能性も指摘されています。

要点BOX

- ●ディフェンシンは生体産生される抗菌ペプチド
- ●プロバイオティクスはディフェンシン産生を促進する

最前線の生体防御

ディフェンシンは身体の多くの部位で発現

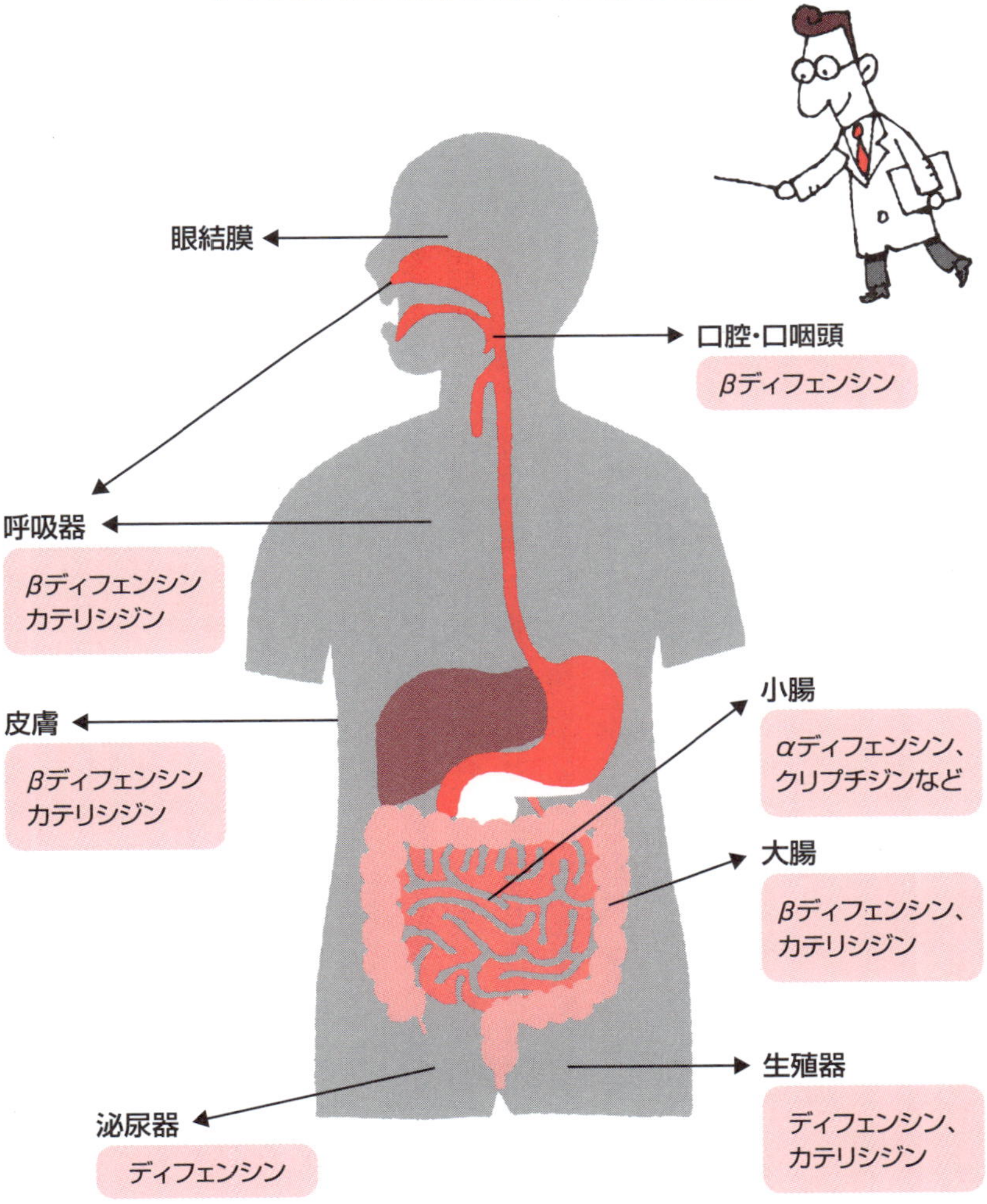

腸内細菌学雑誌　33：129-135,2019より、改変・引用

用語解説

パターン認識受容体(PRR)：自然免疫系細胞に発現する病原微生物の多様な構成成分を認識する受容体。トル様受容体は典型的なPRRで、LPSや鞭毛蛋白などを特異的に認識する

32 腸管バリアと代謝性内毒素血症

さまざまな疾患誘導の基点

私たちの消化管は、口腔から肛門に続く管構造です。その主な役割は食物の消化と吸収、残余と代謝物の排泄です。外層に腸管の動きを司る筋肉層があり、その内部には血管や神経を含む粘膜固有層、そして管腔に接する一層の粘膜上皮細胞があります。

この粘膜上皮細胞は、消化吸収とともに消化管ホルモンや抗菌物質など、さまざまな機能性分子の産生という機能を有しています。また、ムチンと呼ばれる粘液を産生します。ムチンは腸管上皮細胞の管腔面を覆うことで、腸内に数多く生息する腸内細菌の生体内への侵襲に対するバリアとして機能します。さらには、隣接する腸管上皮細胞同士を接着させる「腸管上皮間接着装置（タイトジャンクション）」と呼ばれる蛋白分子（オクルディン、クローディン、ＺＯ－１など）があります。

このような腸管の構造や機能が正常に保たれている状態では、その管腔に生息する数多くの腸内細菌は、内部に安定した状態の腸内細菌叢を形成しています。しかし、一部の腸管病原菌はこの腸管バリアを突破して生体内に侵入し、感染症を起こします。私たちの血液は通常は無菌状態で、ここに微生物が侵入することは異常事態です。侵襲する腸内細菌の多くは病原性が低く、すぐに殺菌されてしまい、大事に至ることはありません。ただし、侵襲する細菌の種類によっては事態が異なってくるのです。

グラム陰性の細菌群は、その外層に「リポ多糖体：Lipopolysaccharides（ＬＰＳ）」という分子を持っていることが特徴です。このＬＰＳは別名で内毒素とも呼ばれ、強い炎症誘導能を保持しています。グラム陰性細菌やそのＬＰＳが腸管から生体内に侵襲し、炎症を誘導してしまうことを「代謝性内毒素血症：Metabolic endotoxemia」と呼んでいます。代謝性内毒素血症は、さまざまな疾患の誘導や症状の進行に寄与しているわけです。

要点BOX

- ●腸管には腸内細菌の侵襲を防ぐバリアがある
- ●腸内グラム陰性菌やその内毒素が生体内に侵襲し、炎症を誘導するのが代謝性内毒素血症

高脂肪食・肥満による代謝性内毒素血症の誘導

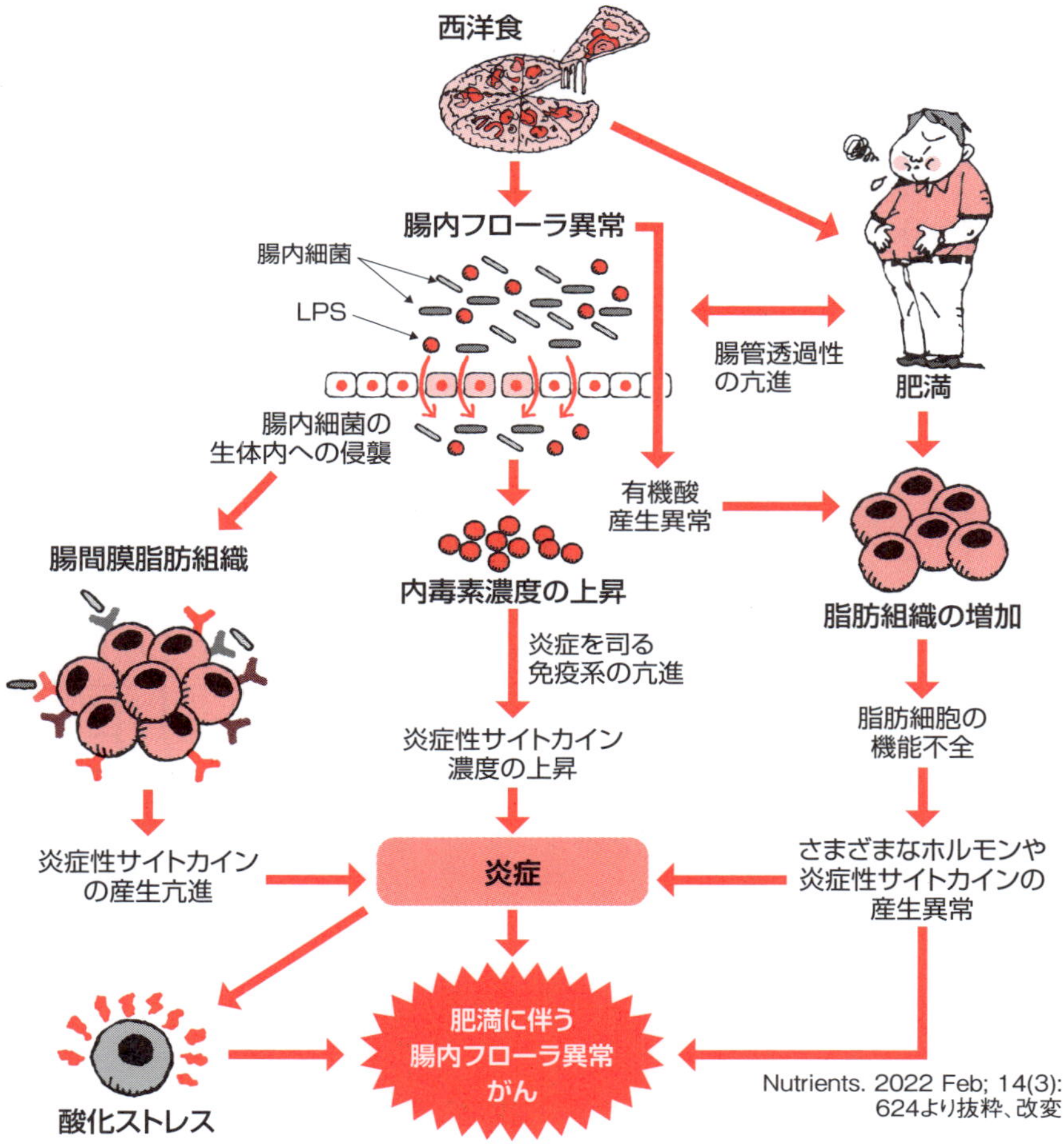

Nutrients. 2022 Feb; 14(3): 624より抜粋、改変

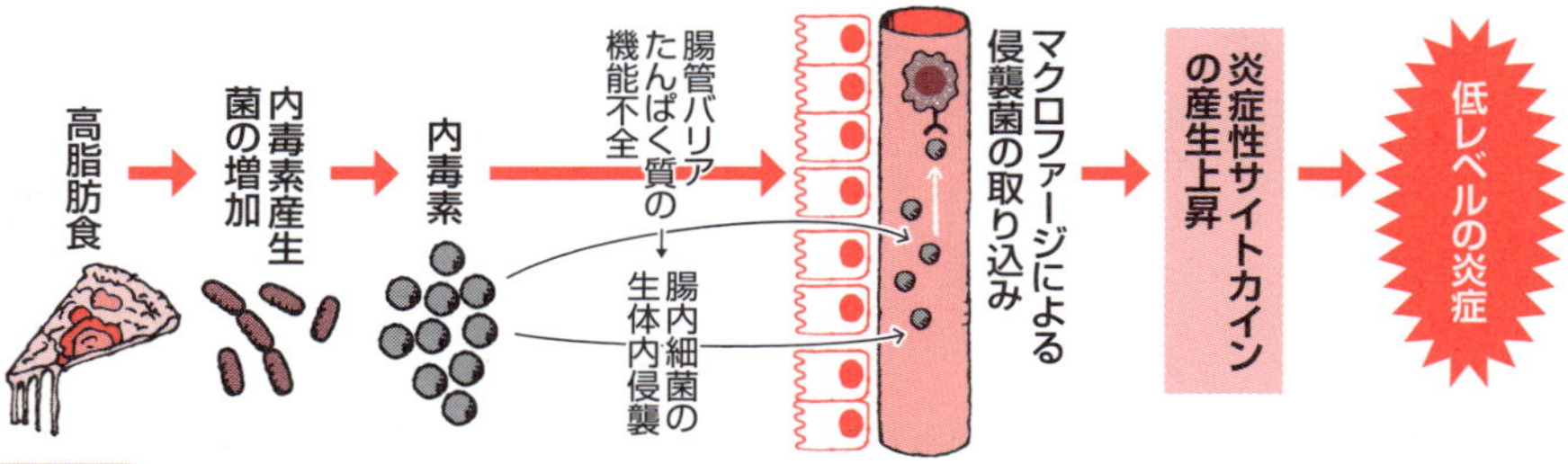

用語解説

パネート細胞：小腸上皮細胞の一種で小腸絨毛の基底部に存在し、主要な抗菌物質としてディフェンシンを産生する

33 シンバイオティクスによる合併症予防

消化器外科領域における有効性

私は、多くの臨床医療機関の先生方と共同研究を実施してきました。目的は消化器外科や救命救急、小児外科、新生児科などでの感染性合併症の予防策として、プロ（シン）バイオティクスの可能性を明らかにすることでした。きっかけは、とある大学消化器外科教室の先生からの相談に始まります。

この先生は、肝胆膵（肝臓、胆嚢、膵臓）という消化器の疾病を専門としていました。先生の専門である胆管がんの手術では、肝臓内を縦横に走る胆管周囲に播種したがんを切除する手術に長時間を要すること、十二指腸に開口する胆管がんの手術では、術中の腸内細菌への暴露が避けられないこと、したがって手術をうまく終えても、術後の感染性合併症の発症を抑えることが肝心とのことでした。しかも、多剤耐性菌による感染症を防ぐ目的で抗生物質の使用はできるだけ控えたいこともあり、腸内細菌叢の改善によって感染性合併症を抑え込むことを先生から要望されたのです。

そこで、プロバイオティクスにプレバイオティクスも加えた、シンバイオティクスが有効である可能性が高いと進言しました。術後経腸栄養にシンバイオティクスを添加し、感染性合併症の予防作用を調べる臨床研究を実施したのです。その結果、通常の経腸栄養のみを与えられた患者グループでの感染性合併症の発症率が52％だったのに対し、経腸栄養にシンバイオティクスを添加した群では19％と半分以下となりました。

さらに、術後の経腸栄養にシンバイオティクスを添加するだけでなく、術前の2週間にもシンバイオティクス（ビフィズス菌や乳酸菌を含む乳飲料とガラクトオリゴ糖液）を経口摂取することと併せた作用を調べる試験を実施しました。すると、術前・術後のシンバイオティクス療法は、術後の単独投与よりさらに有効である結果が得られました。

要点BOX

- ●消化器手術でBTを介する感染性合併症が問題
- ●術前・術後のシンバイオティクス療法で術後の感染性合併症の発症を抑制できる

シンバイオティクスによる重症患者における感染性合併症の予防

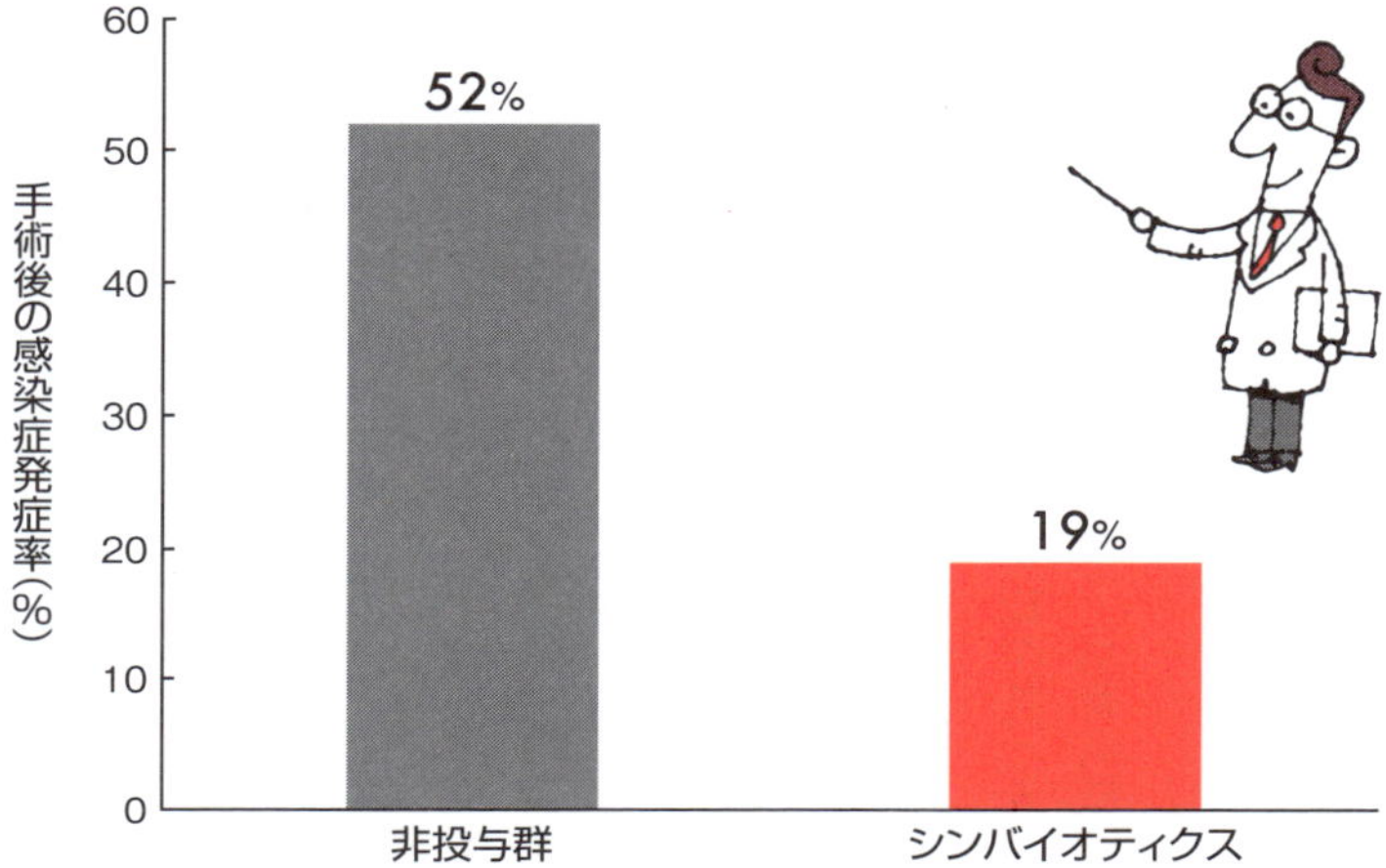

胆道がん患者の手術後にシンバイオティクス療法を行うことで、術後の感染性合併症が顕著に抑制された

（Kanazawa H, et al. Langenbecks Arch Surg. 2005 Apr;390(2):104-13. doi: 10.1007/s00423-004-0536-1.より改変・引用）

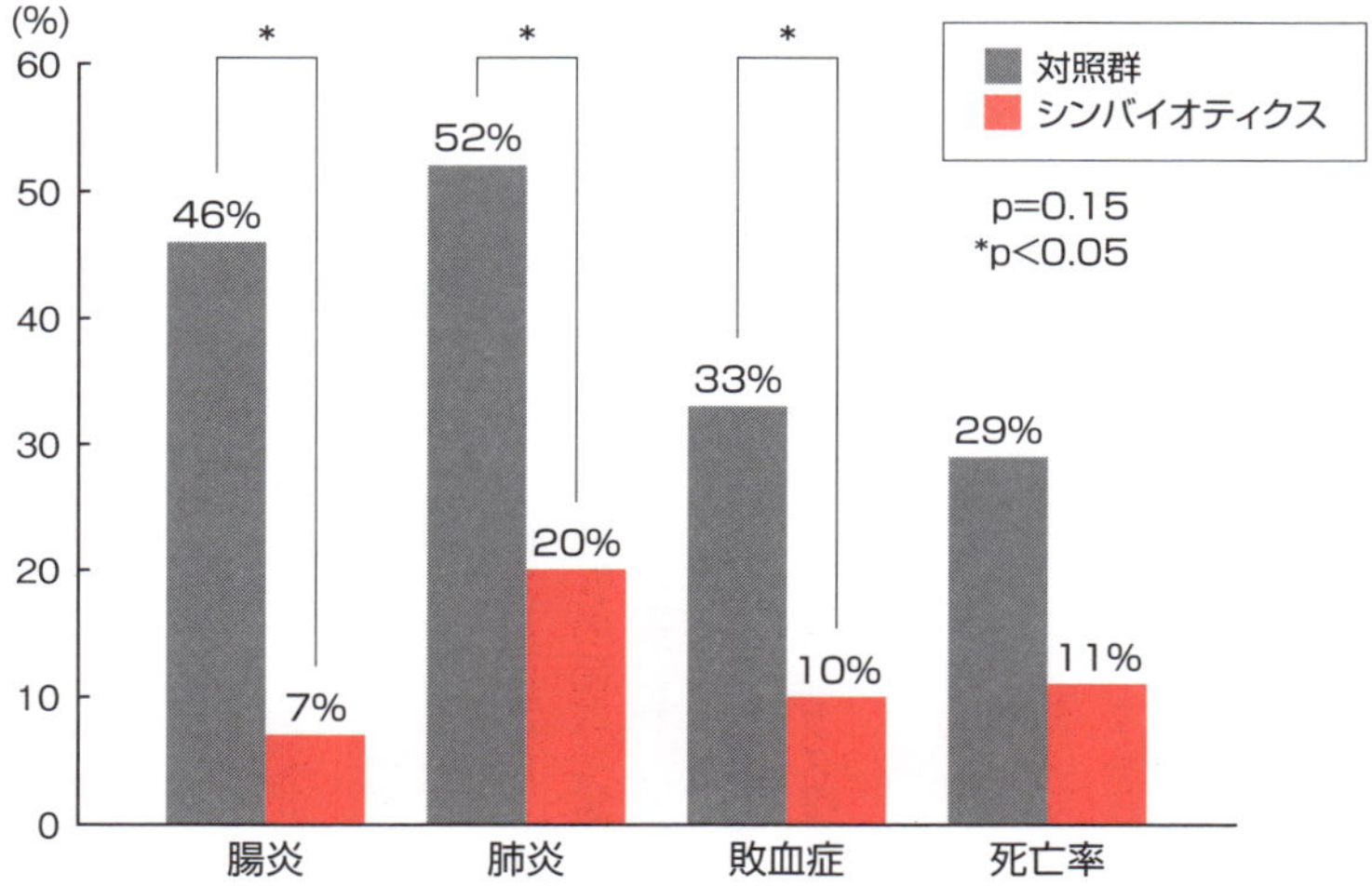

シンバイオティクス療法により救命救急領域の重症患者の症状が改善した

（Shimizu K, et al. Dig Dis Sci. 54:1071-1078, 2009. doi: 10.1007/s10620-008-0460-2.より改変・引用）

用語解説

胆管：肝臓で産生された胆汁（脂肪を乳化して消化吸収を助ける）を、胆嚢を介して十二指腸に運ぶ。胆管がんの予後は良くないことが知られている

34 腸管バリアの強化

代謝性内毒素血症に対する防御

胆道がん手術後の感染性合併症の予防作用について、33項で紹介した先生らのグループが積極的に学術報告をしたことで、現在まで多くの医療機関で同様の臨床研究が進み、シンバイオティクスによる抗がん化学療法の副作用を軽減する作用や、救命救急患者の感染性合併症を予防する作用を示す結果が得られています。ここで気になるのは、「どのような作用メカニズムでシンバイオティクスが感染防御作用を発揮するのか?」でした。

私の研究グループでは、乳酸桿菌やビフィズス菌をマウスの腸内に定着させることで、腸管病原菌や多剤耐性の病原菌（アシネトバクター：*Acinetobacter baumannii*）に対する感染防御作用が発揮されることを見出しました。この感染防御作用は、プロバイオティクス単独よりもプロバイオティクスにガラクトオリゴ糖を併用すること（シンバイオティクス）でさらに強く認められました。宿主マウスの免疫能を低下させた状態で腸内から全身への病原菌の侵襲が、シンバイオティクスにより顕著に阻害されることもわかったのです。

この研究で、プロバイオティクスとして投与されたビフィズス菌の腸管内定着数と腸管内酢酸濃度が正の相関を示し、アシネトバクターの腸管内菌数と腸管内酢酸濃度が負の相関を示すことが判明しました。さらに、オクルディンなど腸管上皮間接着装置タンパク質の腸管上皮での発現が、シンバイオティクス投与群で高まることも示されました。

これらの結果は、プロバイオティクスやシンバイオティクスが腸管内で感染症起因菌の増殖を抑え込むとともに、腸内から生体内へのBTを抑制することで感染防御作用を発揮していることを表しています。実際に、食道がん手術後に頻発する術後のBTが、シンバイオティクスの投与でほぼ完全に予防されることが報告されています。

要点BOX

- 消化器手術後の感染性合併症の予防にシンバイオティクスが有効である
- 腸内環境改善による抗菌作用が防御の原動力

シンバイオティクスの菌血症発症予防効果

食道がん患者における術前化学療法による菌血症（バクテリアルトランスロケーション）の発症に対するシンバイオティクスの予防効果

A）研究方法

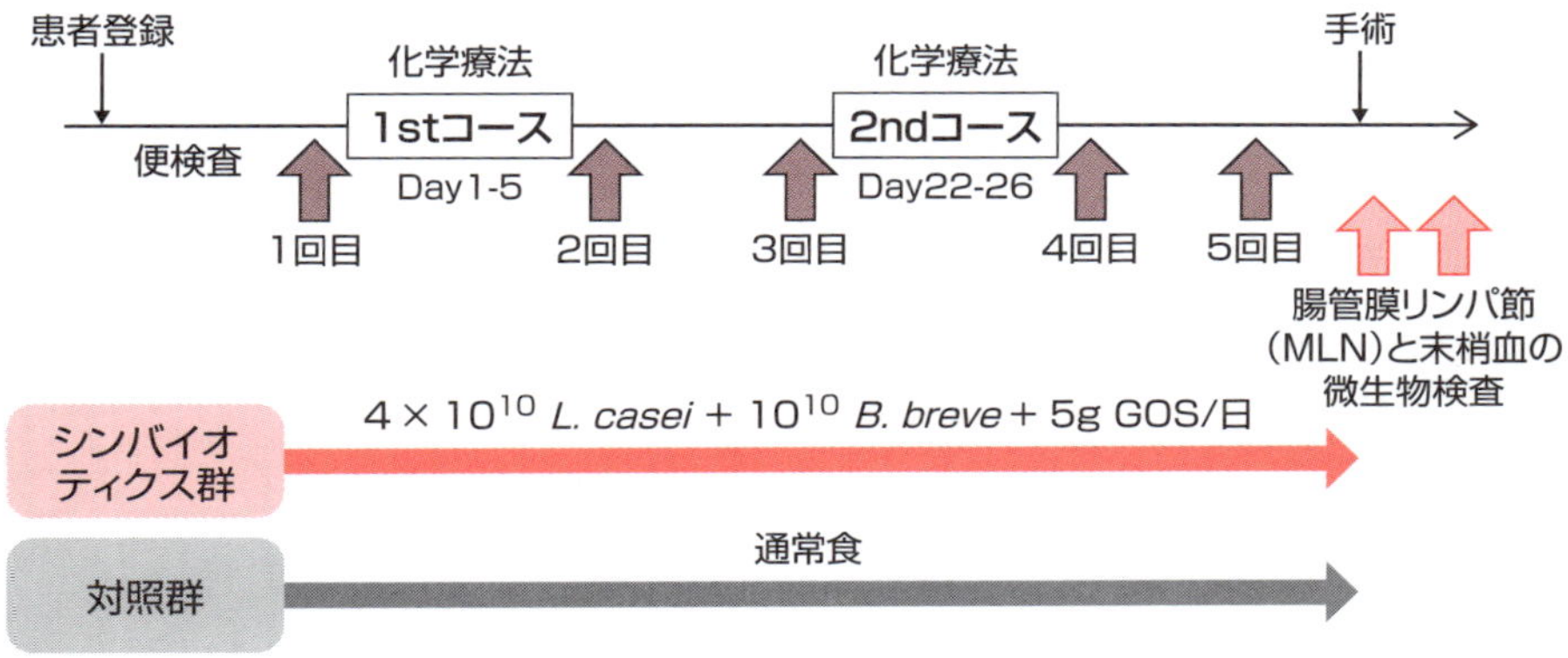

B）結果：末梢血および腸管膜璃リンパ節の菌血症の発症率は、
シンバイオティクス群で顕著に低かった

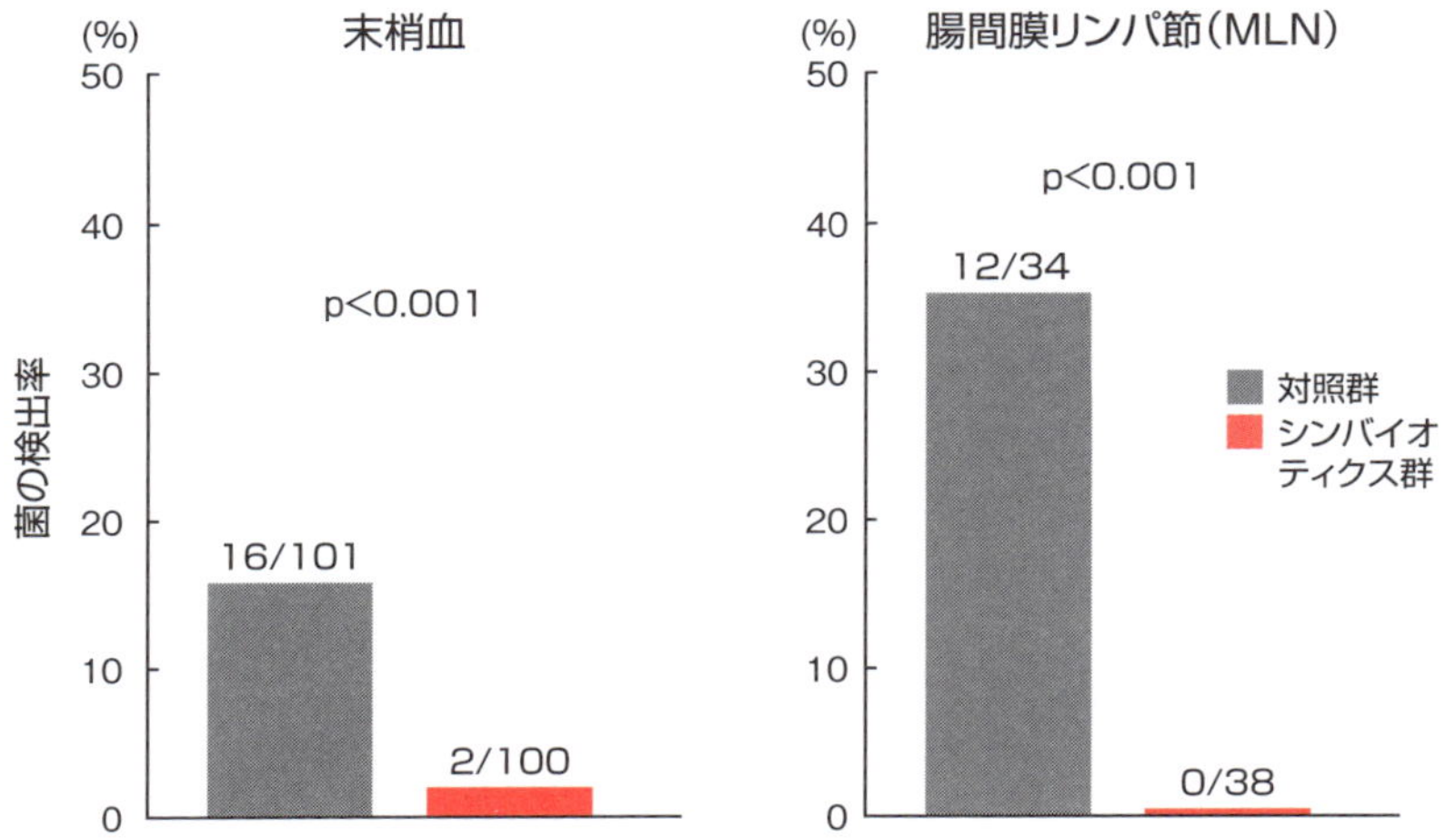

（Fukaya M, et al. Clin Nutr. 40:5781-5791, 2021.
doi: 10.1016/j.clnu.2021.10.004より改変・引用.）

用語解説

上皮細胞間接着装置：上皮細胞相互の接着を司るタンパク質（カドヘリンやクローディン）と、これらを支える細胞骨格結合蛋白（ZO-1など）とからなる

35 効果的な摂取量とは？

通過菌の腸内密度が重要？

東京農業大学では、一般の人を対象にした「農大オープンカレッジ」を実施（半期に一度）しています。テーマごとに、大学内外の識者による興味深く楽しい学問を体現することができます。

私が演者を務める「腸内フローラと健康」を聴講するのは大半の方が中高年ですが、講義の終わりに毎回多くの質問をいただきます。その中で、よくプロバイオティクスの適切な摂取量（生菌数）について問われます。これに答える明確な根拠となる研究成果が少なく、実はなかなか難しい質問なのです。

そうした中で私は、動物実験ではありますが、典型的なプロバイオティクス菌株である（*Lacticaseibacillus casei* シロタ株：ＬｃＳ）の純培養生菌をマウスに経口投与し、投与後の腸管各部位に到達したＬｃＳ生菌数を調べました。投与されたＬｃＳ生菌は投与後、胃から小腸、盲腸、大腸へと経時的に移行していきます。実に投与6時間後には、投与されたＬｃＳ菌数の80％ほどが腸管の各部位に分布していました。ただその後、投与24時間後には、投与菌数のほぼすべてが便中に排泄されたことを示す結果が得られました。

現在、プロバイオティクスや発酵乳に用いられている乳酸菌やビフィズス菌のほとんどはいわゆる「通過菌」であり、健常成人の腸管に長期間定着することなく、便から排泄されます。これが、毎日の継続的な摂取が促される理由の一つでもあります。

ただし、プロバイオティクスの作用メカニズムが「有機酸産生を介する整腸作用」であれ、「菌体あるいはその成分による免疫調節作用」であれ、摂取した菌数に応じて腸管内の局所的なプロバイオティクス菌の密度（腸管内部位の単位容量当たり菌数）は高まります。そうしたことから、その保健作用も摂取するプロバイオティクスの菌数に応じてより明確に示されるでしょう。

要点BOX

- ●プロバイオティクスは腸内に長く定着しない
- ●摂取菌数が多いほど腸内の生菌密度が大きくなるため、より明確な作用が期待される

プロバイオティクス摂取後の腸管内の生菌数推移

マウスにプロバイオティクスを経口投与すると、経時的に生菌として腸内を移動し、24時間後にはほぼ便中に排泄される

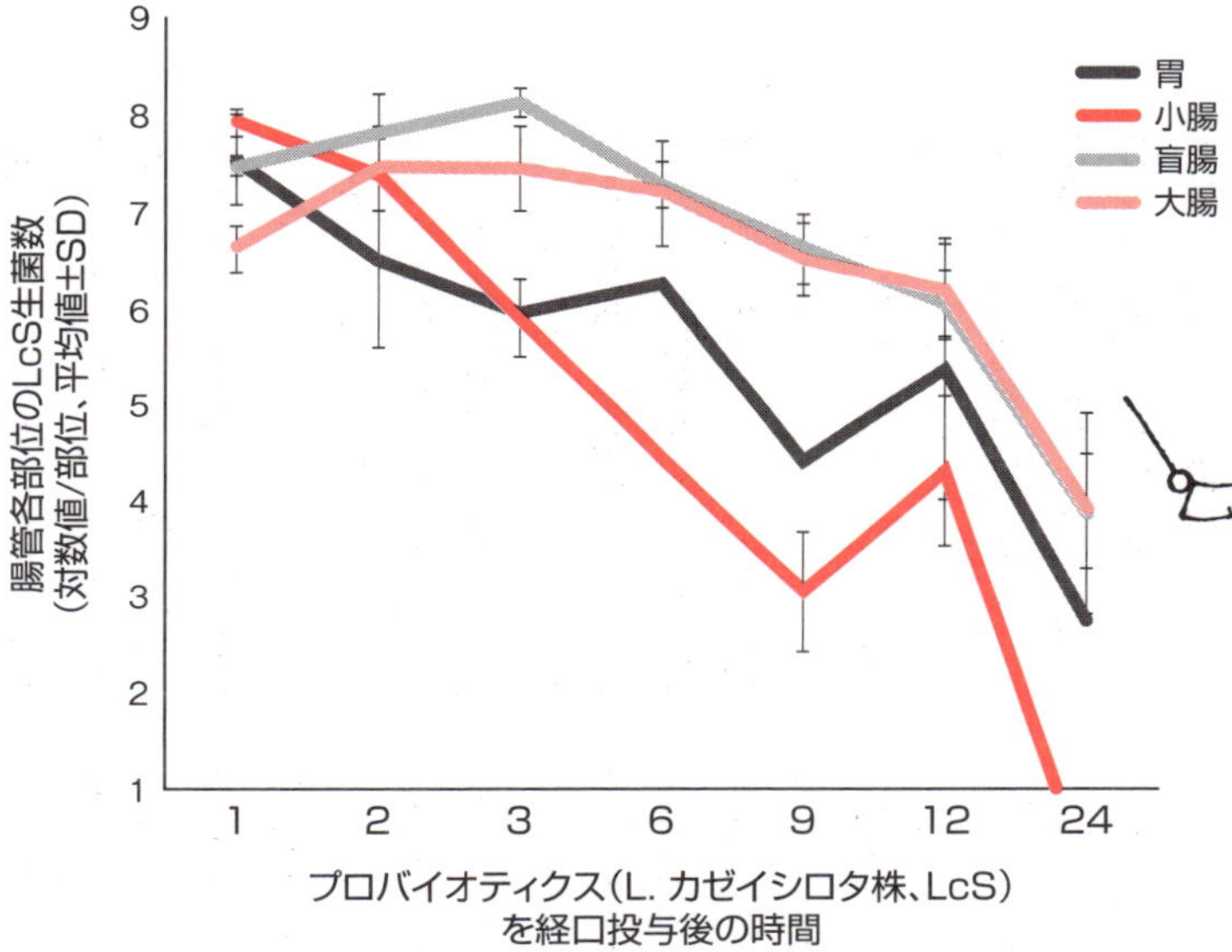

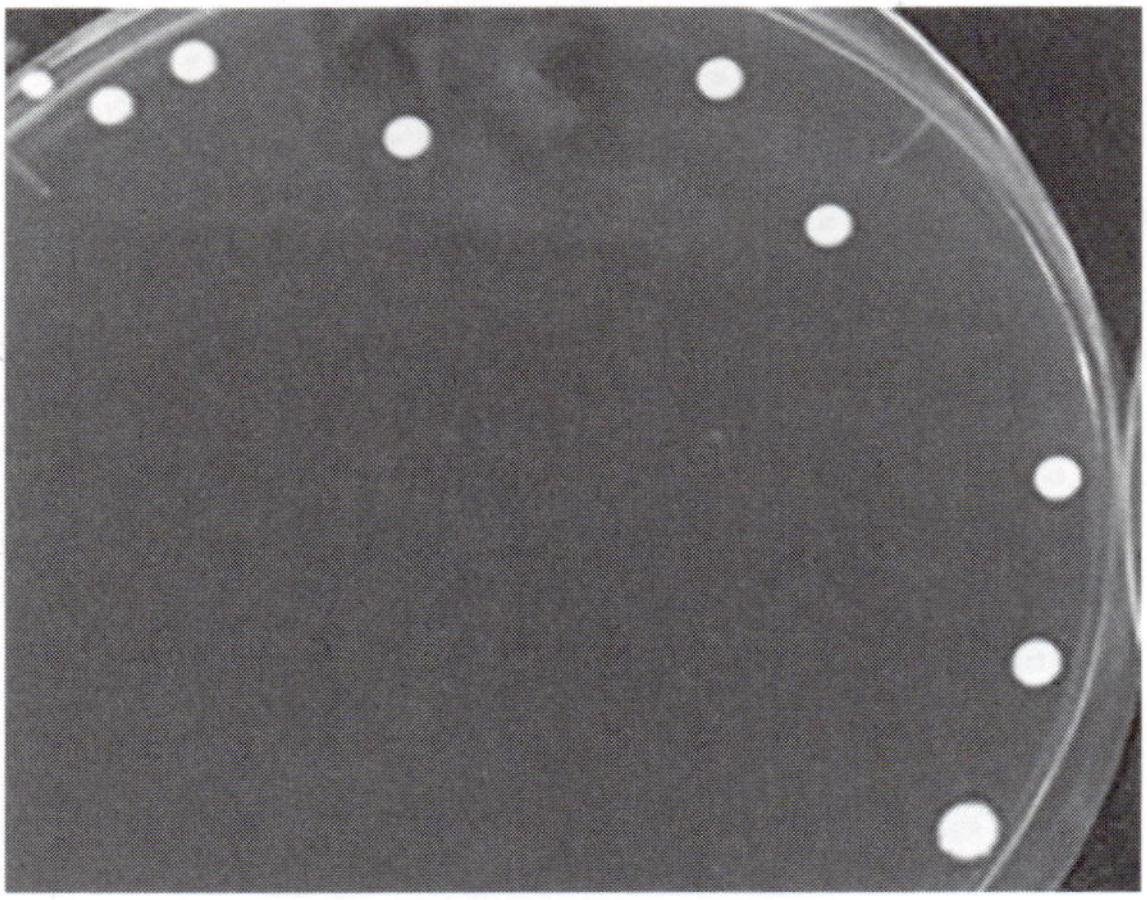

MRS培地で増殖したLcSのコロニー

用語解説

東京農大オープンカレッジ：「食・健康・環境・花緑」などを範疇とする一般聴講者向けの講座。“実学の農大”らしい体験型のテーマ設定や子供向けプログラムもある

Column

生体防御システムの破綻による内在性感染の誘導

ずいぶん前になりますが、興味深い発見だったと私が自負している研究に、「生体防御機構の破綻がもたらす、腸内内在性微生物による内在性感染の誘導」というものがあります。

きっかけは、実験動物であるマウスへの多様な抗がん剤の投与効果を検討している途上で、「フルオロウラシル」（フッ化ピリミジン系代謝拮抗剤：5-FU）の大量投与がもたらす特異的な副作用を見出したことに始まります。すなわち、5-FUを大量に投与されたマウスでは、腸内フローラの乱れや骨髄抑制、腸管上皮細胞の障害が相まって起き、異常に増殖した腸内常在性の大腸菌が腸管壁を突破して生体内に侵襲し、全身に移行することで大腸菌によりマウスが感染死する、というものです。

この実験では、大腸菌への有効な抗生物質の投与により大量の5-FUの致死毒性が解消されること、また、5-FUを投与されたマウスに正常マウスの骨髄細胞を移入することで、5-FUによる感染誘導が予防できることを示しました。さらにこの実験で、*L. casei*シロタ株（LcS）が5-FUの感染誘導による致死毒性を顕著に抑制することも見出したのです。

以上の結果から、健常個体では①健常な腸内フローラのバランスが維持されており、大腸菌のような特定の微生物の異常増殖を抑制している、②腸管上皮細胞によるバリア機構が腸内微生物の浸潤を阻んでいる、③腸管から侵入した腸内微生物は、腸管に配置されている免疫系により即座に排除される、という生体防御系が機能していると言えます。

大量の5-FU投与による、内在性大腸菌による致死的な感染症の誘導

5-FU投与後の日数	臓器中の通性嫌気性菌の数（平均値±標準偏差）（検出率）		
	肝臓	脾臓	腹腔
0(control)	<2(0/10)[b]	<2(0/10)	<2(0/10)
1	<2(0/10)	<2(0/10)	<2(0/10)
3	<2(0/10)	<2(0/10)	<2(0/19)
5	<2(0/10)	<2(0/10)	<2(0/10)
7	4.0±0.8(7/10)	3.1(2/10)	<2(0/10)
10	7.8±1.6(10/10)	3.7±0.8(5/10)	4.5(2/10)
12	9.6±0.4(10/10)	4.6±0.7(10/10)	5.0±0.7(10/10)
14	9.9±0.2(10/10)	4.3±0.7(10/10)	5.3±0.5(10/10)

BALB/Cマウスに、5-FUを投与したのち、経日的に臓器に侵襲した細菌（大腸菌）の数を測定した

（Nomoto K, et al. Can J Microbiol. 37:244-227, 1991.
doi: 10.1139/m91-037.より改変・引用）

第4章

プロバイオティクスの代表的な微生物

36 プロバイオティクスの菌種と菌株

世界的に多様

乳酸菌の中で、乳製品を発酵するのに主役をなすのは乳酸桿菌です。現在では、菌の属（genus）レベルで25菌属に分類されており、２６０以上もの菌種が含まれます。

乳酸桿菌は、多くの発酵食品の種菌（スターター）として使われていますし、自然発酵食品から分離される頻度も高いです。この理由としては、主要な作用である発酵が考えられます。もちろん、プロバイオティクスとして利用される菌群の中でも最も一般的です。

一方の雄は、ビフィズス菌でしょう。乳児期における最優勢菌であることや、その酢酸や乳酸の生成による整腸作用は誰もが認めるところです。

酵母菌は、分類学的には細菌と異なり、真菌類に属しています。このうち、サッカロマイセス・セレビシエ（*Saccharomyces cerevisiae*）は、パンやビールの製造に使われる酵母として一般的です。

サッカロマイセス・ブラウディ（*S.boulardii*）は最もポピュラーな酵母菌プロバイオティクスです。中でも*S.boulardii* ＣＮＣＭ Ｉ－７４５という菌株については、基礎・臨床研究の証拠が蓄積しており、ヘリコバクター・ピロリ感染や*C.difficile*下痢症、旅行者下痢症、あるいは潰瘍性大腸炎や過敏性腸症候群などに対する有効性が示されています。特に細菌性下痢症では、真菌は抗生物質には耐性があるため抗生物質治療の影響を受けないことから、抗生剤の投与下での酵母プロバイオティクスの効果が期待できます。

一方で、複数の菌種や菌株からなるプロバイオティクスもあります。ＶＳＬ＃３というサプリメントはその典型でしょう。４種類の乳酸桿菌、３種類のビフィズス菌および1種類の連鎖球菌の計7菌種を含んでいます。総菌数は一包当たり４５００億個と言われ、潰瘍性大腸炎やクローン病の寛解維持作用に優れる特徴が知られています。

要点BOX

- プロバイオティクスの菌種の多くは乳酸菌やビフィズス菌である
- 酵母菌ほか複数の菌種を混合したものもある

プロバイオティクス菌種の多様性

乳酸桿菌(*Lactobacillus*)の分類の経緯

1901	*Lactobacillus*の最初の記述
1935	*L. casei*シロタ株の開発・上市
1975	35種に分類される
1982	16SrRNAのDNA配列に基づく分類の開始
1983	*L. rhamnosus* GG株の分離
1995	67種に分類される
2003	*L. plantarum* WCFS株の遺伝子配列の解明
2005	147種に分類される
2015	メタゲノム解析に基づく分類
2015	265種に分類される
2020	25属に新規に分類される

(https://4cau4jsaler1zglkq3wnmje1-wpengine.netdna-ssl.com/ wp-content/uploads/2020/04/Lactobacillus_scientist_linked.pdf より改変・引用)

PubMed検索によるプロバイオティクス菌株の学術文献数

500以上	100以上	50以上	20以上
L. casei Shirota	*L. acidophilus* LA5	*L. johnsonii* La-1	*L. casei* CRL 431
L. rhamnosus GG	*L. acidophilus* NCFM	*B. breve* Yakult	*B. bifidum* BF-1
S. boulardii	*L. plantarum* 299V	*B. longum* BB536	*L. rhamnosus* Lcr-35
B. lactis BB-12	*L. rhamnosus* GR-1	*B. lactis* HN019	*L. rhamnosus* R0011
E. coli Nissle 1917	VSL#3	*L. rhamnosus* LC705	*L. salivarius* UCC118
	L. rhamnosus HN001	*L. reuteri* RC14	*B. lactis* DN-173 010
		L. acidophilus CERELA	*L. gasseri* SBT2055
		L. paracasei F19	*L. gasseri* OLL2716(LG21)
			L. acidophilus L-92
			L. casei DN114001
			L. bulgarius R-1

2024年10月現在

用語解説

真菌類：細菌とは異なり、哺乳類の細胞と同様に核膜に囲まれた核を持つ真核生物。糸状菌や酵母、キノコ類を含む。「カビ」は俗称で真菌に含まれる

37 プロバイオティクスのパイオニア

*L. casei*シロタ株

　初めて乳酸桿菌（*Lactobacillus*）の名前が学術的に発表されたのは１９０１年です。その後ほぼ30年余りを経て、「*L.casei*シロタ株（ＬｃＳ）」を含む乳飲料がわが国で販売されました。

　私が子供の頃は、ガラス製の小容器に入ったシロタ株飲料を、甘酸っぱい新鮮な香りを味わいながら大事に飲んだことを記憶しています。そのとき、飲料に含まれる乳酸菌の研究を、将来行うことになるとは夢にも思いませんでした。現在では、世界の40以上の国と地域で、一日に４０００万本を超える製品が消費されているとのことです。

　発売当初から、製品に含有されるＬｃＳ生菌は段階的に増え、現在では一本当たり１０００億個もの生菌が含まれる製品も登場しています。効能は、一例として「良い菌を増やし、悪い菌を減らして、おなかの調子を整える」というものでしたが、現在で最高菌数を含む製品の機能性表示食品としての機能は、「一時的な精神的ストレスがかかる状況でのストレスを和らげる機能や睡眠の質（眠りの深さ、すっきりとした目覚め）を高める機能」が喧伝されています。ＬｃＳには、整腸作用のほかにさまざまな疾患の症状軽減作用が認められています。

　私が経験してきた研究からは、ＬｃＳの免疫賦活作用の用量依存性を示す結果を得ています。すなわち、ＬｃＳ（加熱死菌体）を加えてマクロファージを培養すると、マクロファージはＬｃＳを取り込んで活性化されるのです。この状態のマクロファージに、腫瘍細胞を加えてさらに培養すると、腫瘍細胞の増殖はマクロファージによる阻害作用を受けます。このマクロファージの腫瘍増殖抑制活性において、用量依存性（刺激となるＬｃＳの濃度を増やすほど、作用が強くなる）が示されています。ＬｃＳによる抗腫瘍免疫の増強作用は、異なる種類のがん細胞に対しても同様に発揮されました。

要点BOX

●典型的なプロバイオティクスであるLcS
●LcSにはさまざまな保健作用がある
●マクロファージ活性化作用に用量依存性あり

乳酸桿菌Lカゼイシロタ株の特徴

乳酸桿菌 *L. paracasei* シロタ株の走査電子顕微鏡像

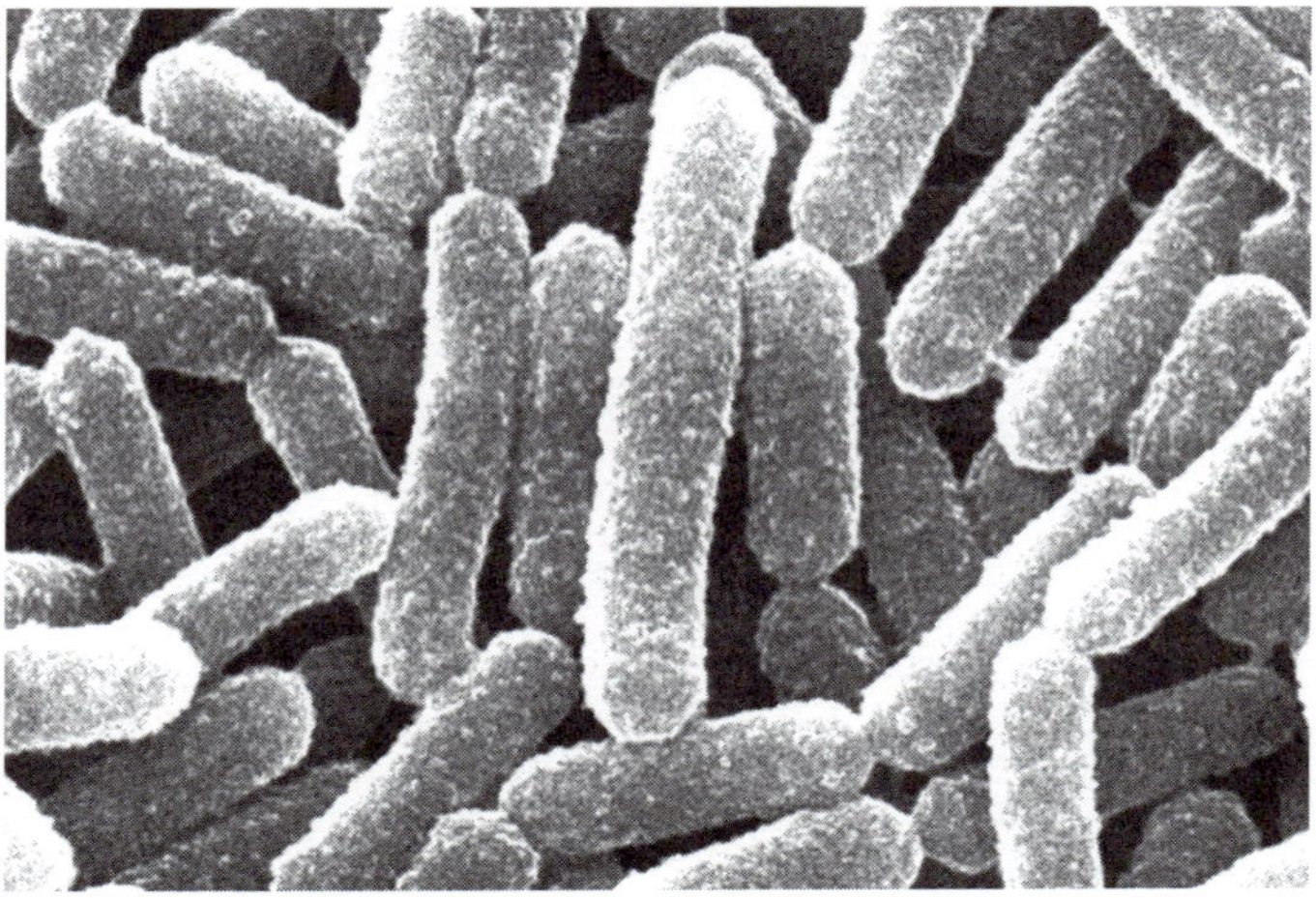

細胞壁表層のケバケバとした多糖体が特徴的

乳酸桿菌*L. paracasei*シロタ株の透過電子顕微鏡像

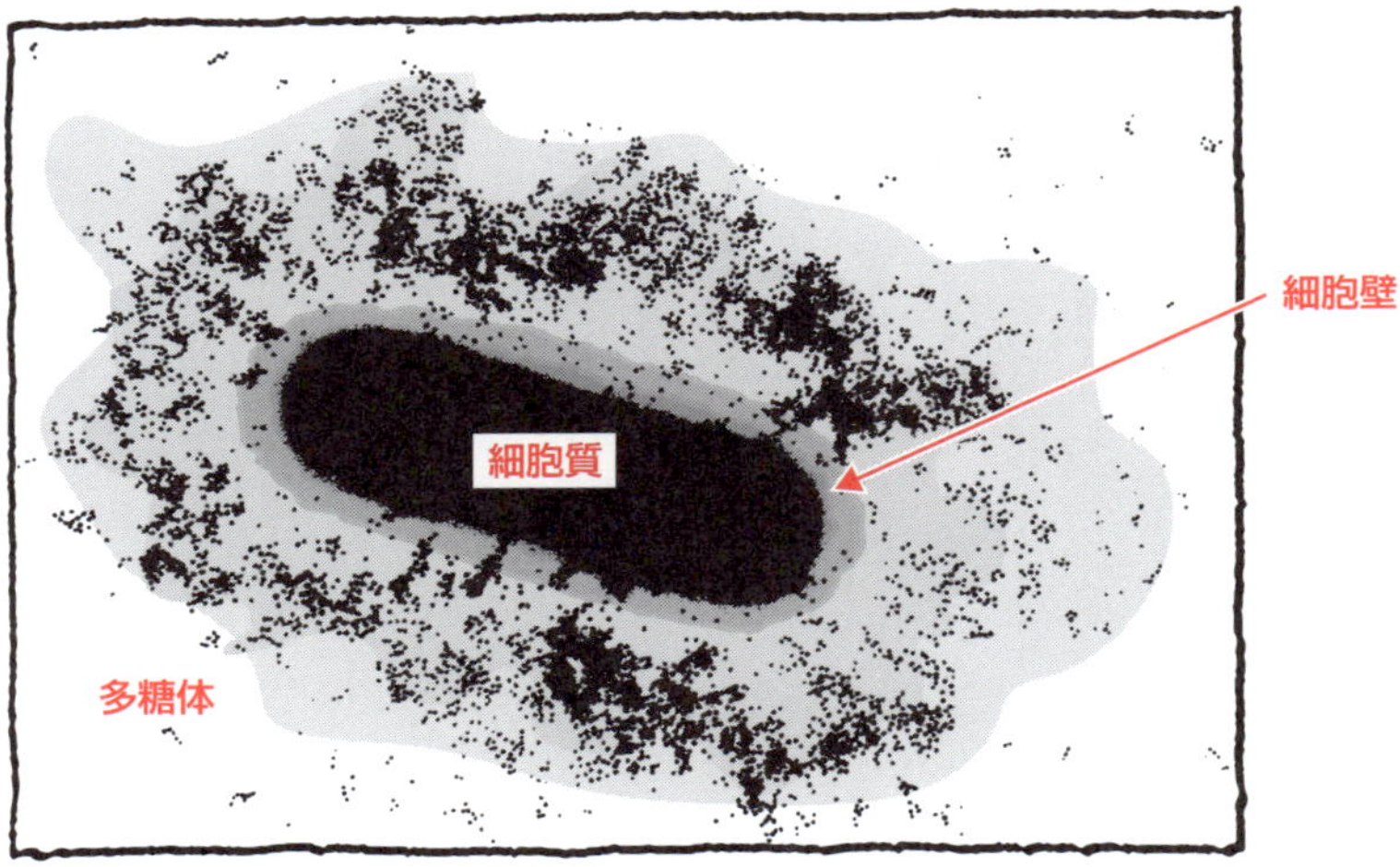

細胞壁の周囲を分厚い多糖体が覆っている

用語解説

腫瘍：がん細胞など無秩序な増殖能を持つように変異した細胞が、増殖して形成する細胞の塊。細胞の性質により良性と悪性（浸潤・転移能あり）に分けられる

38 乳酸菌 L. rhamnosus GG

最も学術報告が多い

Lacticaseibacillus rhamnosus（ラクチカゼイバチルス・ラムノーサス）ＧＧ株（ＬＧＧ株）は、胃酸や胆汁酸への耐性が強く、腸粘膜細胞への接着性の高い菌株として、１９８０年代に米国タフツ大学のBarry R.Goldin（ゴールディン）博士とSherwood Leslie Gorbach（ゴルバッハ）博士により、ヒト腸内から分離された菌株です。二人のイニシャルを取ってＧＧ株と呼ばれています。国際的な微生物の菌株寄託機関であるAmerican Type Culture Collection（ＡＴＣＣ）に寄託されており、世界中で誰もがＬＧＧ株をＡＴＣＣ５４１０３株として取り寄せて研究することが可能です。

このような状況もあり、ＬＧＧ株に関する学術報告数はとても多く（私が行った最新の文献調査では１５００件超を数えた）、より精密な科学的知見が得られている菌株と言えます。これには、さまざまな疾病の予防や進行の抑制などに関する臨床研究も含まれています。これをまとめたシステマティックレビューでは、急性下痢症（ロタウイルス性下痢症）や抗生物質誘導下痢症、炎症性腸疾患の症状軽減、およびアトピー性皮膚炎の予防などについても言及されています。

このように、世界的なプロバイオティクス菌株であるＬＧＧ株を含む、さまざまな乳製品やサプリメントが国内外で販売されています。

ＬＧＧ株の多様な保健作用を裏づける因子として、菌体表層に発現する線毛タンパク質（ＳｐａＣＢＡと呼ばれています）を介する腸管上皮細胞への強い接着性が知られています。ＬＧＧ株はさらに、線毛のほかにもリポテイコ酸や細胞壁多糖、分泌タンパク質などを介する免疫刺激作用が報告されています。このような基礎研究を掘り下げることで、菌株特異的なプロバイオティクスの有効性を発揮する作用メカニズムの解明が期待されます。

要点BOX

- ●ＬＧＧ株は世界で最もよく研究されている菌株
- ●腸内における乳酸桿菌の生息レベルは、マイナーであるものの最も一般的な菌群

臨床試験で検証されたLGG株の保健作用

◇ 消化管微生物叢の調節
◇ 腸管上皮バリアの増強
◇ 免疫システムの調節
◇ 全身的な代謝改善
◇ 中枢神経系を介するストレスや不安の軽減

腸管上皮への作用

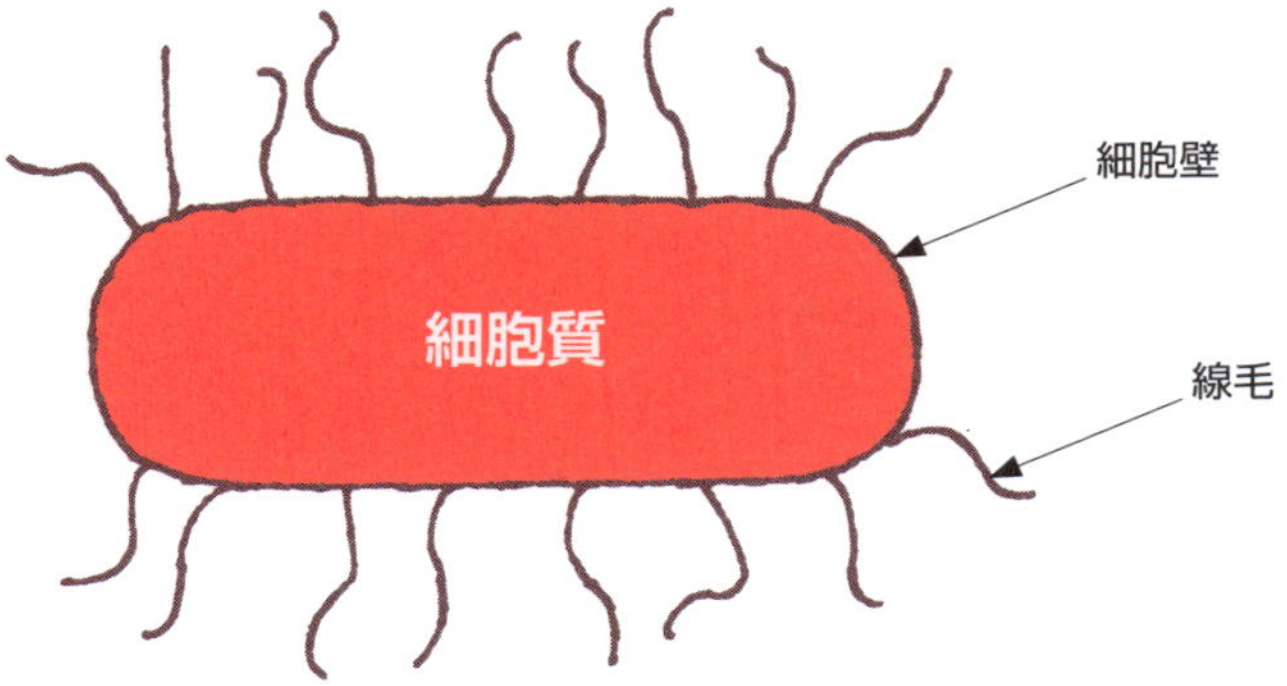

効果因子：
- 線毛
- リポテイコ酸
- 細胞外多糖
- p40 蛋白
- CpG分子
- 細胞外小胞

→

効果：
- 腸管上皮細胞への接着
- 粘液分泌促進
- 上皮細胞間接着の強化
- 抗菌ペプチドの誘導
- その他

（Leser T & Baker A. Microorganisms 2024, 12(4), 794.より改変・引用）

用語解説

線毛：グラム陰性菌の産生する線毛は病原性に寄与するが、グラム陽性菌であるLGGの線毛（SpaCBA）はむしろその有用性に関与すると考えられる

39 ビフィズス菌とは？

母子間の垂直伝播もある

ヒト腸内の最優勢嫌気性菌群の一種であるビフィズス菌は、パリのパスツール研究所付属病院に小児科医として勤務していたティシエ博士（Henri Tissier：1866〜1916）によって、小児便から分離されました。ティシエ博士は、小児の食事治療にビフィズス菌の培養液を処方していたことが知られています。まさに、臨床でプロバイオティクスを使用したパイオニアと言っていいでしょう。

ヒトの腸内から分離されるビフィズス菌の菌種は、*B.adolescentis*, *B.angulatum*, *B.bifidum*, *B.breve*, *B.catenulatum*, *B.faecale*, *B.kashiwanohense*, *B.longum subsp infantis*, *B.longum subsp. longum*, および*B.pseudocatenulatum*の9菌種2亜種であると報告されています。これらの腸内ビフィズス菌の由来として、通常分娩児では出産の際に母親由来の腸内細菌や膣内細菌を受け取ると考えられています。これは「垂直伝播」と呼ばれています。

一方で、外部環境由来の微生物群が腸内フローラに組み込まれることを「水平伝播」と言います。

母親から児に、ビフィズス菌が垂直伝播により移ることを示した研究結果があります。複数の母親と新生児の組合せで、出産前後に母親と児のそれぞれの便を回収し、これに含まれるビフィズス菌の遺伝的な解析を行ったのです。そうすると、多くの母子の組合せにおいて、母子の便から分離されたビフィズス菌株の遺伝子配列は同一であることがわかりました。

一方で異なる母子間では、分離される菌種や菌株が異なっていました。この結果から、母親の腸内ビフィズス菌が児に受け継がれることが導き出されました。さらに、出産形式（自然分娩か帝王切開か）や乳児栄養（母乳か人工乳か）が、児腸内のビフィズス菌の定着性の差異やこれに伴う*Bacteroides*菌など、他の腸内最優勢菌の腸内定着に影響を及ぼすことが報告されています。

要点BOX

- ビフィズス菌は100年以上前にフランスの小児科医によって小児便から分離された
- ビフィズス菌は母親から子供に垂直伝播する

ビフィズス菌によるオリゴ糖の取り込みと消化

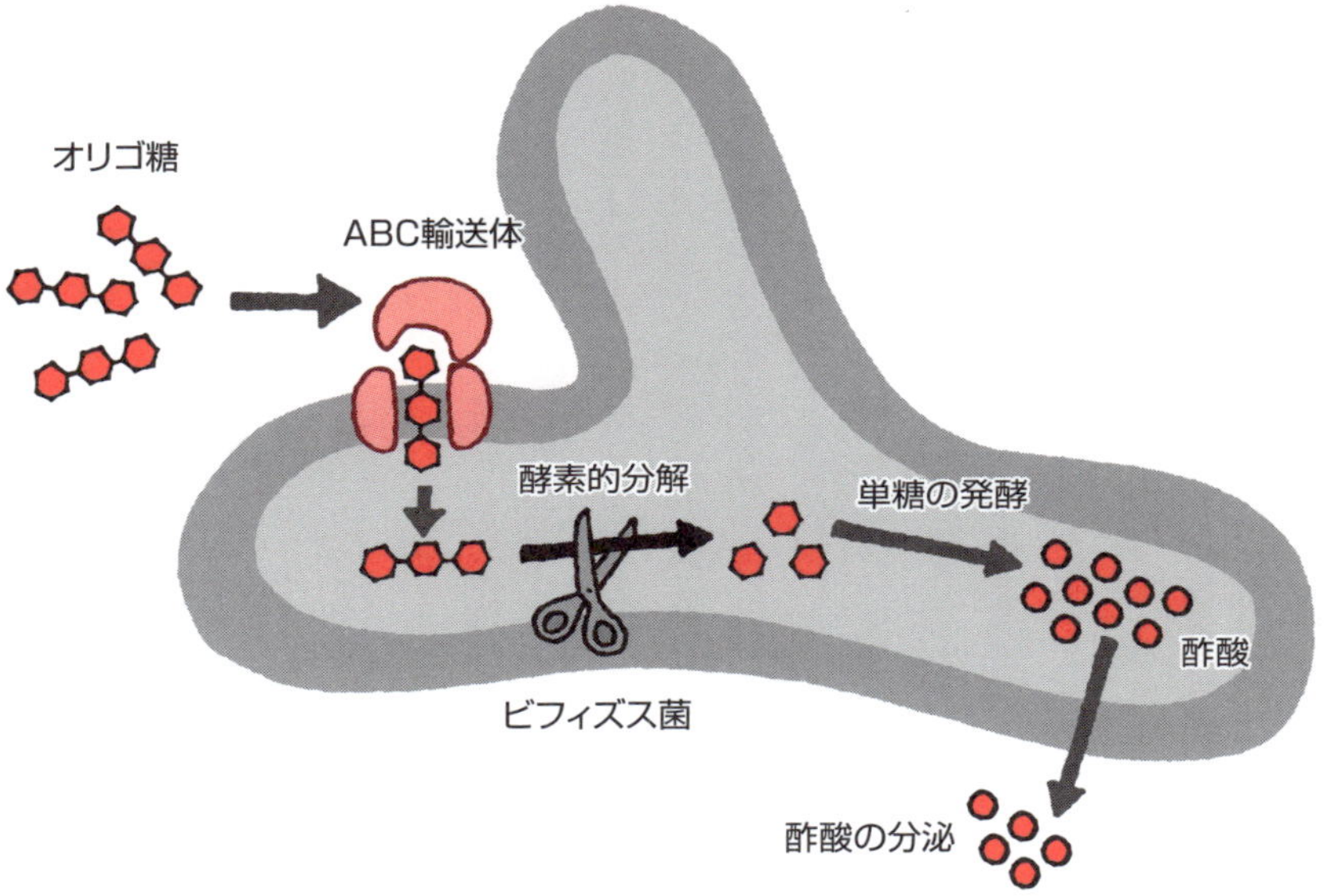

○オリゴ糖が、ABC輸送体を介してビフィズス菌に取り込まれる
○菌体内に取り込まれたオリゴ糖は、糖質分解酵素により、単糖まで分解される
○単糖から発酵システムにより酢酸が生産され、菌体外に分泌される

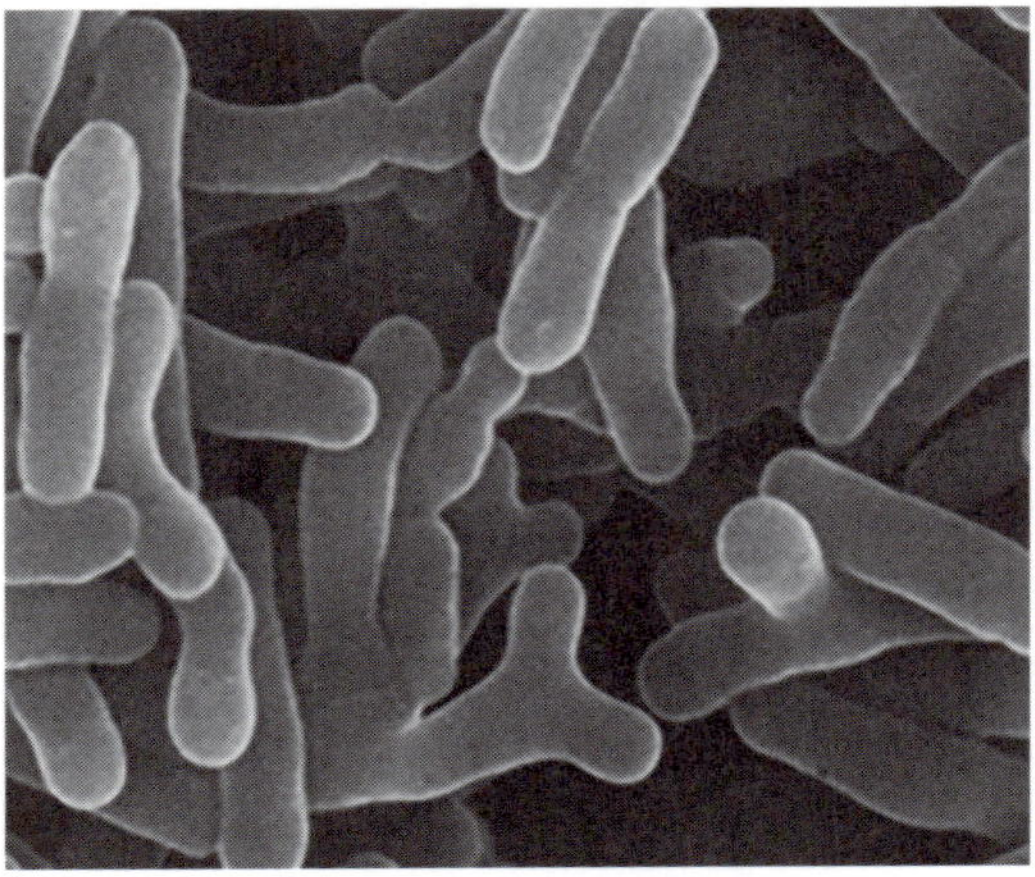

ビフィズス菌 *B. breve*の走査電子顕微鏡像

用語解説

パスツール研究所：ルイ・パスツールによって1887年に創設されて以来、現在も精力的に生物学や医学の研究を行う。パスツールは同研究所地下に埋葬されている

40 ビフィズス菌の高いポテンシャル

腸内最優勢の有用菌

私たちは研究で、生後1日目から3年目にかけて166人の新鮮便の細菌叢を調べました。最も早く腸内に定着する菌群の大勢は、大腸菌やブドウ球菌のような通性嫌気性菌でした。しかし生後1カ月後を境に、ビフィズス菌の旺盛な増殖に伴って産生される酢酸や乳酸により、大腸菌やブドウ球菌の生息レベルが下がりました。そして、3カ月目にビフィズス菌が最優勢に達することがわかったのです。

最近の研究でも、生後間もなくの腸内細菌科菌群の占有率が最も高い状態から、ビフィズス菌を主体とするフローラに遷移し、さらに約1歳をめどにビフィズス菌を含む成人型の多様な嫌気性菌を最優勢とする腸内フローラに至ることが報告されています。このようにビフィズス菌は、腸内最優勢菌の一種として有機酸を産生することで腸内を弱酸性に保ちながら、整腸的な役割を果たしています。

しかし、健常な大人の中に、腸内ビフィズス菌の生息レベルが低い人も認められます。このような場合、ビフィズス菌が占有的に利用することができるオリゴ糖（プレバイオティクス）との併用により、ビフィズス菌の効果を高めることが期待されます。

ビフィズス菌が乳酸を産生する場合、2分子のブドウ糖から、2分子の乳酸と3分子の酢酸を産生する「ヘテロ発酵」となります。そこで厳密には、ビフィズス菌は乳酸菌ではなく、「生理学的に乳酸菌に関連している細菌（phisiologically, related, organism）」と扱われています。

ビフィズス菌は嫌気性菌のため、これを含む乳飲料の製造過程における嫌気的環境が重要です。現在は、製造企業における嫌気培養や製造技術が進んでいることもあり、高い生菌数のビフィズス菌製品を容易に入手することができます。また乳酸菌と同様に、ビフィズス菌についても乳飲料やサプリメントとして摂取することが可能です。

要点BOX

- ●ビフィズス菌は腸内最優勢の嫌気性菌群の一種として整腸的な役割を果たす
- ●発酵ではブドウ糖から乳酸や酢酸を産生する

腸内ビフィズス菌の生息レベルと酢酸濃度

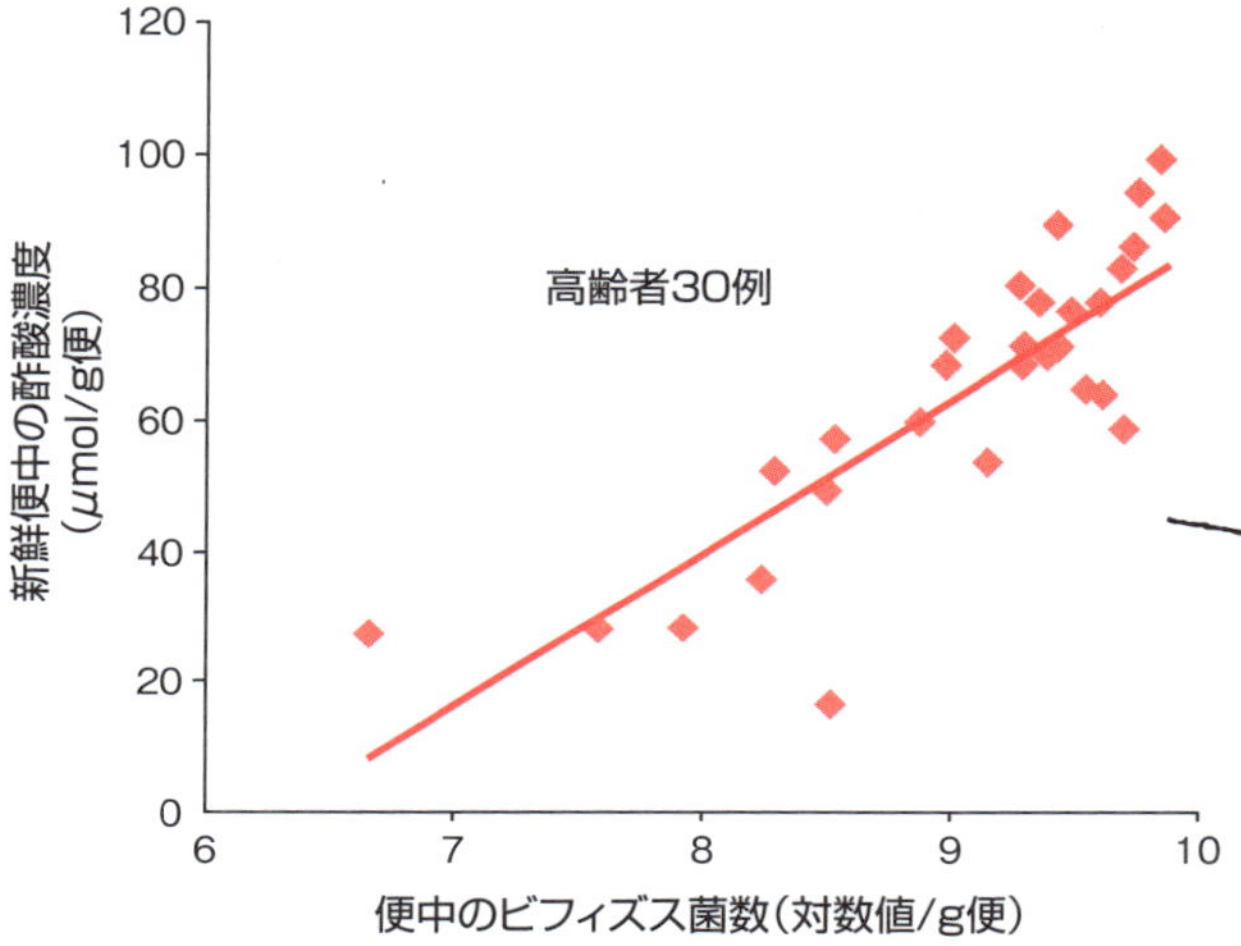

(Nagata, S, et al, British Journal of Nutrition (2011), 106, 549-556)より抜粋・改変

○高齢者の腸内ビフィズス菌数は、腸内酢酸濃度と極めて良い正の相関を示す

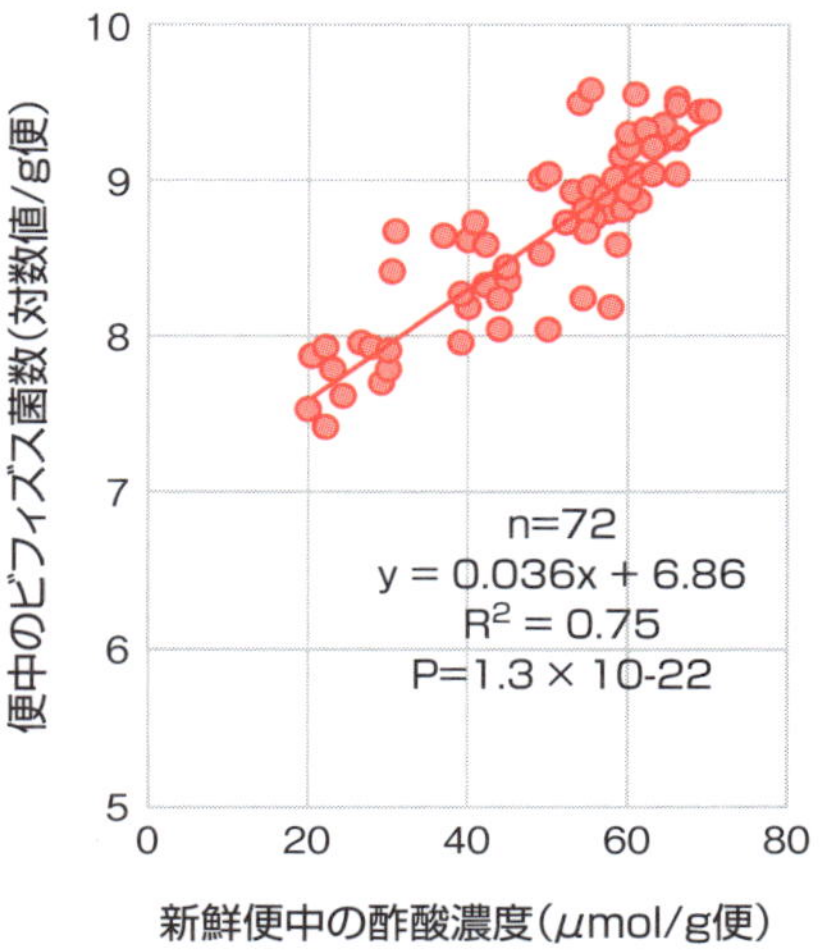

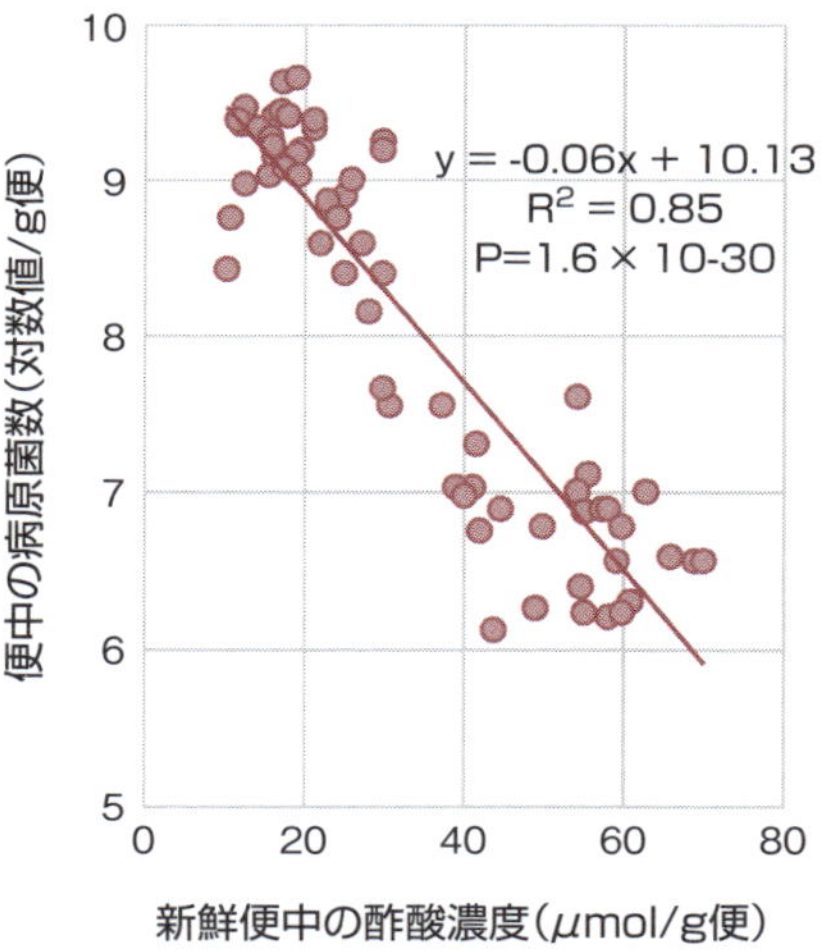

○病原菌(アシネトバクター)感染実験モデルにおいて、腸内ビフィズス菌数は腸内酢酸濃度と極めて良い正の相関を示し、病原菌数は極めて高い負の相関を示す

(Asahara T, et al. Antimicrob Agents Chemother, 60:3041-3050, 2016.
doi: 10.1128/AAC.02928-15.より改変・引用)

用語解説

腸内最優勢菌：成人の腸内最優勢菌群はBacillota門かBacteroidota門だが、日本人ではビフィズス菌の割合が多いことも特徴

41 大腸菌

プロバイオティクスになるの？

　私たちにとって非常に馴染み深い細菌と言える大腸菌（*Escherichia coli*）は、ドイツの小児科医Theodor Escherich（エシェリッヒ：1857～1911）により1885年に、母乳栄養児腸内由来の細菌として発見されました。私たちの腸内に常在する「腸内細菌目」Escherichia属に属する通性嫌気性のグラム陰性桿菌です。「腸内細菌目」菌群の成人の腸内生息レベルは、便1g当たりおよそ10^7と全菌数の1000分の1程度です。

　大腸菌は、健常成人が腸内に持っている腸内細菌目（Enterobacterales）の菌種として高確率で検出されます。そして大腸菌のほかにも、*Klebsiella* 属や*Citrobacter*属、*Enterobacter cloacae*、*Morganella morganii*など日和見感染の原因となるさまざまな菌種（一人当たり1～5種）が、腸内細菌目の生息ニッチを奪い合うように腸内に生息しています。これらの菌群は、病原因子として細胞壁外層のリポ多糖体（LPS）や、運動性に関係する鞭毛を発現しています。多くのお子さんでは、生後間もなくから1カ月ほどの間、大腸菌は腸内最優勢菌種で推移します。

　大腸菌は、プロバイオティクスとしても使用されています。たとえば、Nissle 1917という菌株は、第一次世界大戦下のドイツ軍兵士の便から、当時のニースル軍医（Alfred Nissle：1874～1965）が分離しました。周囲の兵士に赤痢が蔓延していたにもかかわらず、1人の兵士が健康であったことから、この兵士の腸内の大腸菌株が赤痢菌に対する強い競合性を保持していると考え、この菌株を分離したのです。

　その単離から、すでに100年以上が経過しました。Nissle 1917の臨床研究による効果（潰瘍性大腸炎の寛解維持や慢性便秘症の改善など）は続々と報告されています。

要点BOX

- 大腸菌は成人では腸内最優勢の通性嫌気性菌群の一種としてマイナーな存在
- 大腸菌Nissle 1917株の歴史は古い

大腸菌Nissle 1917株の電子顕微鏡像

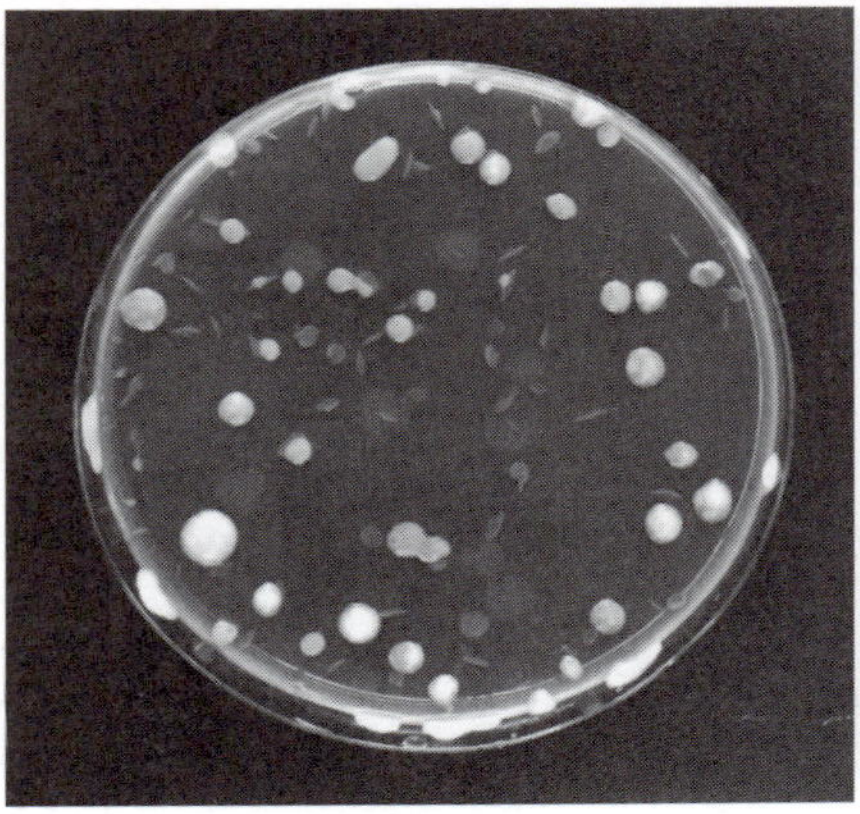

大腸菌の培養コロニー
（デソキシコレート培地）

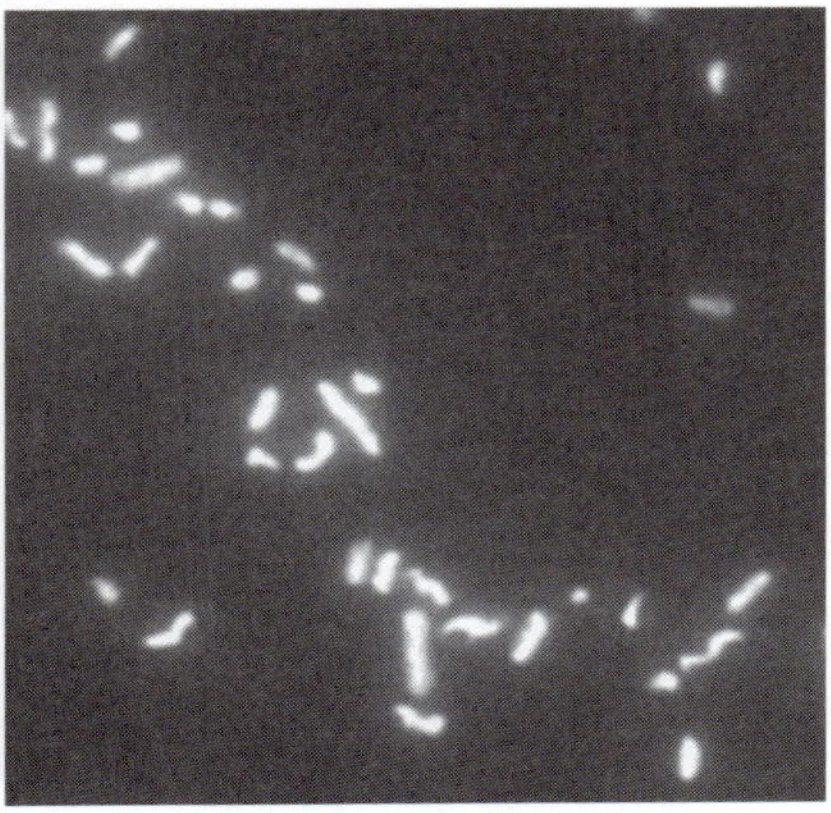

大腸菌のDAPI染色画像
（核酸を染めている）

（From bench to bedside – Escherichia coli strain Nissle 1917 ¦ Pharmacy ITK）

大腸菌Nissle 1917株の働き

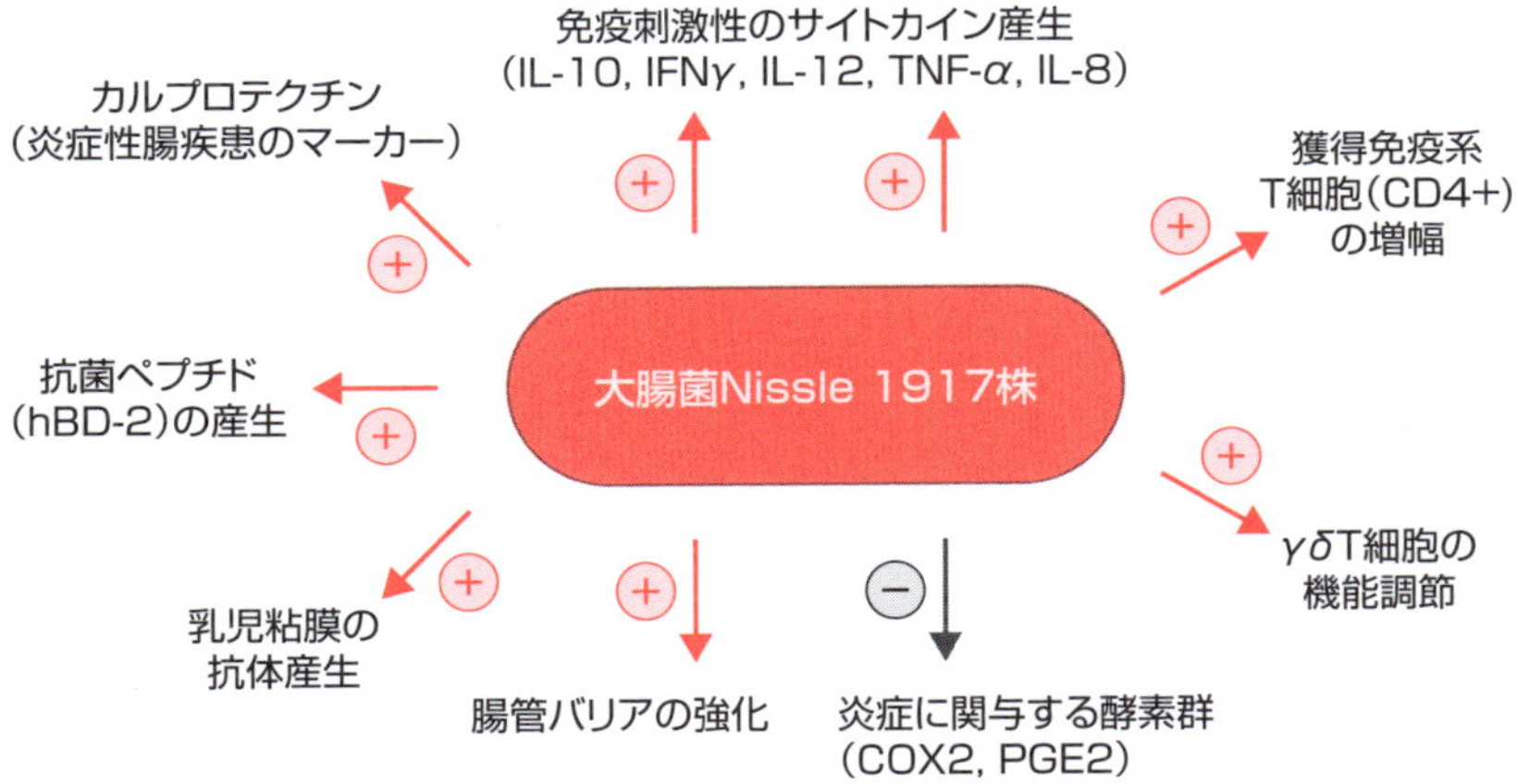

（Behnsen J, et al. Cold Spring Harb Perspect Med. 2013 Mar 1;3(3):a010074.
doi: 10.1101/cshperspect.a010074.より改変・引用）

用語解説

日和見感染：健常な状態では感染しない病原体が、宿主の生体防御能が低下した状態で感染し、病原性を発揮する感染症。病原として細菌やウイルス、真菌が含まれる

42 芽胞生成菌

優れた安定性

芽胞とは、細菌の生育環境が悪化した際に形成される耐久細胞を指す表現で、一般的には胞子膜や皮層、芯部などの特殊な細胞構造を指します。特徴としては、耐久性が著しく高いことが挙げられます。芽胞は、通常の細菌と比べて非常に高温に強いことから、完全に死滅させるためには極めて高熱で処理しなければなりません。

いわゆる無菌的な環境で実験をするには、芽胞生成菌を含めて、実験環境中の微生物を完全に死滅させることが不可欠です。これを「滅菌」と言いますが、「湿熱滅菌」法では圧力釜形式のオートクレーブと呼ばれる機器の中に、滅菌に必要な培地や実験器具などを入れて、通常は１２１℃で15～20分ほど処理します。このとき、オートクレーブ内部は水蒸気で満たされており、この蒸気滅菌によって芽胞生成菌も失活するのです。

芽胞生成菌は、栄養状態や環境温度などその生育に極めて不都合な場合に形成され、いわゆる休眠状態として生き残る方法と言い換えることが可能です。生育に適した環境では、「発芽」と言って生育や増殖に適した形質に変わります。芽胞生成する病原菌としてクロストリディウム（*Clostridium*）に属する破傷風菌（*C.tetani*）、ボツリヌス菌（*C.botulinum*）、ウェルシュ菌（*C.perfringens*）が、またバチルス属として炭疽菌（*Bacillus anthracis*）やセレウス菌（*B.cereus*）が知られています。このほかプロバイオティクスとしても、バシラス属の*B.subtilis*や*Heyndrickxia coagulans*、クロストリディウム属の酪酸産生菌である*C.butyricum*が有名です。

これらの芽胞生成プロバイオティクスは、乾燥菌末などの生残性が高く、保存安定性が良い特徴を持っています。もちろん、これらを摂取すれば、腸内では代謝や増殖する「栄養型」となってプロバイオティクス機能を発揮します。

要点BOX

- 芽胞は厳しい環境を生きる微生物の生存戦略
- 限られた菌群のみが芽胞生成能を持つ
- 芽胞生成プロバイオティクス菌株が安定的

枯草菌の芽胞（◯印部分）

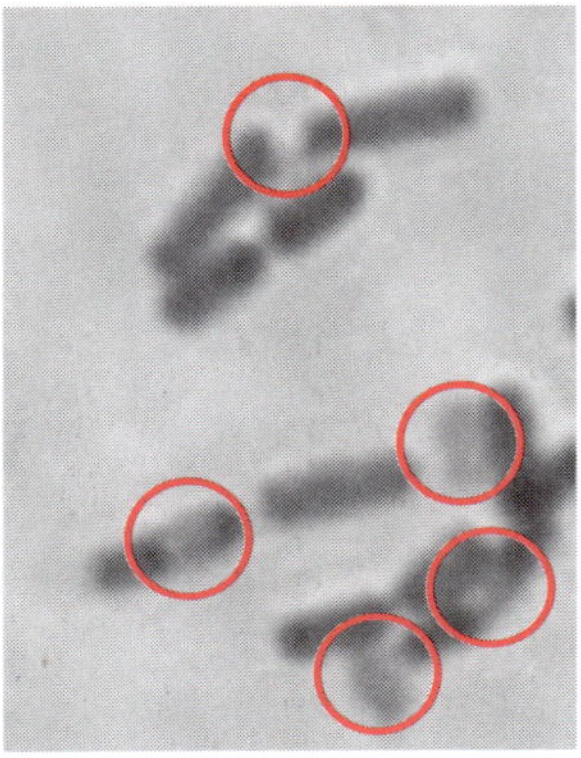

芽胞は、厳しい生存環境に対する適応力を持つ

芽胞の構造

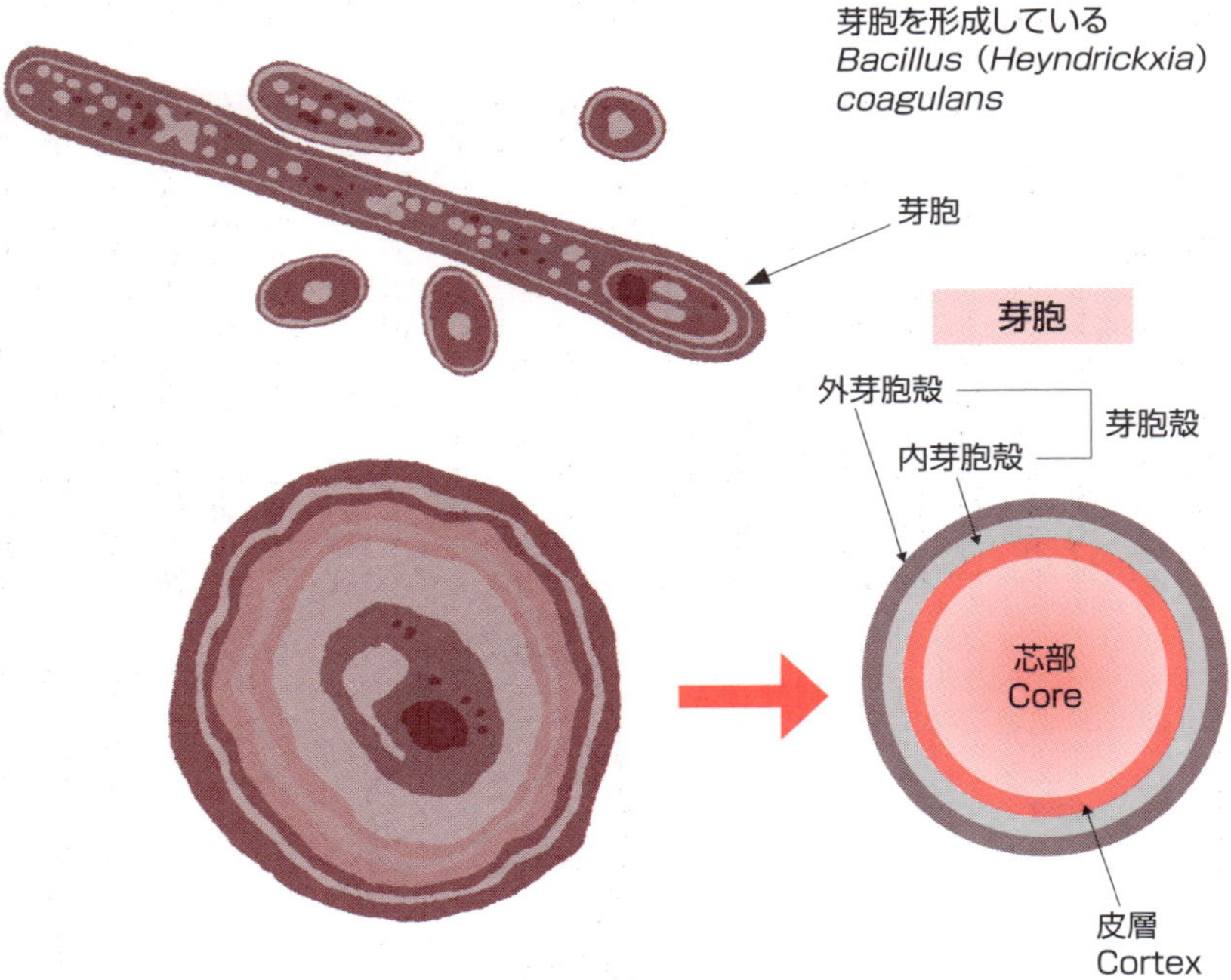

（Rhee MS, et al. Standards in Genomic Sciences (2011) 5:331-340 DOI:10.4056/sigs.2365342より改変・引用）

用語解説

滅菌法：微生物学実験では、湿熱滅菌に加えて乾熱滅菌法が使われる。専用の機器に滅菌対象物を入れ、160～200℃で30～180分間処理する

Column

北里柴三郎と嫌気培養

北里柴三郎の師匠は、ドイツの医師で細菌学者のパイオニアであるRobert Koch博士です。アントニー・レーウェンフック(Antonie Leeuwenhoek：1632～1723)による自作の顕微鏡による微生物観察により、その存在が知られるところとなった細菌ですが、これを生きた生物として扱うことはその後、パスツールやコッホによる培養技術の開発まで時間を要しました。

特にコッホは、寒天を利用した固形の平板培地を作成し、培地表面で寒天中の栄養を利用することにより細菌が増殖して、目に見えるコロニーにまで増殖することを見出しました(純粋培養法)。これにより炭疽菌や結核菌、ジフテリア菌、コレラ菌など実に多くの病原菌の分離培養に成功したのです。北里柴三郎は「キップの装置」を開発し、これに水素ガスを灌流し、亀の子シャーレ内で見事に破傷風菌を嫌気培養することに成功しました。北里柴三郎は、足掛け7年にわたるコッホの下での研究修業を経て帰国しました。その後も19世紀末のペスト大流行に際して香港に派遣され、感染者検体からペスト菌を分離することに成功しました。

現在でも、密閉した培養スペースを水素と二酸化炭素、窒素の三種混合ガスで満たし、この中で嫌気培養することが一般的に行われています。腸内細菌群の99％を超える嫌気性菌群のうち、現在でも培養の困難な細菌が多く存在します。ヒト腸内常在菌から新たなプロバイオティクス候補菌を単離するについても、もちろん、注意深い嫌気培養技術が必要なことは言うまでもありません。

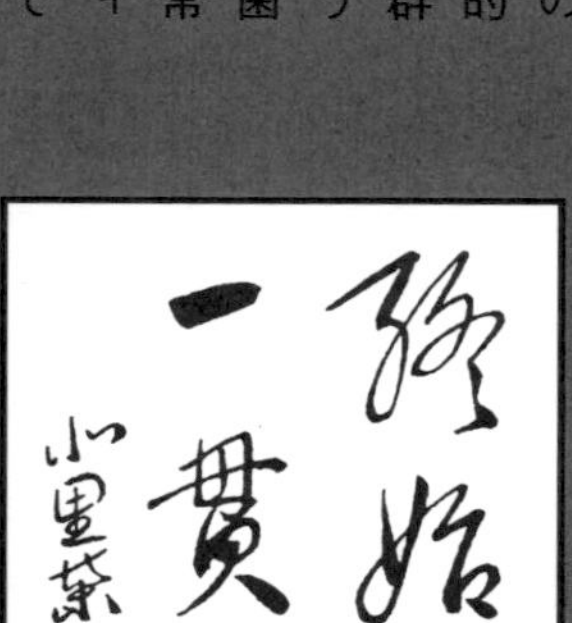

北里柴三郎先生の訓言

第5章
次世代プロバイオティクスの可能性

43 フェカリバクテリウムは長寿菌？

Faecalibacterium prautsniztii

Faecalibacterium prautsniztii は、ヒトの腸内では個人差はあるものの、全体のおよそ５％のレベルで生息しています。慢性炎症性腸疾患（ＩＢＤ、潰瘍性大腸炎およびクローン病）のある患者では腸内の*F.prausniztzii*（Ｆｐ）の菌数レベルが低下していることが知られています。

ＩＢＤは、文字通り腸の炎症が慢性的に続いてしまう病気です。健常者では、炎症が起こらないような生体の調節システムが常に働いています。その一方でＩＢＤ患者の場合は、こうした調節システムがうまく働かずに炎症が亢進してしまうと考えられています。

通常、制御性Ｔ細胞という免疫細胞（regulatory T cells：Ｔｒｅｇ）が炎症制御に重要な働きをしていることが認識されています。腸管では、Ｆｐなどの酪酸産生菌により産生された酪酸が、Ｔｒｅｇの分化誘導の促進に重要な役割を果たしていることが明らかとなっています。

ベトナムの研究者たちがアトピー性皮膚炎（Atopic Dermatitis：ＡＤ）の小児および健常児を対象に、Ｆｐの腸内生息レベルを調査したことがあります。その結果、６つのＦｐの亜種のうち、１つの亜種の生息率がＡＤ児で健常により低いこと、さらにその亜種である菌株の酪酸産生能は、健常児由来の別の亜種の菌株に比べて低いことを報告しました。そしてこの後、Ｆｐは系統分類学的に*F.duncaniae*と*F.hattorii*、*F.gallinarum*の３つの菌種に再分類されることになりました。

上記のＡＤ児で生息数の低かった亜種は、この中で*F.duncaniae*であることも判明しました。その標準株（type strain）は、特殊な抗菌物質（Microbial Anti-inflammatory Molecule）や酪酸を産生する次世代プロバイオティクスの候補として期待が集まっています。

要点BOX

- ●Fpは腸内最優勢で酪酸産生性の有用菌
- ●高酪酸産生菌種の*F. duncaniae*は次世代プロバイオティクスの有力候補の一つに

腸内Faecalibacteriumの腸内炎症への関連

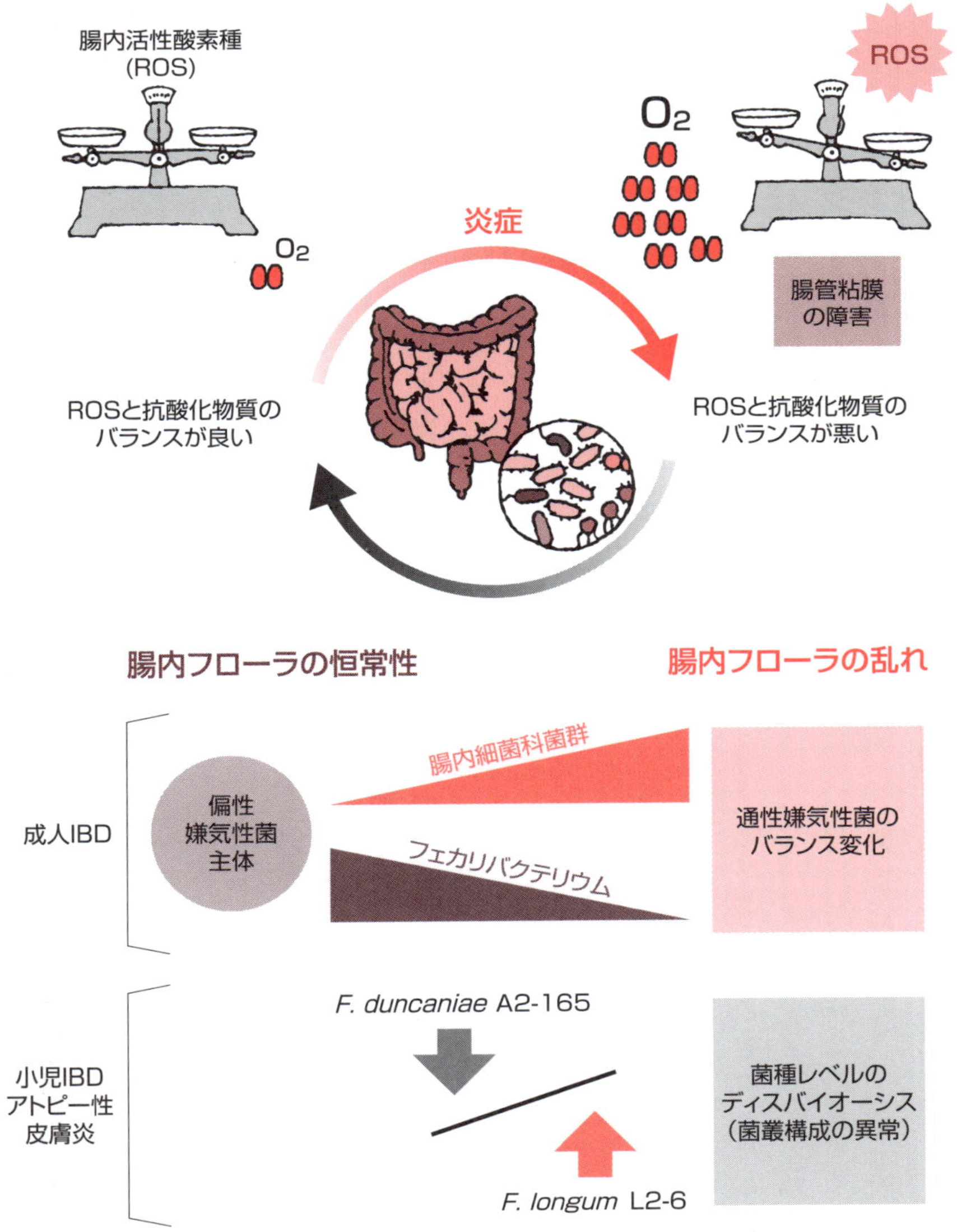

(Martín R, et al. FEMS Microbiol Rev, 47: 1-18, 2023.
doi: 10.1093/femsre/fuad039.より改変・引用)

用語解説

制御性T細胞：過剰な免疫応答を抑制する働きを持ったT細胞。免疫寛容(特定の抗原に対して免疫応答がないか、抑制されている状態)において大きな役割を果たす

44 アカマンシアは痩せ菌？

Akkermansia muciniphila

Akkermansia muciniphila（Ａｍ）はグラム陰性の嫌気性菌で、ヒトの腸内細菌総数の3～5％を占めています。その名の由来は、この菌種が腸管上皮の粘液を栄養として利用することに由来します。

今世紀に入って肥満やⅡ型糖尿病、高血圧、慢性炎症性腸疾患など、さまざまな疾患を抱える患者の腸内でＡｍの菌数が減少していることが相次いで報告されました。高脂肪食で飼育し肥満したマウスにＡｍを投与することにより、体重増加の軽減や脂肪組織の低減、インスリン抵抗性の改善などの有効性が認められています。

Ａｍが有効に作用するメカニズムは以下のように考えられています。すなわち、高脂肪食投与により腸内の大腸菌などグラム陰性菌の増加で示されるような腸内フローラの異常が生じ、これに伴い腸管上皮バリアが緩んで、腸内の細菌や内毒素が体内侵襲します。この「代謝性内毒素血症」が糖代謝異常をもたらし、肥満に至ります。しかしＡｍは、「代謝性内毒素血症」を抑制することで抗肥満作用を発揮すると考えられています。さらに、低温殺菌したＡｍの死菌も生菌と同等以上の効果を示すことや、菌体の外膜から精製されたタンパク質画分《かくぶん》が、宿主の自然免疫系を介する抗炎症作用を発揮することが明らかにされています。

この研究グループはさらに、過体重でインスリン抵抗性の成人を対象とする予備的なヒト試験で、低温殺菌されたＡｍ死菌体の摂取によるインスリン抵抗性の軽減や、末梢血の肝機能および炎症のマーカーの改善が認められたと報告しています。最近、「ポストバイオティクス」（保健作用を示す不活化された微生物やその構成成分）の考え方が提唱されていますが、Ａｍの死菌体やその菌体成分（外膜タンパク質や細胞外小胞など）については、ポストバイオティクスの先駆けと言っていいでしょう。

要点BOX

- Amは基礎実験で抗肥満作用を示した
- Amの死菌体や菌体成分が有効で、ポストバイオティクスの有力候補の一つに挙がる

Akkermansia muciniphila：次世代プロバイオティクスの可能性

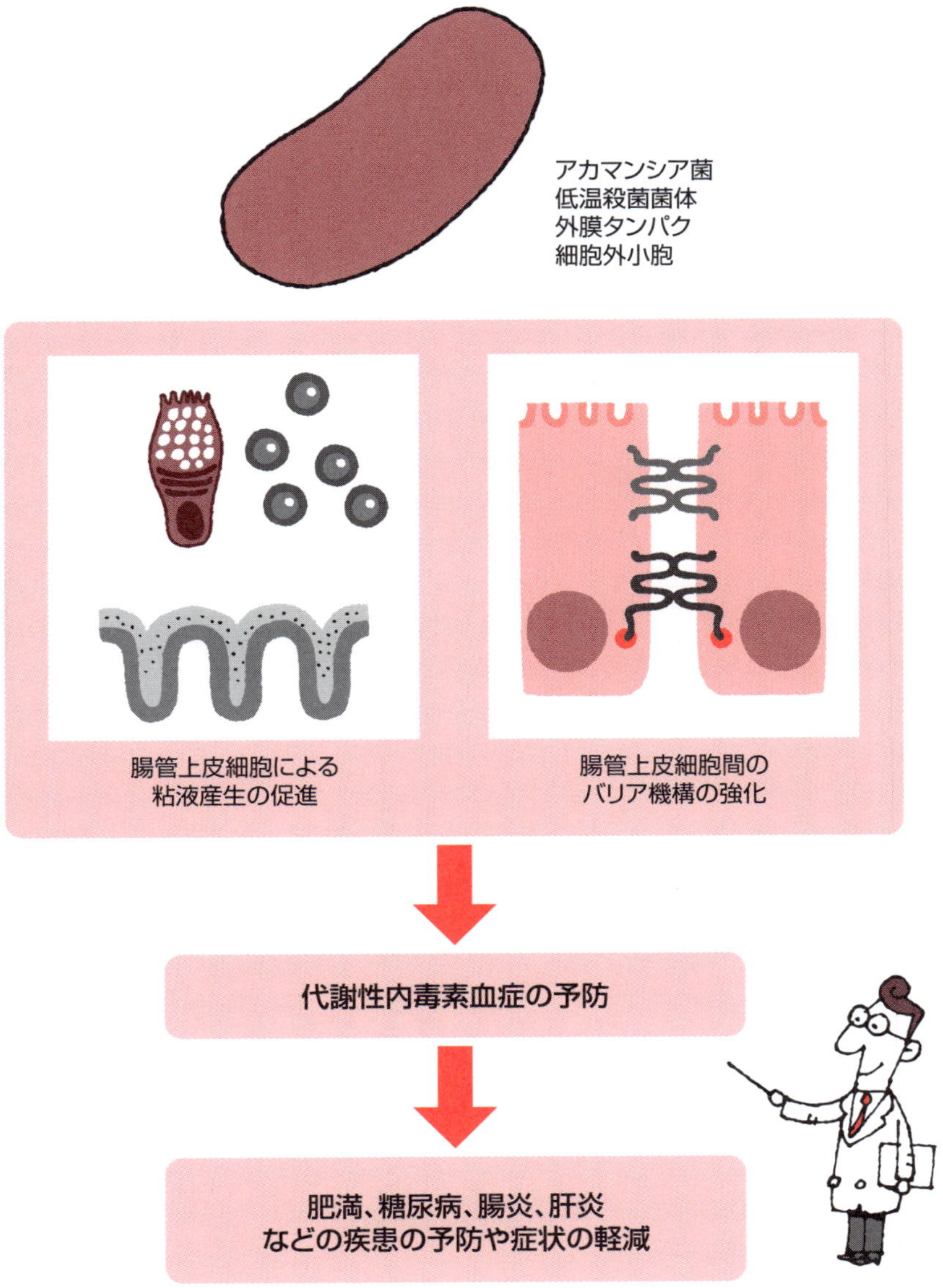

用語解説

低温殺菌（パスツライゼーション）：65℃・30分間加熱することにより牛乳などの汚染微生物を殺菌する方法で、Amの活性タンパク質を失活させることなくAmを殺菌できる

45 バクテロイドータ門

腸内最優勢のグラム陰性菌

ヒトの腸内細菌叢の二大優勢門の一つに*Bacteroidota*門があります。そのうち主要な*Bacteroides fragilis*グループには、*B.fragilis,B.ovatus,B. thetaiotaomicron,B.vulgatus,B.uniformis*などの菌種が含まれます。

B.thetaiotaomicron（バクテロイデス・シータイオタオミクロン）は、腸管上皮の粘液ムチンを分解して資化します。一方で、マンナンやペクチンなど植物性の難消化多糖類をも酵素的に分解して利用します。*B.fragilis*グループの菌種はいずれも、嫌気性菌感染症の起因菌として臨床的に問題となる可能性があります。ただしその反面、限られた毒素非産生性の*B.fragilis*菌株について、腸管免疫応答や炎症反応を制御する働きも報告されており、次世代プロバイオティクスとしても期待されています。

*Prevotella*も、*Bacteroidota*門に属する嫌気性グラム陰性短桿菌です。食物繊維の資化能が高く、アフリカやアジアの食物繊維を豊富に摂取する地域の住民の腸内占有率が高いことが知られています。

酢酸やプロピオン酸、酪酸など有機酸産生能にも高い値を示しています。私たちのグループは、健常な日本の成人では多くの最優勢嫌気性菌群の生息菌数（対数値）が対数正規分布を示すのに対して唯一、*Prevotella*の生息菌数は多く保有する人と保有菌数の少ない人とに二極化されることを見出しました。食物繊維の摂取量などの食事内容と*Prevotella*の腸内生息レベルとの相関の可能性は興味深いです。

このうち、*P.copri*は腸内*Prevotella*の主要な菌種として知られ、関節リウマチや糖尿病の発症や進展との関わりが指摘されています。一方で、食物繊維が豊富な食事とリンクする*P.copri*の旺盛な多糖資化能による、短鎖脂肪酸やコハク酸の産生を介した宿主状態の改善（抗炎症作用や糖代謝改善作用）が注目されています。

要点BOX

- バクテロイドータ門は腸内優勢菌群
- 旺盛な多糖資化能を有する菌種を豊富に含む
- 日和見的な有害作用と有益性の二面性がある

Bacteroides flagilis：次世代プロバイオティクス？日和見病原菌？

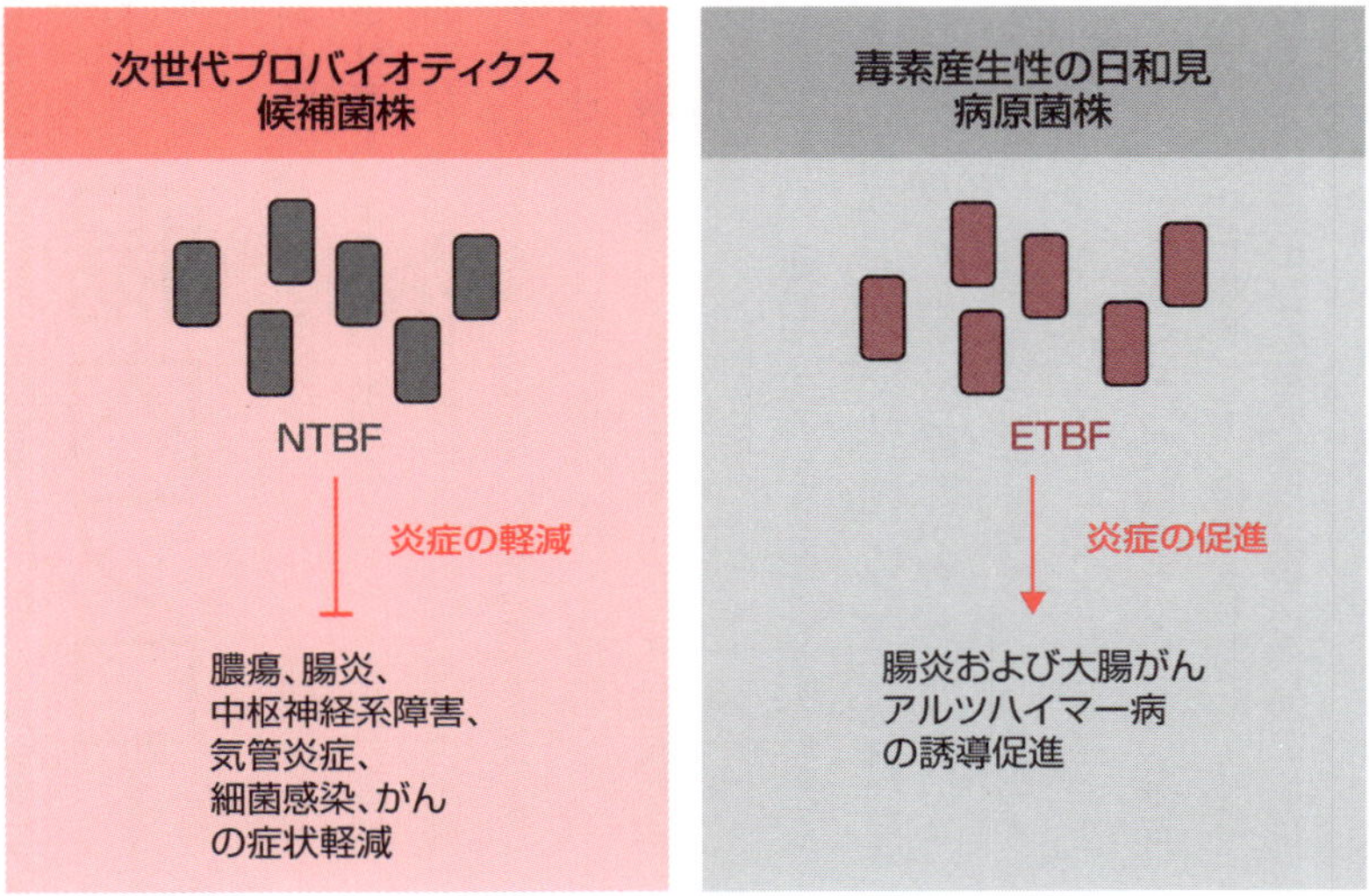

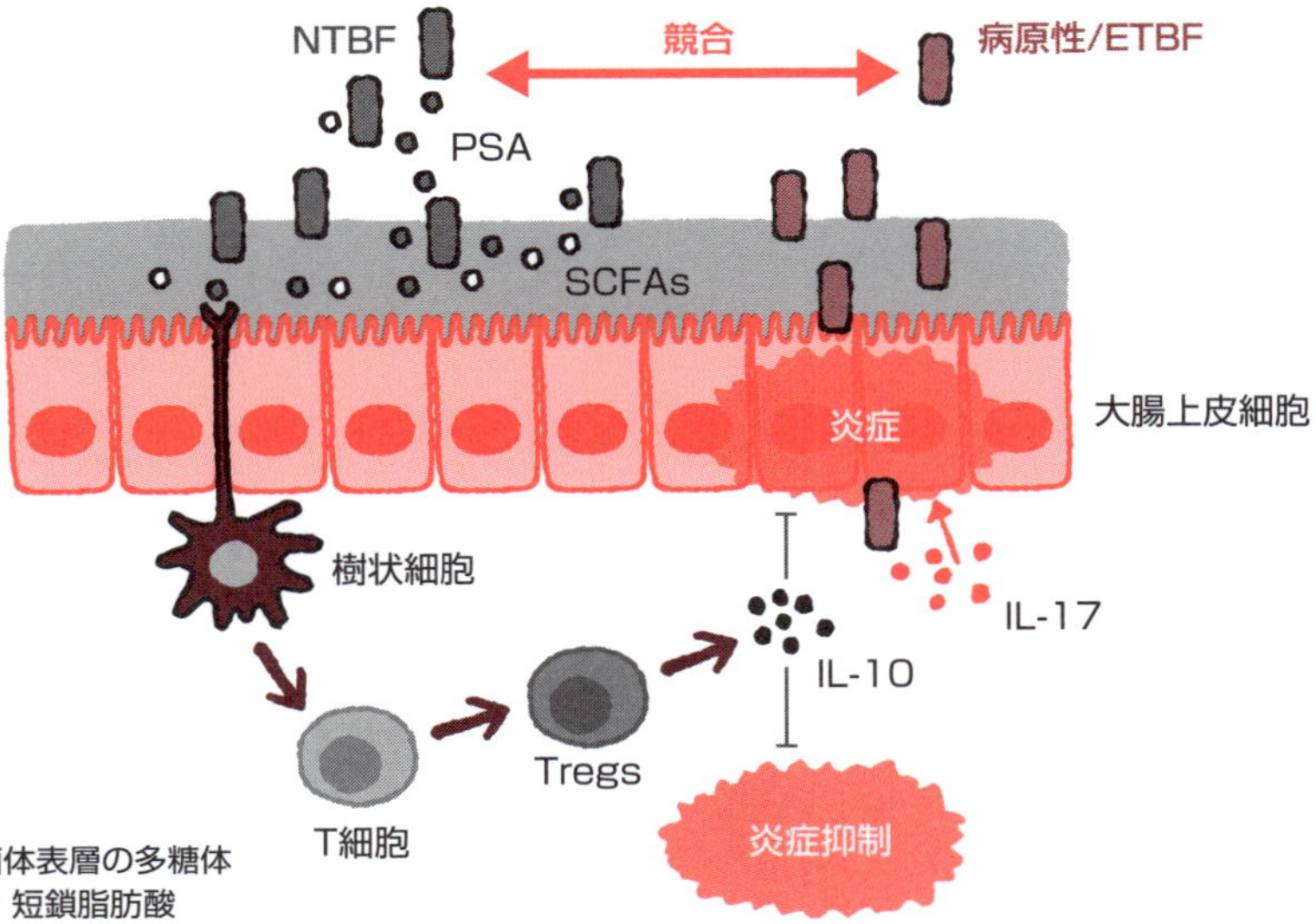

PSA：菌体表層の多糖体
SCFAs：短鎖脂肪酸
NTBF：次世代プロバイオティクス候補菌株
ETBF：毒素産生性日和見病原菌株

（Sun F, et al. Food Res Int, 2019 Dec:126:108590.
doi: 10.1016/j.foodres.2019.108590.より改変・引用）

用語解説

関節リウマチ（Rheumatoid Arthritis: RA）：滑膜炎から関節炎に至る進行性の自己免疫疾患。遺伝的背景と環境因子（腸内フローラを含む）が相まって免疫寛容状態に異常をきたすことにより発症する

46 運動による腸内フローラの改善

*Veillonella*や*Megamonas*の可能性

運動と腸内フローラの関係について、興味深い報告があります。それは、米国ボストンマラソンの参加選手の、レース前後の10日間ほどにわたる腸内細菌叢の変化を解析したデータです。解析結果を見ると、レース前に比べてレース後に増加していた菌群として、プロピオン酸産生性の*Veillonella*（ベイロネラ）属が同定されたのです。

*Veillonella*は、運動で生み出された乳酸を利用してプロピオン酸を産生することが知られています。レースに参加したランナーの腸内から分離された、*Veillonella*属の一種である*V.atypica*（アティピカ）をマウスに投与すると、マウスのトレッドミル走行能が上昇しました。*V.atypica*は、乳酸からプロピオン酸に至る代謝経路に関わるすべての酵素を持つことから、運動中に生み出される乳酸が腸内の*V.atypica*によりプロピオン酸に代謝され、運動能の促進に働いたことが考察されています。

私の研究室の学生7人を対象とした試験では、1人（Aさん）の腸内フローラの最優勢構成菌属として、*Megamonas*（メガモナス、ヒト腸内常在性のグラム陰性嫌気性菌でVeillonella科に属する）が検出されました。十分に間隔を空けた3回の測定で、*Megamonas*は常にAさんの腸内最優勢レベルを維持していました。その一方で他の6人からは、3回の測定のいずれでも*Megamonas*は検出されませんでした。

生活調査の結果から、Aさんは運動系の「部活」に日常的に取り組んでいることが特徴的でした。中国のエリート陸上競技選手における腸内フローラの特徴として、より身体活動が少ない同年代の一般成人に比べて*Megamonas*属菌の割合が多いことが報告されています。*Veillonella*科菌による運動促進の可能性は、まだ基礎研究や状況証拠のレベルであって、今後のさらなる検証研究が望まれます。

要点BOX

●*Veillonella*菌は乳酸からプロピオン酸を産生
●腸内の*Veillonella*菌や*Megamonas* 菌の運動促進作用が示唆されている

ベイロネラ菌(*Veillonella atypica*)によるプロピオン酸の産生

メチルマロニル-CoA回路を介する乳酸からプロピオン酸への代謝
***Veillonella atypica* はメチルマロニル-CoA回路で働くすべての酵素を有する**

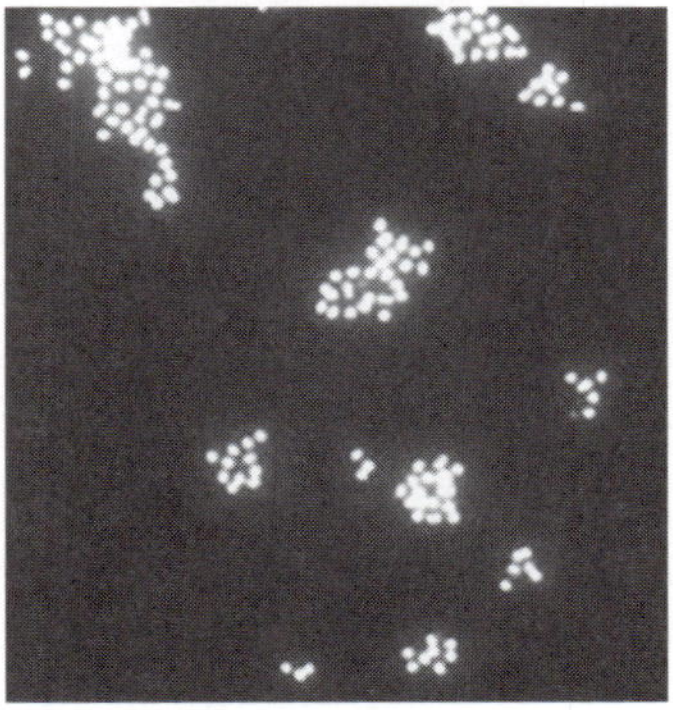

Veillonella atypica

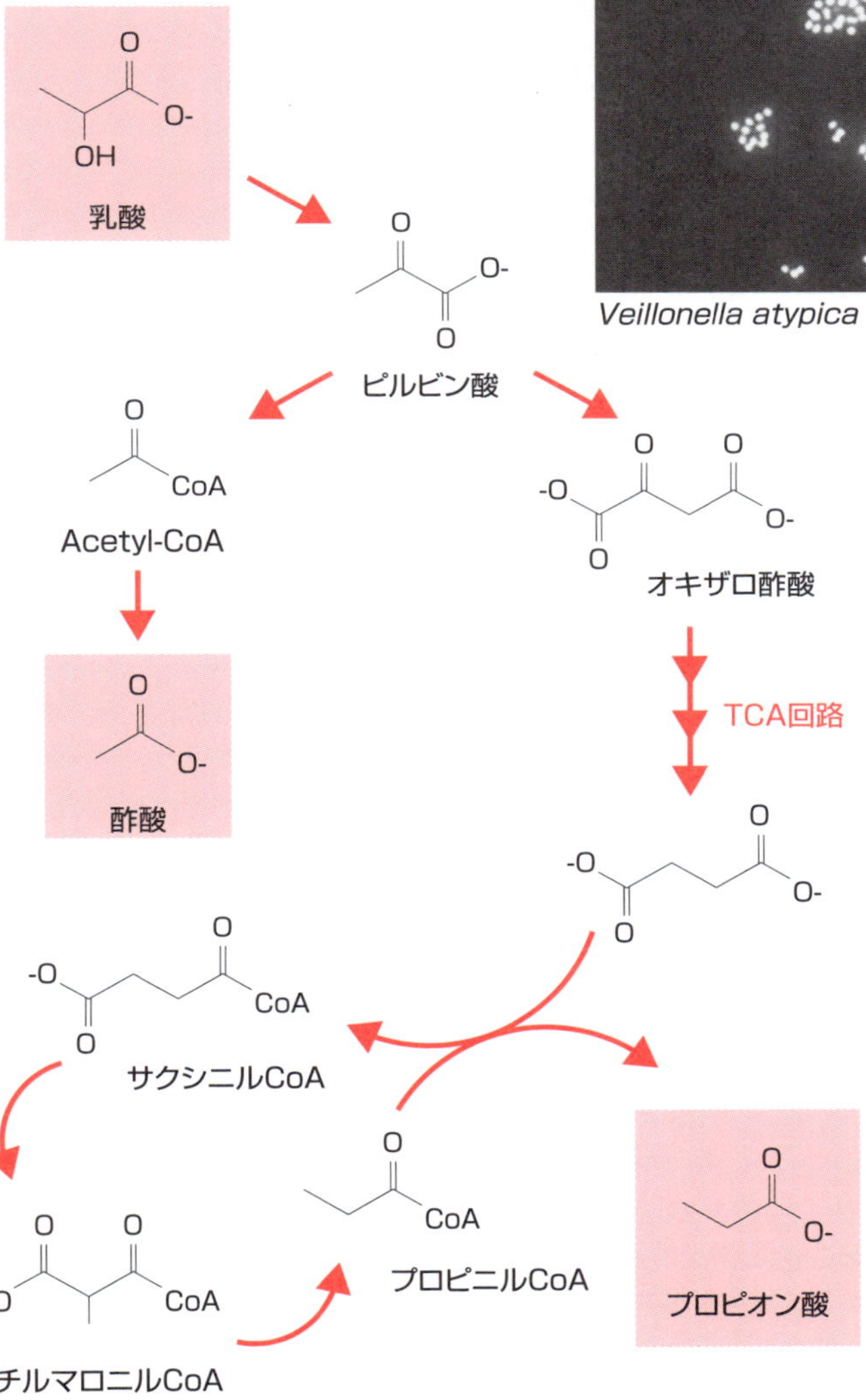

用語解説

Veillonellaによる乳酸の代謝の化学反応式：3 乳酸 → 酢酸 + 2プロピオン酸 + CO_2 ＋ H_2O

47 エクオールとは？

植物エストロジェンの知られざる効果

　エクオールは、大豆イソフラボンから複数段階の酵素反応により産生される代謝産物です。その高い抗酸化活性やエストロジェン（女性ホルモン）様作用、テストステロン（男性ホルモン）との拮抗性などを介する保健作用が期待され、植物エストロジェンとも呼ばれています。さまざまな疫学調査研究から乳がんや前立腺がんなど、ホルモン依存性のがんに対する大豆イソフラボンによる予防作用をはじめ、閉経期の骨密度低下の予防や抗動脈硬化作用、認知障害の予防作用にも期待されています。

　大豆イソフラボンのエストロジェン様作用は、イソフラボンが代謝され、産生されたエクオールによると言われています。実は、私たち自身はこのような酵素代謝機構を持っておらず、エクオール産生性の微生物が宿主であるヒトの腸内に定着・共生している場合があります。こうした場合は適宜、大豆イソフラボンを含む食物を摂取することで、これを基質として腸内でエクオールが産生されます。もちろん、単離されたエクオール産生菌やその酵素分画を基質に反応させることで、試験管内でのエクオール産生も可能になり、このようなエクオール製品がサプリとして販売されています。

　腸内で産生されたエクオールが、便や尿を介して排泄されることもわかっています。尿や便にエクオールが定常的に検出されるヒトの腸内に、エクオール産生菌が共生していると考えられます。ただし、エクオール産生菌を腸内フローラの一員として持っているヒトの割合は高くはありません。

　大豆イソフラボンとしてダイジン、ゲニスチン、グリシチン（配糖体）、ダイゼイン、ゲニステイン、グリシテイン（アグリコン）が含まれています。大豆イソフラボン配糖体は、腸内細菌のβ-グルコシダーゼという酵素によりアグリコン化され、複数の還元酵素作用を経てエクオールまで代謝されます。

要点BOX

- 大豆イソフラボンから腸内細菌の働きでエクオール（植物エストロジェン）が産生される
- エクオール産生菌が腸内生息する人は限定的

大豆イソフラボンからエクオールへの代謝

大豆イソフラボン類

ダイジン　ゲニスチン　グリシチン

↓ アグリコン化

ダイゼイン　ゲニステイン　グリシテイン

↓ 腸内細菌による代謝

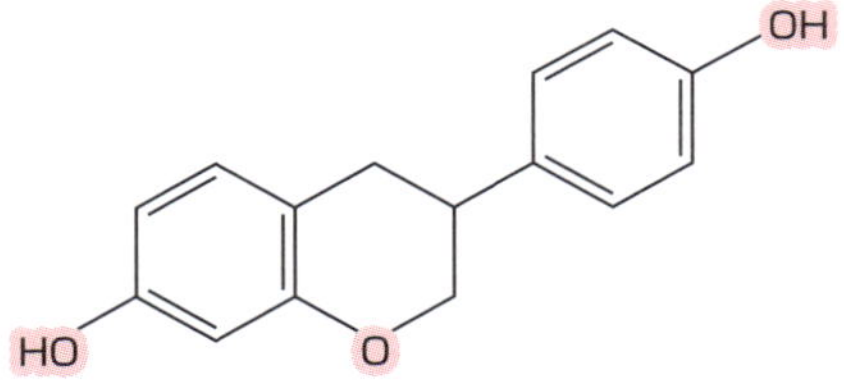

Equol　**エクオール**

用語解説

アグリコン：大豆イソフラボンは、主に糖分子の結合した（配糖体）として存在しているが、糖部分が分離したものをアグリコンと言う

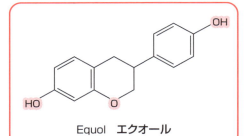

48 腸内イソフラボン代謝

人により異なる代謝プロセス

７人の健常成人に豆乳を摂取（毎日５００mlを２週間継続摂取）してもらい、尿中に排泄されるイソフラボン類を高速液体クロマトグラフィーで分析する実験を行いました。結果は以下に分かれました。①イソフラボン配糖体（イソフラボンに糖が結合している）のみ検出され、以降の代謝産物がまったく認められない、②配糖体がアグリコン化（イソフラボンの糖の結合が外される）されるものの、それ以降の代謝は進まない、③配糖体がアグリコン化され、さらに中間代謝物のディヒドロダイゼイン（ＤＨＤ）まで代謝されるが、エクオールまで代謝は進まない、④エクオールまで完全に代謝が進む、の４つです。

豆乳に含まれる大豆イソフラボンからエクオールへの中間代謝物までの代謝活性を有する菌株や、中間代謝産物からエクオールへの代謝活性のみ有する菌株の分離が報告されています。したがって、すべてのエクオール産生者の腸内に、単菌で配糖体からエクオールへの変換能を有する菌株が生息しているわけではない、と言えます。

ヒトや実験動物の便からエクオール産生菌株が分離されています。ところが、ヒトにおける該当菌群の腸内の生息菌数レベルは、腸内の最優勢菌群の生息菌数レベルである10^{10}〜10^{11}／g便からはるかに低いレベルです。

たとえば、エクオール産生菌の多くが属するEggerthella属やSlackia属菌（いずれもEggerthella科）の健常成人便中の菌数を調べた報告では、それぞれの平均値は、便１g当たり７×10^{3}および３・１×10^{5}であったとされています。さらに、Slackia属の定量的解析の結果では、腸内容物１g当たり10^{6}個のレベルであったことが報告されています。このように、エクオール産生菌の腸内生息菌数は総菌数の１０００分の１から１万分の１程度と低いことがわかります。

要点BOX

- ●大豆イソフラボンの腸内細菌による代謝は必ずしもエクオールまで到達しない
- ●エクオール産生菌はマイナー菌群として生息

エクオールに期待される作用

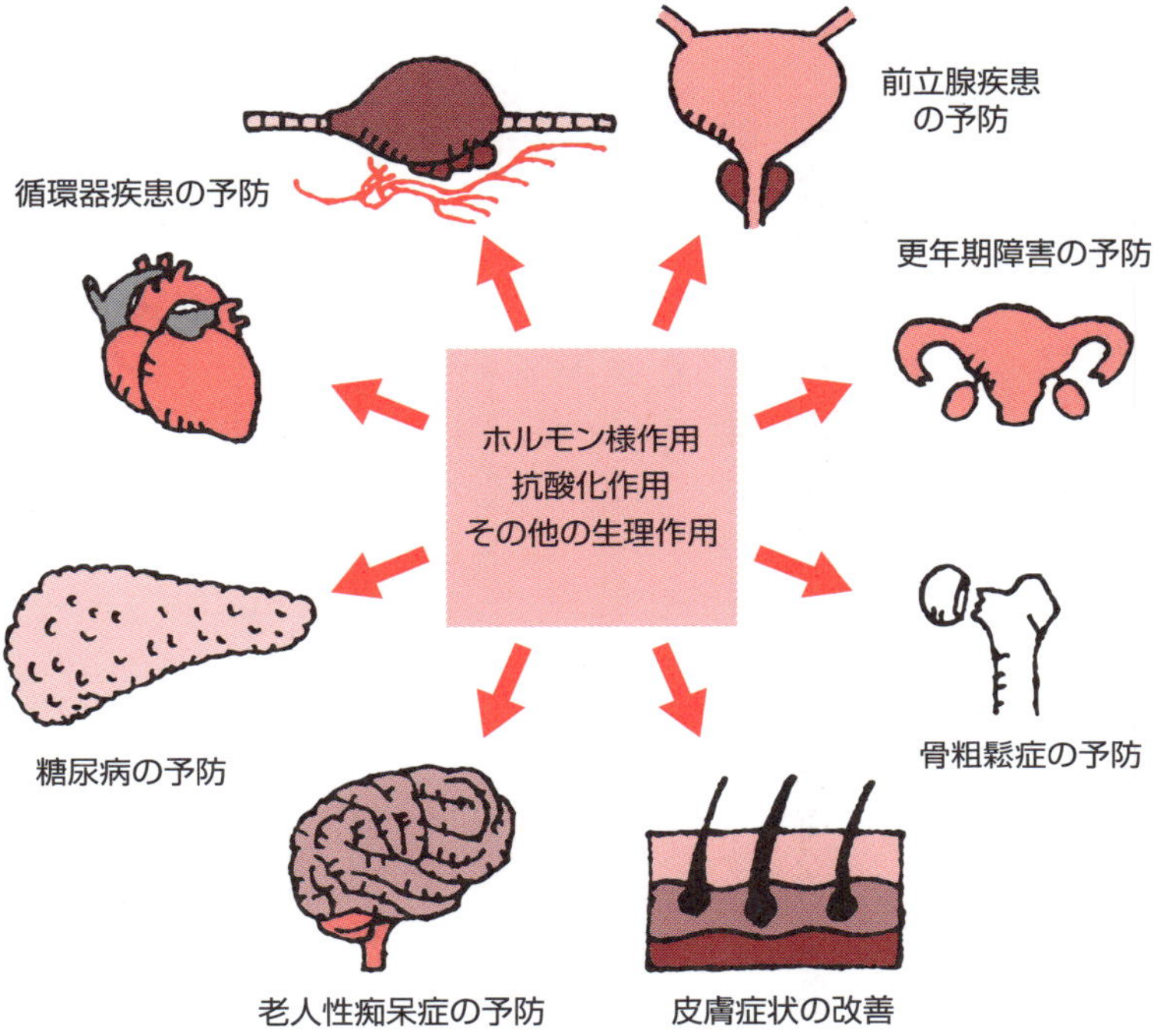

大豆イソフラボンからエクオールへの代謝変換過程と関連酵素作用

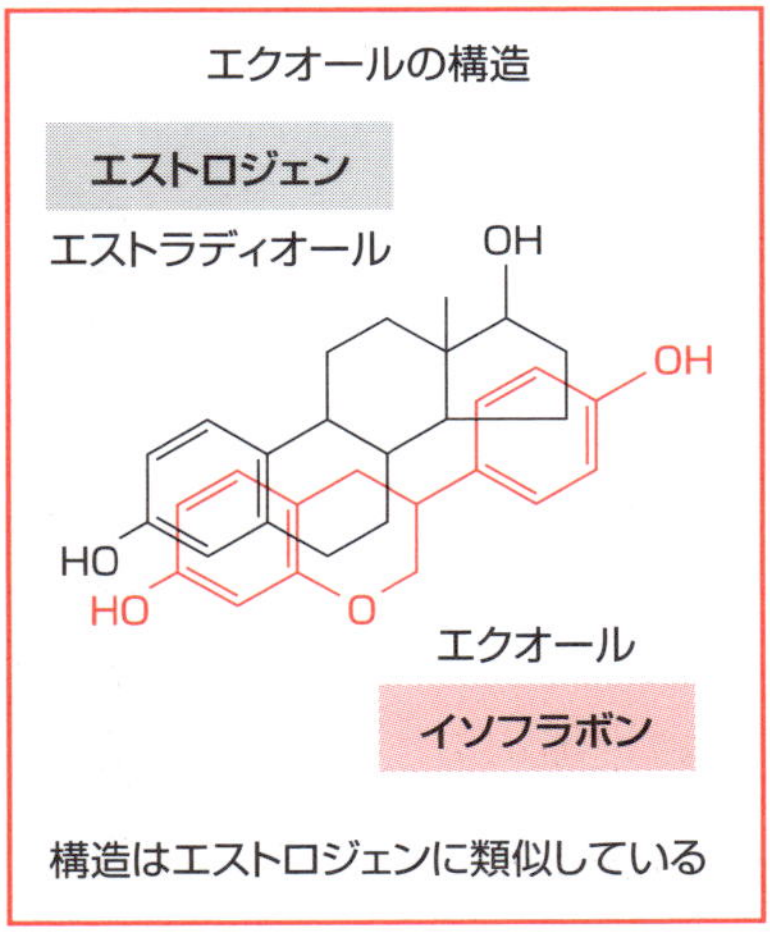

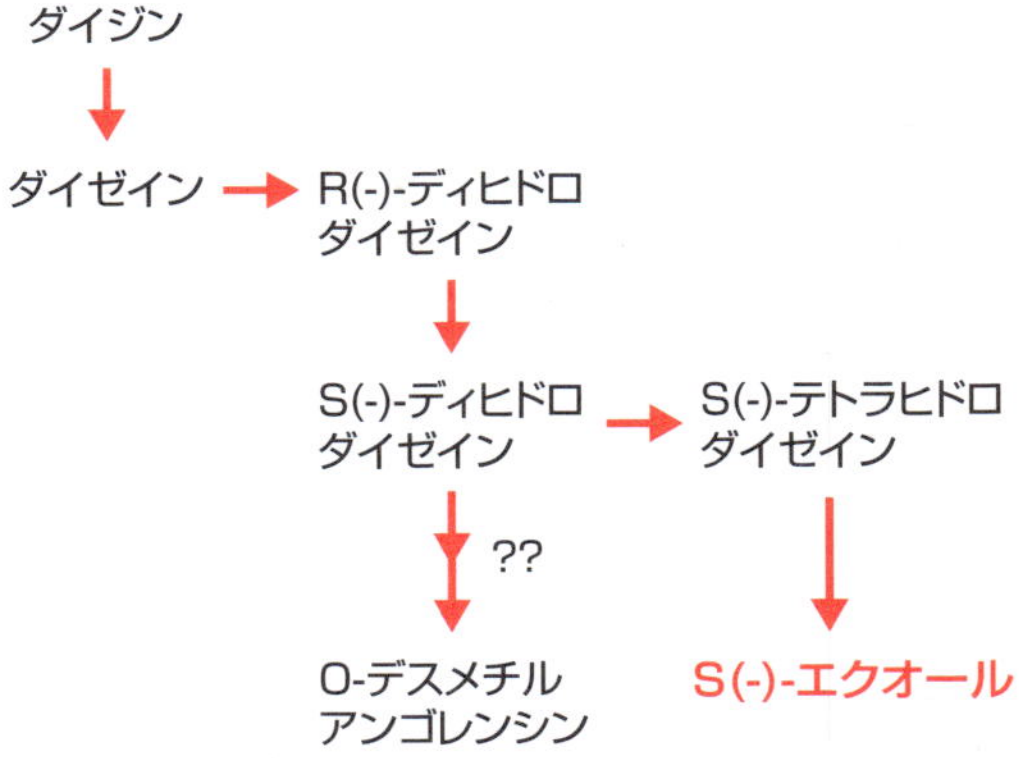

(Mayo B et al, Nutrients. 2019 Sep; 11(9): 2231. doi: 10.3390/nu1109223.)より改変・引用

49 エクオール産生菌の分離

克服すべき培養困難性

ヒト腸内常在菌からエクオール産生菌を分離しようとすると、その生息レベルが総菌数に比べてはるかに低いことが理由で、大多数を占める他の菌群の中からエクオール産生菌のみをふるい分ける作業が必要になります。これまでは、さまざまな選択バイアスをかけて単離が行われてきました。

たとえば、エクオール産生者にあらかじめ大豆イソフラボンを継続的に摂取してもらい、その後に提供された便を培養する際に大豆イソフラボンを添加した培地を用いた、という報告があります。さらには、エクオール産生者の便に多様な抗生物質（テトラサイクリンなど）を加えて培養し、培養後にもエクオール濃度の低下が認められなかった便（エクオール産生菌以外の細菌にのみ抗生物質が作用）から、エクオール産生菌（この場合、エクオール産生菌はテトラサイクリンに耐性であった）を分離している実例も示されています。

私の研究グループで実施した*Slackia sp.* NATTS株のヒト便からの単離においては、エクオール産生菌の培養に用いる培地に加える、炭水化物源に焦点を当てた集密培養を行いました。すなわち、エクオール産生者の糞便培養液のダイゼイン-エクオール変換活性は、添加した28種類にも及ぶ炭水化物源のうち、ソルボースやアドニトールなど11種の糖により促進されました。

そこで、ソルボースやアドニトールを糖原としたエクオール産生者便の便培養を継代すると、それぞれ11代目、8代目まで１００%のダイゼイン-エクオール変換活性が維持されました。この結果をもとに、ソルボースを糖源とした培地でエクオール産生者の糞便を嫌気的に継代培養し、その培養液（エクオール産生菌が集密化）から、強力なダイゼイン-エクオール変換活性を有する新規なエクオール産生菌株（スラキア菌NATTS株）の単離に至ったのです。

要点BOX

- ●腸内に生息するエクオール産生菌の単離には工夫が必要
- ●NATTS株は強力なエクオール産生能を持つ

さまざまなエクオール産生菌とその分離源

菌種・菌株名	分離源
アドレクロアチア菌(FJC-B9^{T})	ヒト便
アサッカロバクター(do03^{T})	ラット盲腸
ビフィズス菌(ATCC15700^{T}、BB536)	ヒト便
カテニバクテリウム(D1)	ブタ便
エガセラ菌(YY7918、D2、SNR、732)	ヒト便
エガセラ様菌(SNRシリーズ)	台湾　臭豆腐
エンテロハブス菌(Mt1B8^{T})	マウス回腸粘膜
乳酸桿菌(CS2 (JS1)、CS2、CS320-92)	ヒト便
乳酸桿菌(JCM 7548)	ラット便
乳酸球菌(20-92、CS1)	ヒト便
プロテウス菌(LH-52)	ラット腸
スラキア菌(DZE^{T}、HE8^{T}、NATTS)	ヒト便

カッコ内は、菌株名

NATTS株の染色画像

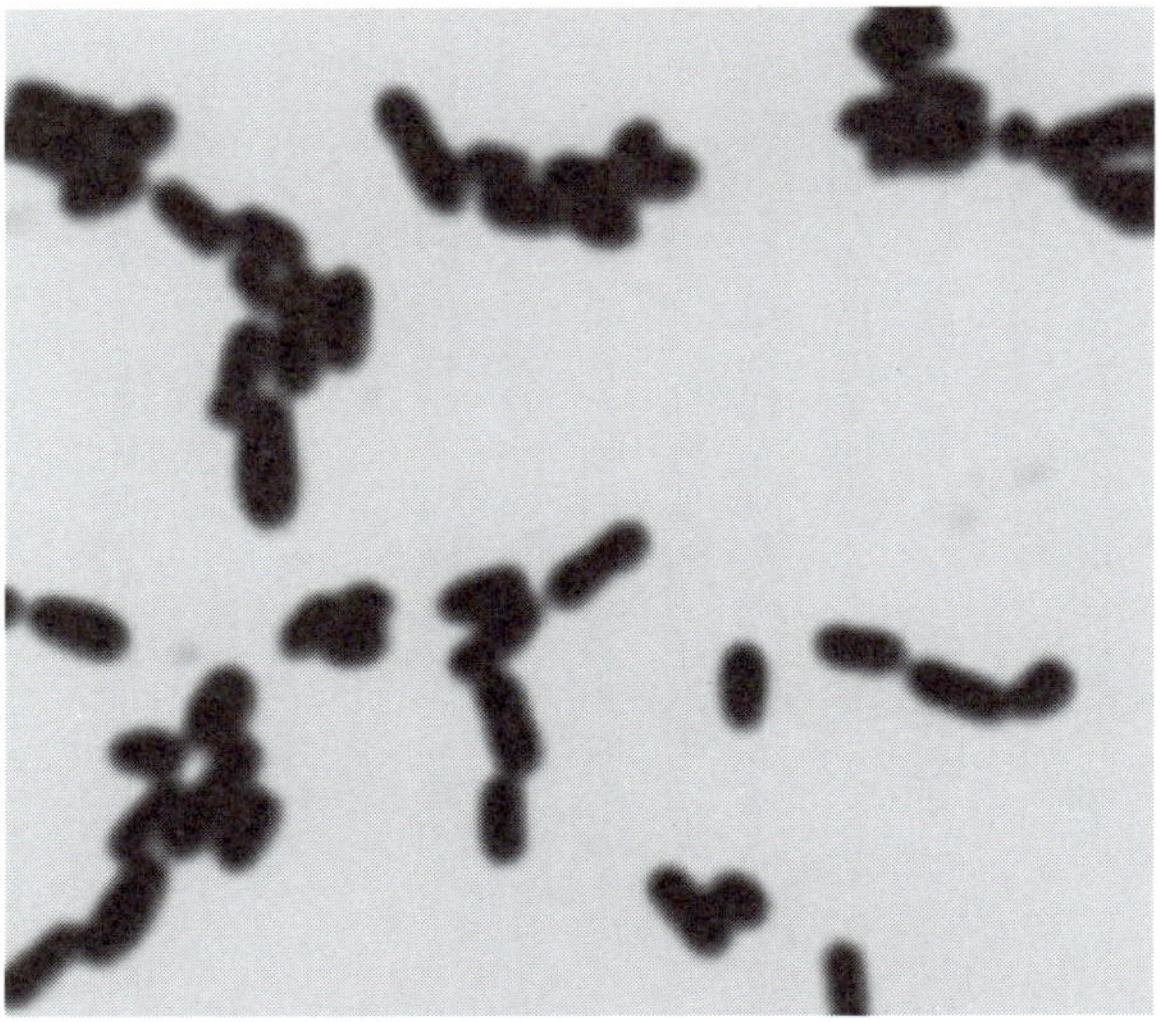

スラキア菌NATTS株

(Tsuji H, et al, Arch Microbiol, 192:279-287, 2010.
doi: 10.1007/s00203-010-0546-z.より改変・引用)

50 膣内の常在微生物叢

大事な乳酸桿菌

膣内細菌叢は、ドイツの産婦人科医であったAlbert Döderlein（1860〜1941）によって発見されました。そこで、健常者の膣内細菌叢の主体を占める乳酸桿菌を、Döderlein（デーデルライン）桿菌と呼んでいます。

膣内細菌叢の異常（細菌性腟症）は、ヌーゲントスコア（Nugent score）という指標によって診断されます。すなわち、スワブで採取された膣粘液をスライドグラスに塗ります。これをグラム染色し、顕微鏡下で微生物を観察するのです。

健常者の膣内で最優勢菌である乳酸菌は、棒状で紫色に染まります（グラム陽性）。一方で、膣内の有害菌である*Gardnerella*（ガードネレラ）や*Mobiluncus*（モビルンカス）は赤く（グラム陰性）染め出されます。これらの染色された菌体の数の比率から、膣内細菌叢の異常を診断します。

乳酸桿菌の菌種数が260余りに及ぶことはすでに本書で紹介しましたが、この中で健常な膣内細菌叢を構成する乳酸桿菌の大多数は、*L.crispatus*, *L.gasseri*, *L.inners*, および*L.jensenni*の4菌種で占められています。

グリコーゲンの資化能や膣粘膜への接着、自ら産生する乳酸によって低下した膣内pHに耐性などの性質を持つ、限定された菌種のみが膣内に定着するものと考えられます。中でも、*L.crispatus*の生息率や生息菌数が最も高いことが知られています。

一方で、膣内の日和見的な有害菌としては、上記の*Gardnerella*や*Mobiluncus*に加えて、*Atopobium*（*Fannyhessea*) *vaginae*が有名です。さらには、*Streptococcus*や*Prevotella*などもマイナーな細菌として検出されています。

私たちの研究グループでは、膣粘液の微生物叢を極めて精度高く、かつ定量的に測定する方法を確立しています。

要点BOX

- 膣内には乳酸桿菌を中心とする細菌叢が形成
- 日和見的な悪玉菌も検出される
- 膣内細菌叢を構成する乳酸桿菌は4菌種

健常日本人女性12人の膣内フローラ

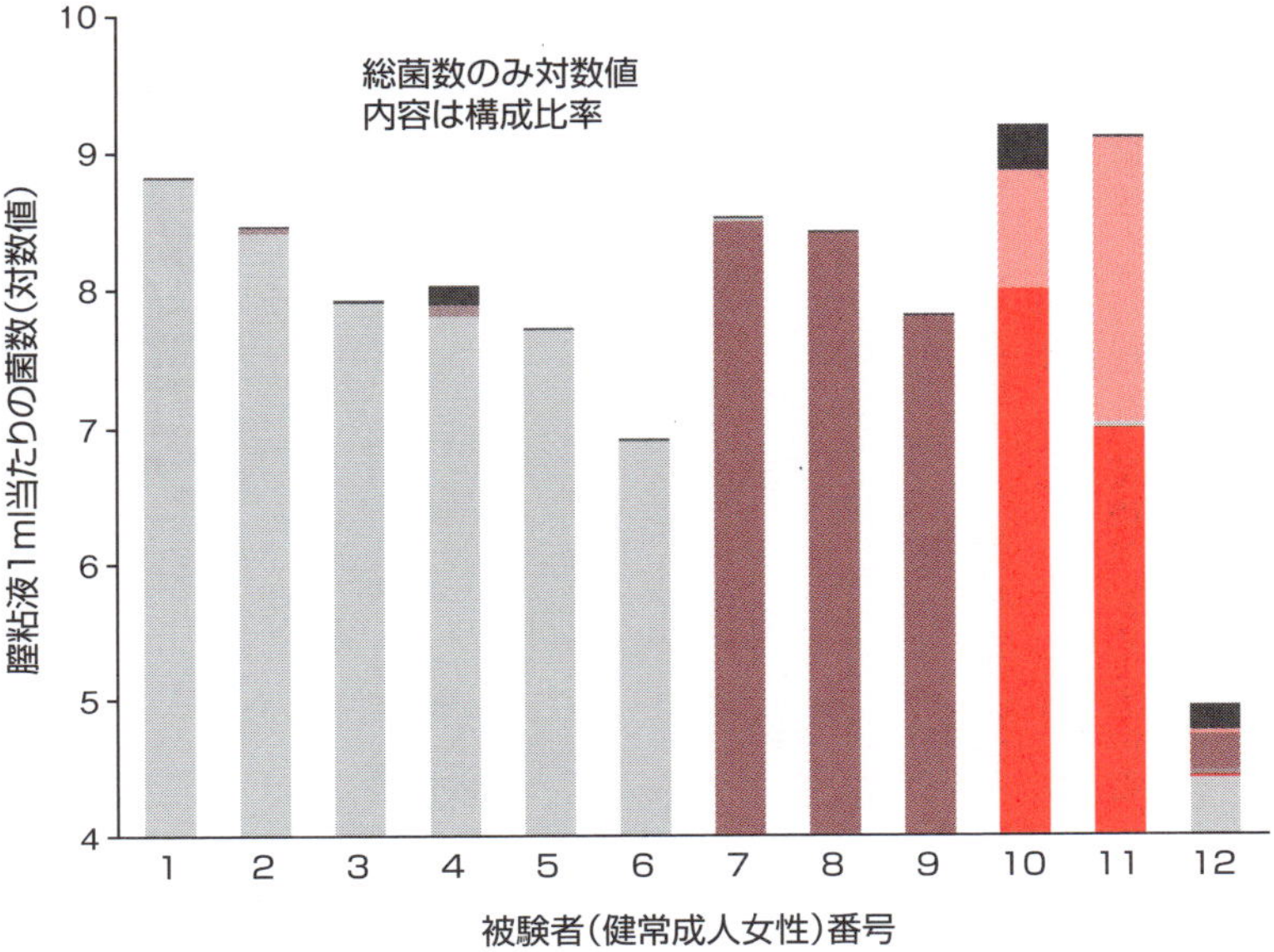

L. crispatus
L. inners
L. gasseri
Gardnerella
Atopobium
Streptococcus

○*L. crispatus*主体グループ(1～6)、*L. inners*主体グループ(7～9)、*L. gasseri*+*Gardnerella*(10, 11)混合型(12)に分かれた

○他の乳酸桿菌種はいずれの被験者からも検出されなかった

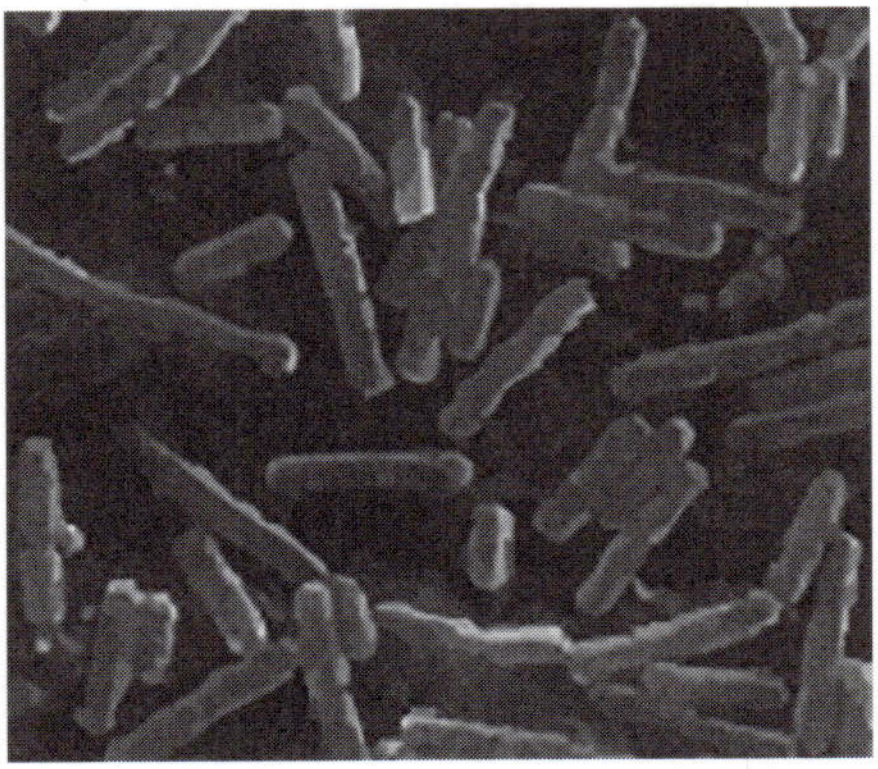

膣内乳酸桿菌 *L. crispatus*の走査電子顕微鏡像

用語解説

細菌性膣症：トリコモナスやクラミジアなどの特定の病原微生物による生殖器感染症とは異なり、あくまでも常在の膣内微生物叢のバランス異常を意味する

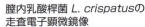

51 膣内常在乳酸桿菌の主役

L. crispatus

耐性菌による慢性・再発性の泌尿器感染症は現在大きな問題となっています。私は岡山大学病院泌尿器科の先生と共同で、乳酸桿菌生菌を含んだ膣炎防止用膣坐剤による反復性膀胱炎の再発予防作用に関する研究を行いました。中でも、乳酸桿菌生菌（*L.crispatus*）の調製を担当しました。

初めに、菌株保存機関（岐阜大学嫌気性菌施設）から数株の*L.crispatus*菌を譲り受け、この中で活性酸素を産生する能力の最も高い*L.crispatus* GA-98322株を選択しました。生菌率の高いGA-98322菌体粉末を調製して、岡山大学に供給したのです。岡山大学では、これをもとに該当の乳酸桿菌を含む膣坐剤を作成し、反復性膀胱炎の患者に投与しました。1年間にわたって2日に1回、就寝前にGA-98322株を含む膣坐剤を挿入するものでした。その結果、被験患者9人が試験開始前の1年間に膀胱炎の平均再発回数が5（プラスマイナス1・6）回だったのが、乳酸菌膣坐剤を挿入した1年間の再発回数は1・3（プラスマイナス1・2）回と激減しています。

このとき、病原菌として大腸菌や腸球菌などの通性嫌気性菌が検出されましたが、投与された*L. crispatus*による抗菌作用（おそらく主体は乳酸の産生）に基づき、これらの病原菌が排除されたためと推察できます。現在でも、同じ臨床機関で乳酸桿菌坐剤の効果が検証され、乳酸菌が膣常在性の大腸菌数を減少させることで膣炎の再発防止につながっていることが示されています。

以上の結果は、あくまでも泌尿器科疾患に対する感染防御作用ですが、現在では膣由来の乳酸桿菌を原材料とするサプリメントも多く市販されるようになりました。50項でも紹介した細菌性膣症の予防や治療のために、*L.crispatus*を含む製品の効果が期待されるところです。

要点BOX

- 最優勢菌である乳酸桿菌*L. crispatus*は反復性膀胱炎患者への膣坐剤投与で再発を抑制
- 細菌性膣症の予防が期待される

乳酸菌*L. crispatus*入り膣坐剤の挿入による再発性細菌性膀胱炎の軽減

患者番号	年齢	再発性膀胱炎の罹患期間	1年間にわたるUTIの再発回数	*L. crispatus*入り膣坐剤処理期間（1年間）中のUTI再発回数	検出細菌
1	70	4	4	2	*E. coli*
2	78	3	4	1	*S. epidermidis*
3	37	16	6	0	
4	39	2	6	1	*E. faecalis*
5	37	15	8	4	*E. coli*
6	55	8	6	1	*E. coli*
7	53	8	4	2	*E. coli*
8	80	4	4	0	
9	66	4	3	1	*E. faecalis*
		平均	5.0	1.3	
		標準偏差	1.6	1.2	

（S. Uehara et al. / Int J Antimicrob Agent 28S (2006) S30–S34より改変・引用）

細菌性膣症に対するさまざまな治療法

膣内常在の乳酸桿菌の移植やプロバイオティクスを含む

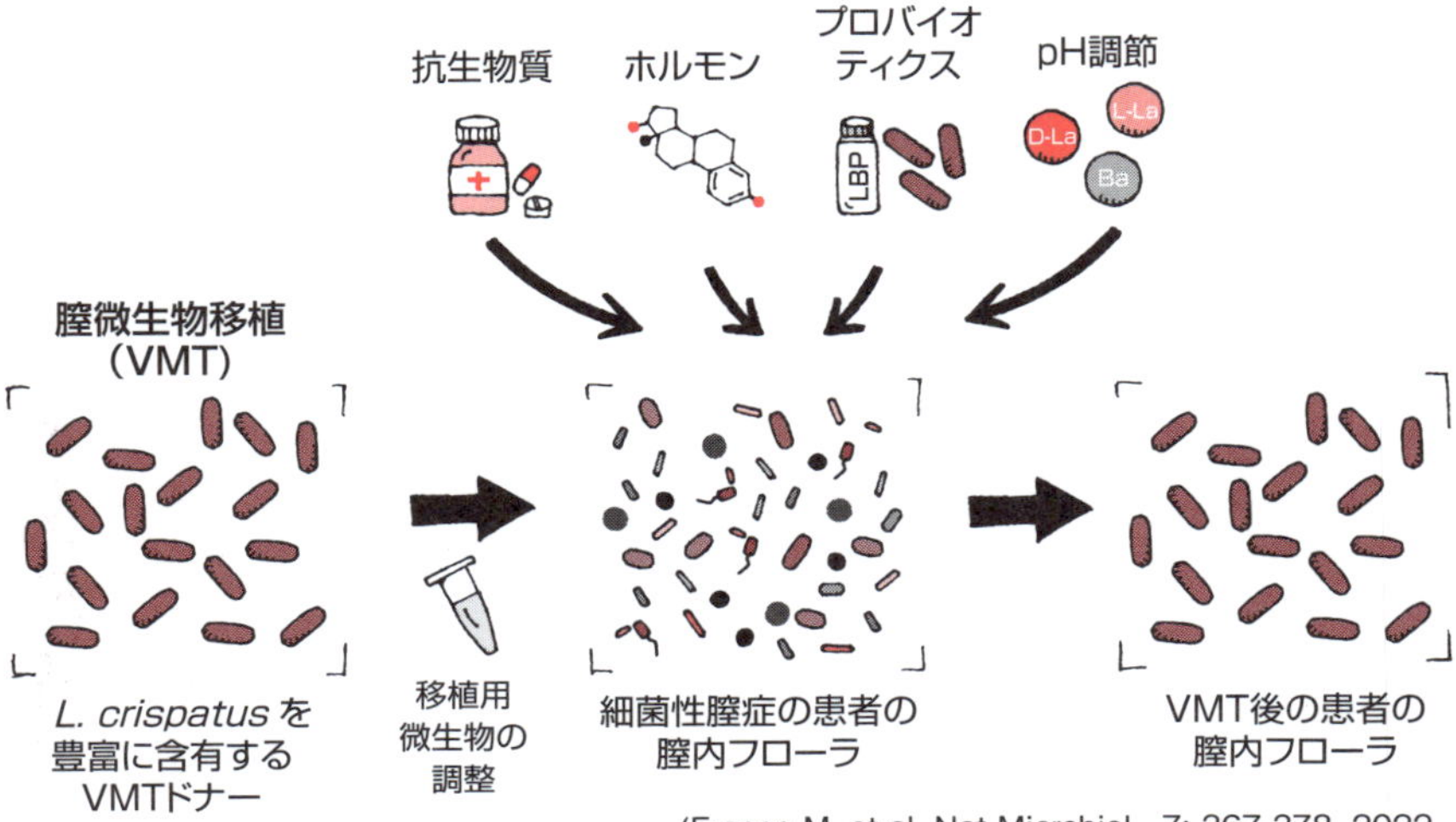

（France M, et al. Nat Microbiol, 7: 367-378, 2022..
doi:10.1038/s41564-022-01083-2より改変・引用）

用語解説

反復性膀胱炎：多くの場合、原因となる疾患のせいで頻繁に繰り返される膀胱炎。細菌感染を原因とする膀胱炎では、原因菌の多くが大腸菌によるとされている

52 腸内未分離菌（未知菌）の可能性

まだまだ可能性あり

腸内に生息する極めて多様性に富んだ細菌群のうち、その存在は確認されているものの、いまだに培養することが実現できずにいる、未培養菌と呼ばれるものが存在します。未培養菌のDNA配列は日々、登録機関のデータベースに付加されています。そこで、FISH（Fluolescence in situ Hybridization：フィッシュ）という技術を用い、便サンプルをスライドグラスに塗抹し、ここに未培養菌に特異的なDNA配列に蛍光色素をマーカーとしてつけたものを当てる（hybridization）と、未培養菌が蛍光で光ります。

私の研究グループでは、腸内細菌叢の最優勢菌群であった*Clostridium* (*Blautia*) *coccoides*グループの構成菌群をより詳細に解析する目的で、このグループを17の亜群に分けました。すると、16亜群を代表する標準菌株は、生菌として微生物寄託機関が保持していました。しかし、たまたま1亜群のみDNA配列だけは見つかるものの、生菌がまだ未分離の状態（いわゆる未知菌）でした。

そこで、すでに知られているこの菌種に特異的なDNA配列を用い、ボランティア便を前に紹介したFISHで解析し、この未培養菌種を多く保有しているボランティアを割り出しました。その便中から力業で、未培養菌である*Fusicatenibacter saccharovirans*（フシカテニバクターサッカリボランス：FS菌）を新菌種として分離することに成功したのです。

その後の解析で、FS菌は健常者の腸内にかなり優勢なレベルで生息していること、クローン病患者の腸内ではFS菌の生息レベルが低いこと、FS菌の死菌が試験管内で、免疫細胞を刺激してIL-10という炎症を抑制するサイトカインの分泌を促すこと、などがわかってきました。FS菌は、腸内未分離菌の分離例としての一例に過ぎず、さらなる未分離菌の単離培養が望まれています。

要点BOX

- 体外で培養されていない未知菌が存在する
- FS菌のようなプロバイオティクス応用の可能性を持つ腸内生息未知菌の単離に期待

FS菌の電子顕微鏡写真

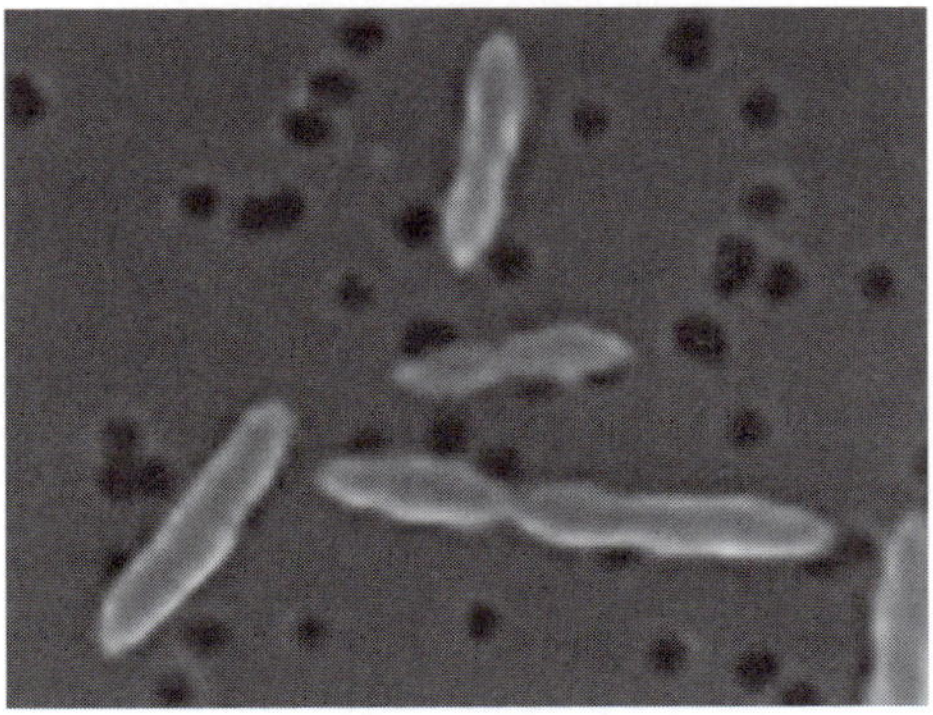

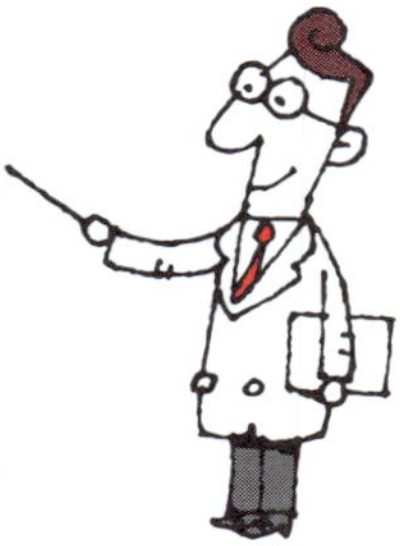

フシカテニバクター サッカリボランス
(*Fusicatenibacter saccharivorans*)

マウスの薬剤誘導腸炎モデルでのFS菌の症状軽減作用

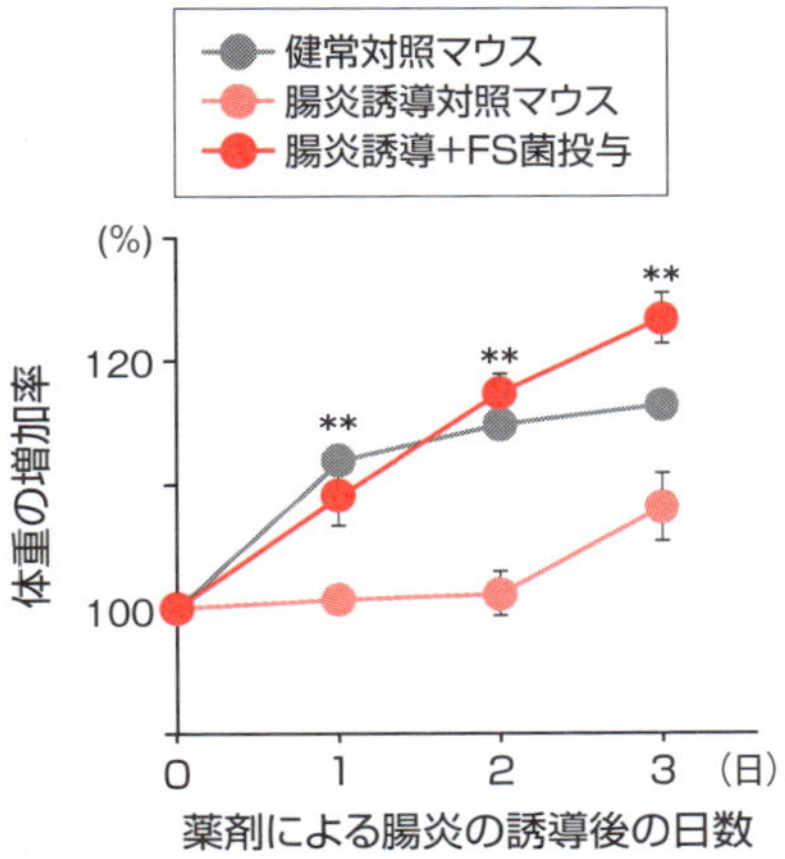

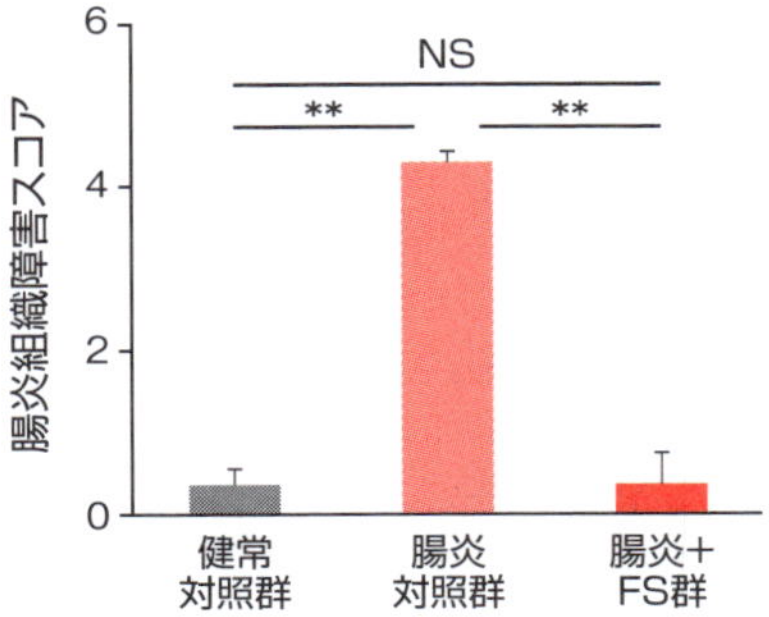

結果 薬剤による腸炎誘導に伴うマウスの体重増加率の抑制は、FS菌投与群でまったく認められなかった

結果 FS菌の投与により著しい腸炎症状の軽減が認められた

(Takeshita K, et al. Inflamm Bowel Dis, 22::2802-2810, . 2016..
doi: 10.1097/MIB.0000000000000972より改変・引用)

用語解説

サイトカイン(cytokine):主に免疫細胞が産生して細胞外に放出する液性タンパク質で、これに対する特異的な受容体を有する細胞の機能を増幅する

IL-10(Interleukin 10、インターリューキン10):ヘルパーT細胞やマクロファージ、B細胞などの免疫細胞により産生され、免疫細胞の機能に抑制的に作用するサイトカイン。過剰な炎症の制御に働く

53 便微生物移植の可能性

次世代プロバイオティクスの期待大

腸内細菌叢と疾病の治療や予防について、臨床機関の先生に極めて強い印象を与えたのは、「便微生物移植：Fecal Microbiota Transplantation（FMT）」と言えるでしょう。2013年にオランダ・ユトレヒト大学の内科医により、*Clostridioides difficile*関連下痢症（*C. difficile* Associated Acute Diarrhea：CDAD）の患者を対象に健常者の便微生物を移植して、その後の下痢症の推移を観察した試験です。

わずか16人という小規模の試験ではあったものの、その効果は絶大でした。1回の移植で13人が治癒し、2回続けたところ15人の下痢が治癒したのです（治癒率：94%）。この試験結果がNew England Journal of Medicine（NEJM）という著名な学術誌に掲載されたことで、その後に世界中で同様の試験が実施されることになりました。

現在まで、多数の臨床試験結果を含むシステマティックレビューおよびメタアナリシスで、再発性のCDADに対してFMTが顕著な治療効果を示すことが再確認されています。現在では、FMTの臨床的な有用性はCDADのみならず、潰瘍性大腸炎や便秘症、Ⅱ型糖尿病などと非常に多岐にわたっています。こうした疾患の場合は腸内細菌叢に異常が生じており、これを改善するFMTの効用が唱えられているのです。

近い将来、以上に紹介したものを含め、さらに多くの疾患に対する治療・予防への有効性について、確固たる臨床試験結果が蓄積されることに期待します。また、便微生物全体のみでなく、望む作用を担う腸内常在菌の組合せが解明され、症状に応じた適切な菌株の組合せの微生物移植に移行していくことでしょう。このような有効な微生物の組合せが確定すれば、これをプロバイオティクスとして利用する道が開けるはずです。

要点BOX

- FMTはCDADの症状軽減に有効
- 各疾患に対するFMTの有効性や、有効性を示す菌種や菌株の組合せの解明に期待

便微生物移植の実施概要

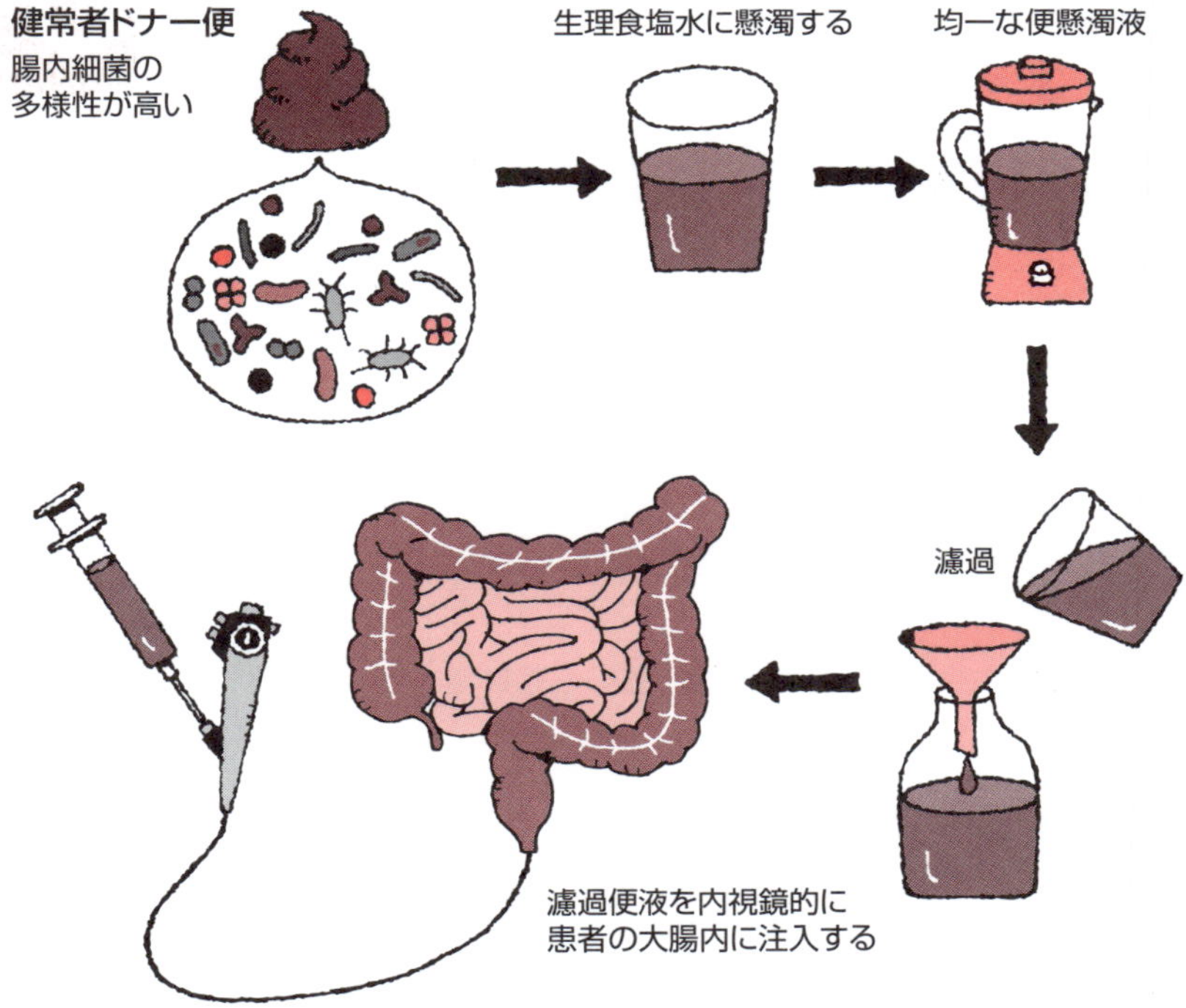

123

便微生物移植の将来像

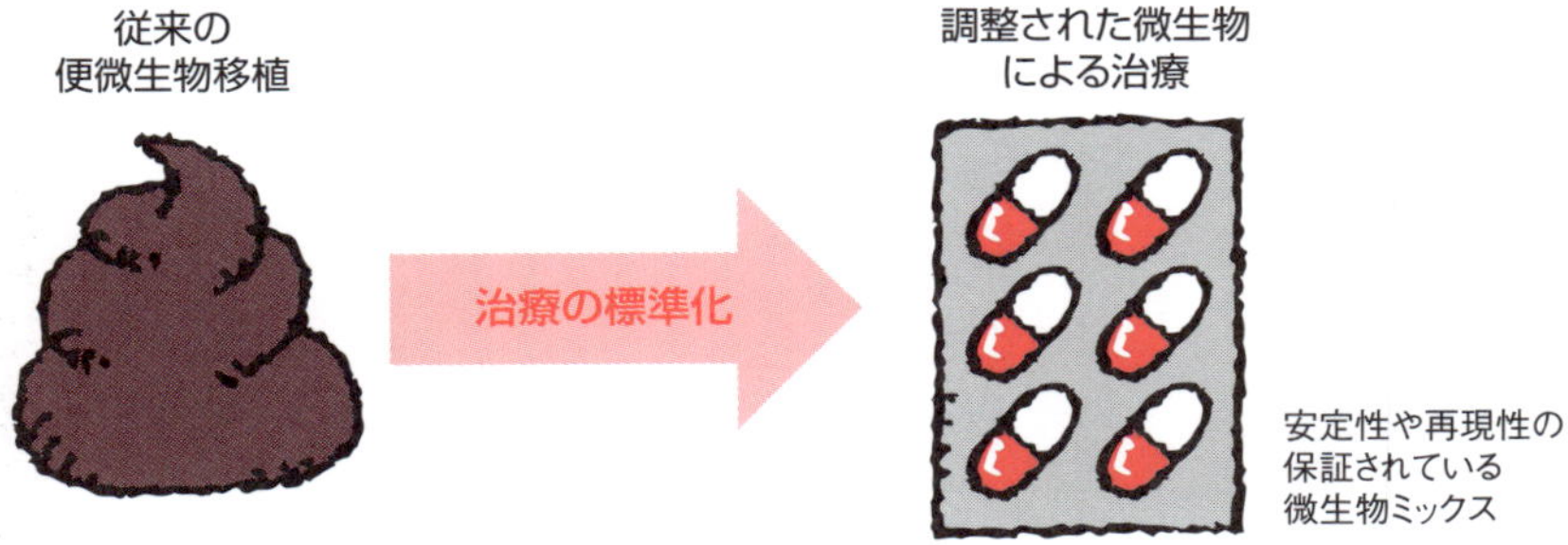

用語解説

CDIに対する診療ガイドライン2022：「便微生物移植（FMT）は再発性のディフィシル菌感染症（CDI）に対して再発予防効果がある」ことに加え、既存のプロバイオティクスの作用として、「CDI 発症リスクのある患者では益が害を上回る」と結論している

54 安全性の担保

プロバイオティクスの二面性には要注意

厚生労働省が開設した生活習慣病予防のための健康情報サイト「e-ヘルスネット」には、「乳酸菌などの腸内環境を整える微生物のうち、生きて腸に到達できる有用な微生物を特にプロバイオティクスと言う」と記述されています。この大筋は正しいのですが、厳密には不正確です。

ＩＳＡＰＰによるプロバイオティクス（ＰＢ）の定義では、分類学的な位置づけが明確にされ、その有用性が科学的に証拠づけられる単離微生物をＰＢとしています。したがって、腸内常在性の乳酸菌をそのままＰＢと呼ぶのは間違いです。さらに同サイトでは、乳酸菌を「人体に有益な菌のため『善玉菌』とも呼ばれる」と説明しています。ところが、空回腸バイパス術を受けた患者や、腸切除後の患者に見られる「Ｄ型乳酸アシドーシス（D-lactic acidosis）では乳酸桿菌が起因菌となります。

また、「感染性心内膜炎」という疾患は、血流に入った細菌が損傷のある心臓弁に到達し、ここに付着することで発生します。このとき、主な病原である黄色ブドウ球菌や腸球菌、溶血性連鎖球菌に加え、極めてまれにですが、乳酸菌が病巣から回収されることがあります。したがって、乳酸菌を一概に「善玉菌」とくくるのは不正確です。

米国のＦＤＡ（食品医薬品局：Food and Drug Administration）は、「消費目的で使用される微生物は、ＦＤＡが規制するＧＲＡＳ（Generally Regarded As Safe：一般に安全と見なされる）ステータスを有していなければならない」と唱えています。他方、ＥＦＳＡ（欧州食品安全機関）はＱＰＳ（安全性適格推定：Qualified Presumption of Safety）という概念を導入しています。ＱＰＳには、安全な使用の歴史や抗生物質に対する後天性耐性のリスクがないことなど、細菌性サプリメントの安全性評価に関する基準が含まれています。

要点BOX

- 乳酸菌の安全性に留意しなければならない
- 微生物含有食品の安全性に認識が高まる
- 安全性評価に対して欧米で見解の違いも

プロバイオティクス製品の安全性

◇ プロバイオティクス菌株の安全性
◇ 製品レベルの安全性
◇ 摂取対象者による摂取や投与(患者)における注意

プロバイオティクス菌株の安全性

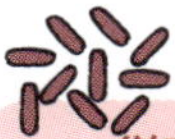

従来のプロバイオティクス → 菌株の特徴
次世代プロバイオティクス → 菌株の特徴、安全性の検証

全ゲノム配列

分類	菌株同定	毒素·毒性遺伝子

抗生物質耐性検査

表現型	遺伝子型 抗生物質耐性遺伝子有り
菌種のMIC範囲内	重要な抗生物質への耐性遺伝子? 遺伝子の機能性 遺伝子伝播の可能性

可能な範囲でのモニタリング

短期	長期
侵襲的感染	長期定着
耐性遺伝子の伝播	腸内フローラへの作用
薬剤耐性	薬物代謝
腸内フローラへの作用	生理作用

プロバイオティクス製品の品質と安全性

GMP準拠製造	安全·有効な用量
微生物検査	品質保証

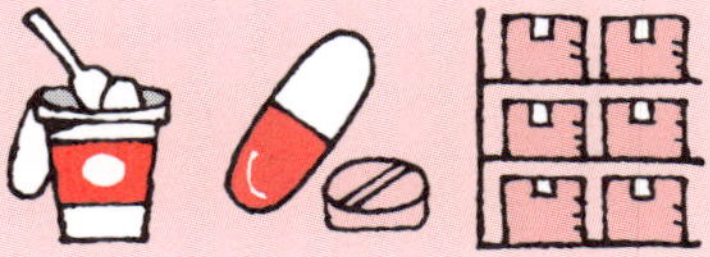

プロバイオティクス製品の投与

投与方法に伴うリスク

院内環境の汚染	カテーテルの汚染
近隣患者への暴露	投与法 経鼻空腸栄養

投与方法に伴うリスク

Vulnerable	健常者
早産児 短腸症候群 肥満妊婦	

(Merenstein D, et al. GUT MICROBES, 2023, VOL. 15, NO. 1, 2185034. doi.org/10.1080/19490976.2023.2185034より改変·引用)

用語解説

厚生労働省 生活習慣病予防のための健康情報サイト：e-ヘルスネット：「乳酸菌」https://www.e-healthnet.mhlw.go.jp/information/dictionary/food/ye-026.html#:~:text=%E4%B9%B3%E9%85%B8%E8%8F%8C

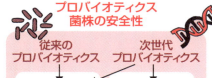

55 発酵食品由来の複合微生物系

複合プロバイオティクス?

第2章で、「発酵食品とプロバイオティクスは異なる」と説明しました。しかし、伝統的な発酵食品は、何と言っても長期にわたる摂取に基づく「食履歴」が安全性を裏づけている、という側面があることも事実です。

コンブチャは紅茶やウーロン茶、緑茶に、砂糖とスコービー（ＳＣＯＢＹ）と呼ばれる種菌（共生微生物培養液）を加えて発酵させることでつくられる発酵飲料です。いわゆる「紅茶キノコ」のことを指していて、１９７５年頃に一大ブームを巻き起こしました。欧米では、Ｋｏｍｂｕｃｈａと呼ばれる健康飲料です。スコービーを構成する菌種としては、複数種の乳酸菌や酢酸菌（*Acetobacter*, *Gluconacetobacter*）、酵母が知られています。そして、基礎研究レベルではコンブチャによる抗菌や抗腫瘍、免疫調節作用が示されています。

ケフィアは、ロシアのコーカサス地方を期限とする発酵乳飲料です。ケフィア粒という種菌ミックスを牛やヤギ、羊の乳に植えることでつくられます。ケフィア粒には、コンブチャと同じく乳酸菌（*Lactococcus*, *Leuconostoc* など）や酢酸菌、酵母（*Saccharomyces* や *Kluyveromyces*）が共棲しています。ケフィア飲料や含有微生物には抗菌作用や抗真菌作用、発芽の予防作用、さらにはコレステロール代謝改善作用などを示す基礎研究の結果が報告されています。

ケフィアやコンブチャは、その種菌（スコービー、ケフィア粒）を発酵基材に加えて発酵させることを繰り返し（継代《けいだい》）ながら、摂取することが慣習的に行われています。ただし複雑な微生物生態が、継代の過程で常に安定して保たれるかは不確実です。精密な培養技術を持つ企業体により、有効な微生物の複合体が明らかにされ、安定した状態のプロバイオティクスとして提供されることが望まれています。

要点BOX

- 複合微生物系の発酵食品には、プロバイオティクスの可能性を有する微生物が含まれる
- 発酵微生物食品の安定した継代が肝心

複合菌種による新たなプロバイオティクスの可能性

コンブチャ(紅茶キノコ)

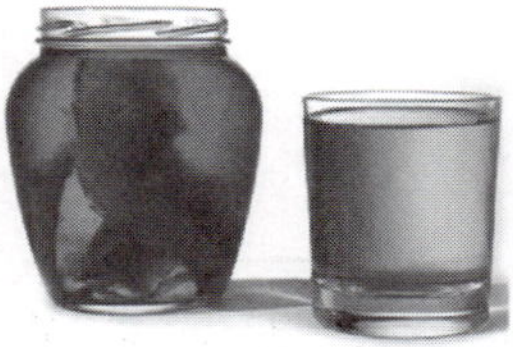
コンブチャ

ケフィア　グレイン

細菌(属)

- アセトバクター
- グルコノバクター
- コマガタエイバクター
- ラクトコッカス
- ラクトバチルス

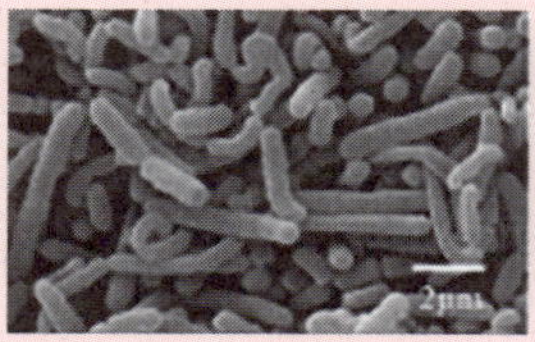

ラクトバチルス

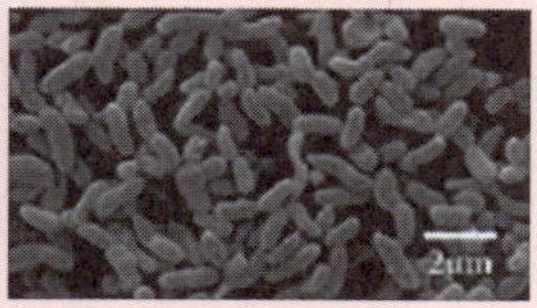

アセトバクター

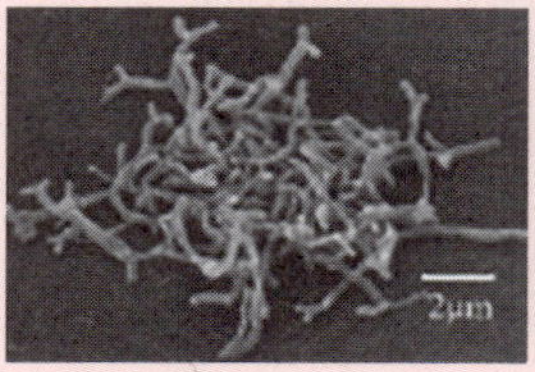

ビフィズス菌

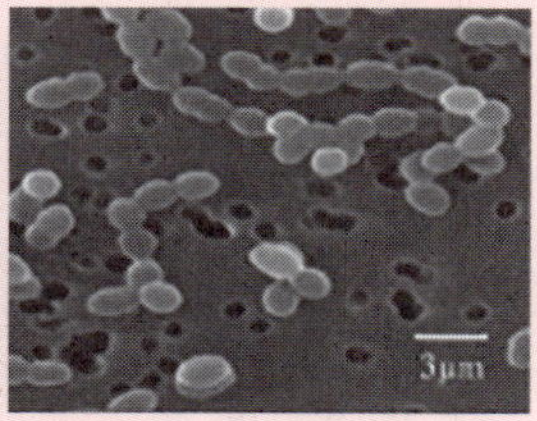

ラクトコッカスリューコノストック

酵母(属)

- ブレタノマイセス
- クロッケラ
- サッカロマイセス
- サッカロマイコーデス
- シゾサッカロマイセス
- トルラスポラ
- ザイゴサッカロマイセス

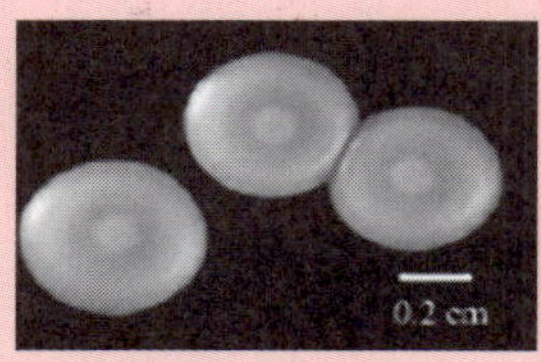

サッカロマイセス

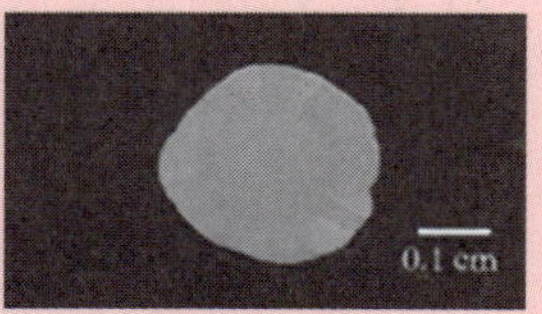

ラカンセアカザフスタニア

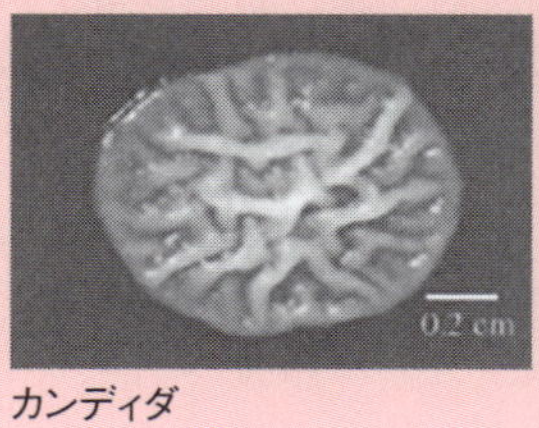

カンディダ

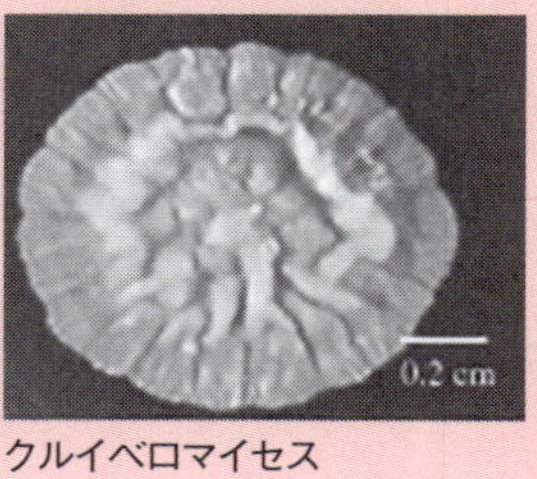

クルイベロマイセス

用語解説

昆布茶とコンブチャ：英名のKombuchaの由来として、「昆布(kombu)＋茶(cha=tea)」との関連が言われているが、昆布茶とコンブチャはまったくの別物

Column

未知菌分離の新規コンセプト

最近、カルチャロミクス(culturomics)という研究領域が盛んになりつつあります。すなわち腸内フローラの領域では、嫌気性の強い下部消化管で特殊な栄養を必要とするような微生物の中で、特に培養することが難しい難培養菌に焦点を当てるものです。具体的には、培養温度や添加する栄養素、培地の基材などさまざまな培養法の要素を組み合わせ、より効果的に難培養菌を培養しようという研究です。

2002年にノーベル化学賞を受賞した田中耕一先生により開発された、質量分析技術であるMALDI-TOF (Matrix Assisted Laser Desorption/Ionization-Time of Flight：マトリックス支援レーザー脱離イオン化―飛行時間型)は、そのサンプル調製の簡便さや短時間の解析の利点を持っています。遺伝子配列に基づく解析と組み合わせることにより、微生物の機能性も加味したより的確な微生物の同定結果が得られます。

腸内細菌にかかわらず、極めて多くの分離菌株をまとめて保存・管理し、必要な人にこれを譲渡する国内外の機関が存在します。これらの機関は新規な分離株の寄託を受け付けています。

たとえば独立行政法人製品評価技術基盤機構は、微生物(wet)のみでなく、各微生物の情報(dry：遺伝子やタンパク質、代謝産物など)を統合的に解析する流れを主導しています。多様で莫大な量の情報(データベース)から、特定の因子間の相互の関連性を導くことで、いわゆる「データ駆動型研究」や「仮説創造型研究」が可能となっています。

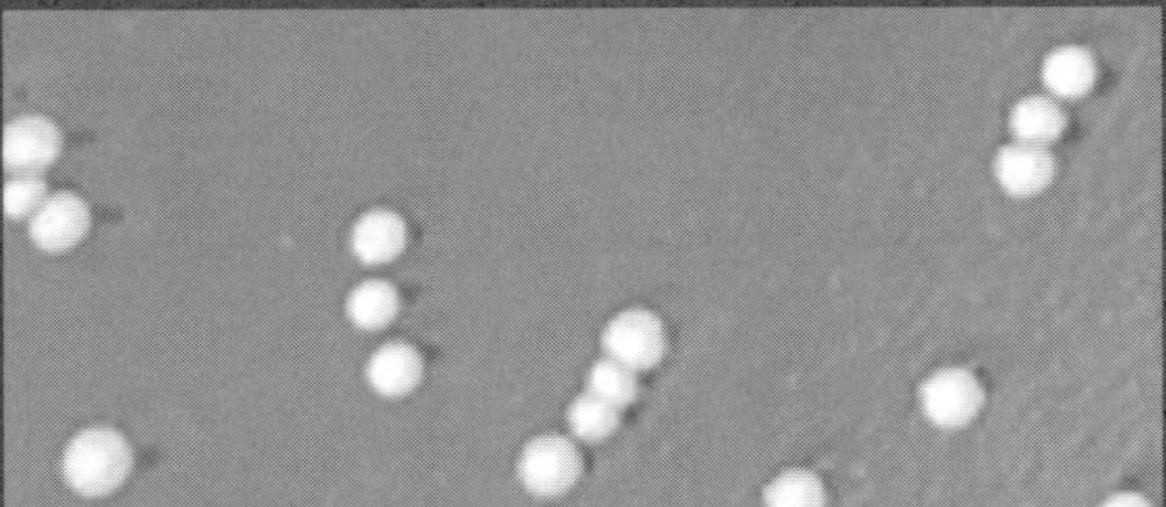

プロバイオティクス飲料から分離培養されたビフィズス菌のコロニー

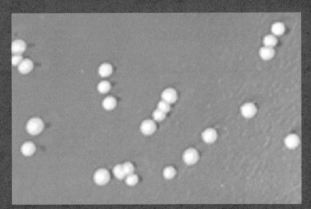

第6章

プロバイオティクスの課題と今後

56 responderとnon-responder

ポイントは作用メカニズム

プロバイオティクスの摂取による整腸作用を検証するため、複数の臨床試験（ＲＣＴ）に従事したことがあります。比較対照のプラセボ飲料（本物と見かけや味の判別はしにくいが、プロバイオティクス菌を含んでいない飲料）に比べて有意に優れた効果を得ることは、実は容易ではありませんでした。

その理由の一つに、わが国におけるプロバイオティクスのような機能性食品の試験対象は、有病者ではなく、たとえば「便秘気味」や「血糖値が高め」と表現されるような健常成人である場合が多く、症状の軽減幅が限られることが挙げられます。さらに、薬剤のみならずプロバイオティクスにおいても、効果の表れやすいレスポンダーとなかなか効果の認められないノンレスポンダーに分かれることから、摂取試験の被験者における反応の個人差がプロバイオティクスの効果を見えにくくしています。この理由として、プロバイオティクスの効果の作用点が不明確であることが考えられます。

また、たとえば「生きて腸に届く」ことを標榜するプロバイオティクスについて、摂取した菌株のどのくらいが便中に生き残って排泄されるか、あるいは腸内を通過する間にどの程度の有機酸を分泌してくれるか、把握が難しいのが実態です。もちろん、それなりの個人差があると考えられますが、正確な値はなかなか知ることができません。

現在は、有償で腸内細菌叢や環境（有機酸濃度など）の測定が可能です。こうした検査では、自らの新鮮便を検査機関に送ってしばらくすると、最新の検査法（便から抽出したＤＮＡを対象とする、網羅的な菌叢解析）に基づく結果が送られてきます。プロバイオティクスの摂取との因果関係も、複数回の検査を実施することである程度の感触をつかむことができるようになっています。そして、菌叢や環境の状態変化から改善点を知ることも可能です。

要点BOX

- プロバイオティクスの効果には個人差がある
- 作用メカニズムが肝心
- 腸内細菌叢や腸内環境の有償測定も進む

プロバイオティクスやプレバイオティクスの効果検証試験

効果をより明確にするための方法

1. 最も明確な反応を試験の主目的とする
2. 試験項目の陽性判定の基準の明確化
3. プロバイオティクス菌株の適切な選択
4. 研究対象(コホート)の適切な選択:生物学的・遺伝学的マーカーの利用
5. プロバイオティクスの作用が強力に発揮される製品設計

(Reid G, et al, Gut Microbes, 12; 200-204, 2010.
doi: 10.4161/gmic.1.3.12013.より改変・引用)

腸内フローラが関連するさまざまな疾患

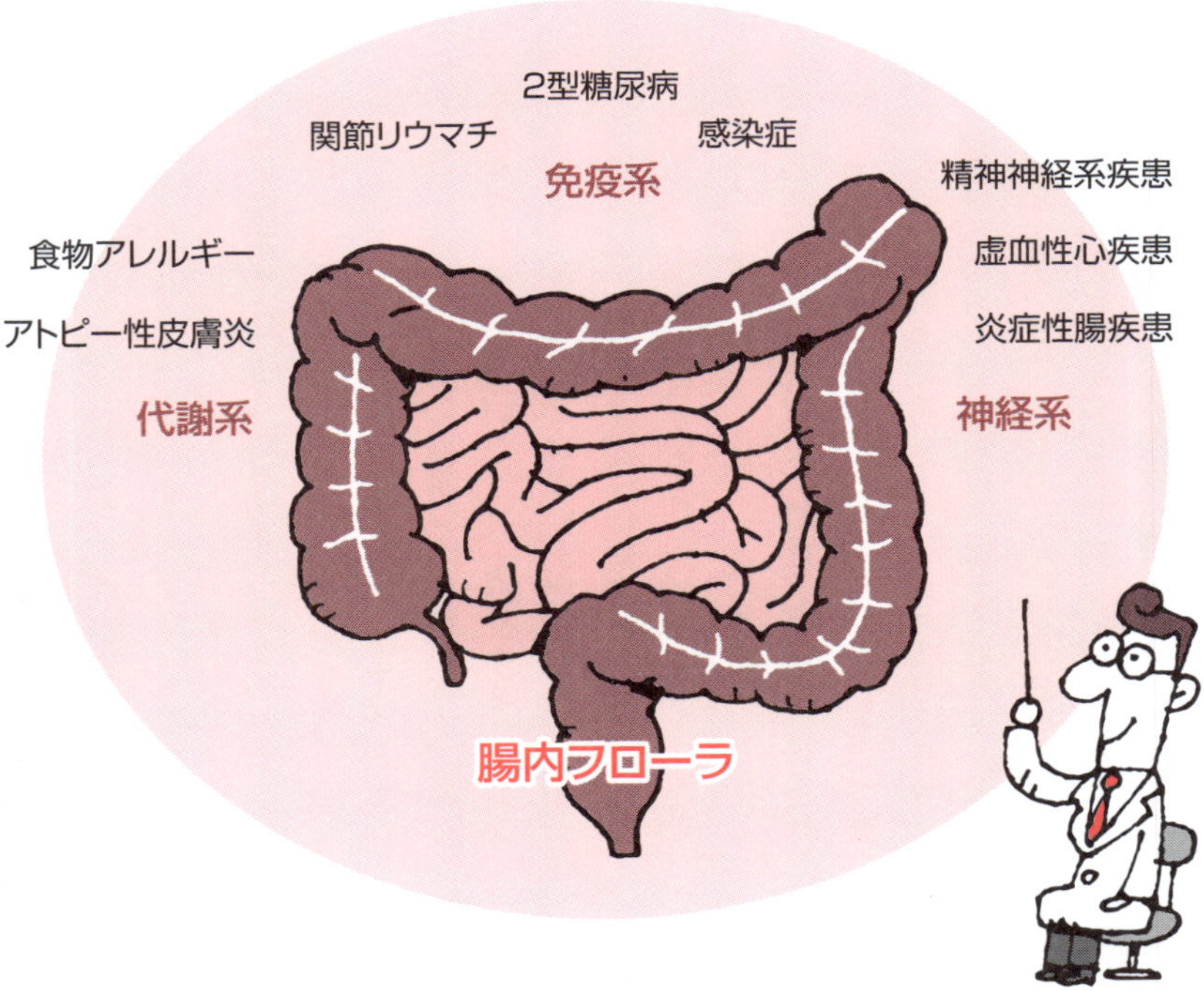

57 菌種か菌株か？

系統的な有効性評価

56項の内容に関連して、ＩＳＡＰＰ現会長のメレンステイン博士（Dr. Merenstein）がＩＳＡＰＰ会誌に興味深いブログを投稿しています。内科医でもあるDr. Merensteinは、「薬の作用メカニズムより、むしろその効果や副作用の方が重要な視点として考える」そうです。薬によっては、提示された作用メカニズムとは異なる別途の独立した効き方で、作用する場合があることを強調しています。

少し前のＩＳＡＰＰ総会（２０２２年）では、「プロバイオティクスの作用は菌株特異的であるかどうか」についてディベートが行われました。このときSarah Lebeer博士は、「すべてのプロバイオティクスの効果が菌株特異的であるわけではない」との演題で発表しています。

内容は、さまざまな菌種に属する多数の菌株について分子微生物学的な解析を行った結果、特有な酵素が菌種特異的に複数の菌株に発現していることから、この酵素を介するプロバイオティクスの作用は菌種特異的と言えるという主旨でした。

これに対して、Hania Szajewska博士は、「すべてのプロバイオティクスの効果は、菌株特異的であると考えなければならない」という演題で述べました。「ネットワークメタアナリシス」という複数のプロバイオティクス臨床試験の結果を統合的に解釈した結果、プロバイオティクスの有効性が菌株特異的であったことを伝えたものです。

双方とも合理的な解釈で、勝負の判定はつけられないかもしれません。特有の作用メカニズムを持つ菌株について、適確な計画に基づく臨床試験での明らかな効果が認められた場合に、正解と判断するというのが私の意見です。ただし、この作用メカニズムを持つすべての菌株が有効とは言えない一方で、この作用メカニズムを持たない菌株が臨床的に無効とも言えないことは前提となります。

要点BOX

- 効果は、その効き方により菌種特異的である場合と菌株特異的である場合がある
- 作用メカニズムの明確化が期待されている

プロバイオティクスの系統分類に応じた作用がある？

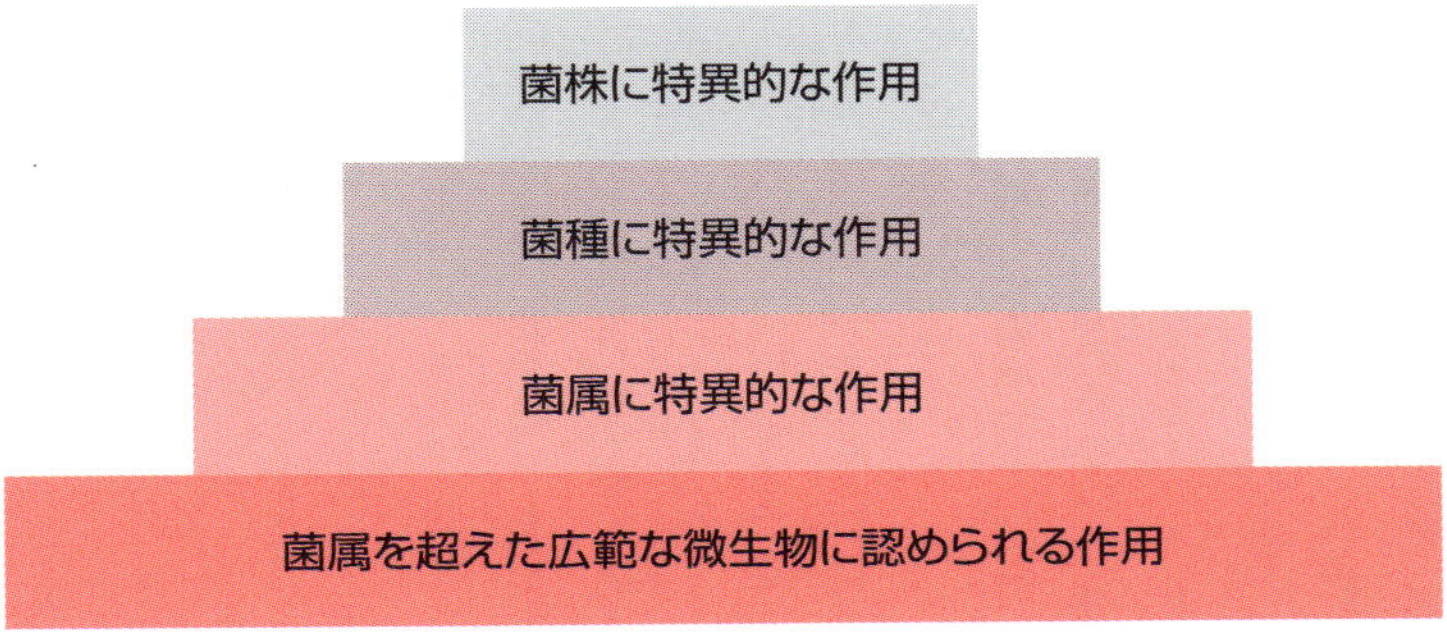

Sarah Lebeer, ISAPP2022-debateより改変

系統分類の階層（科〜株）

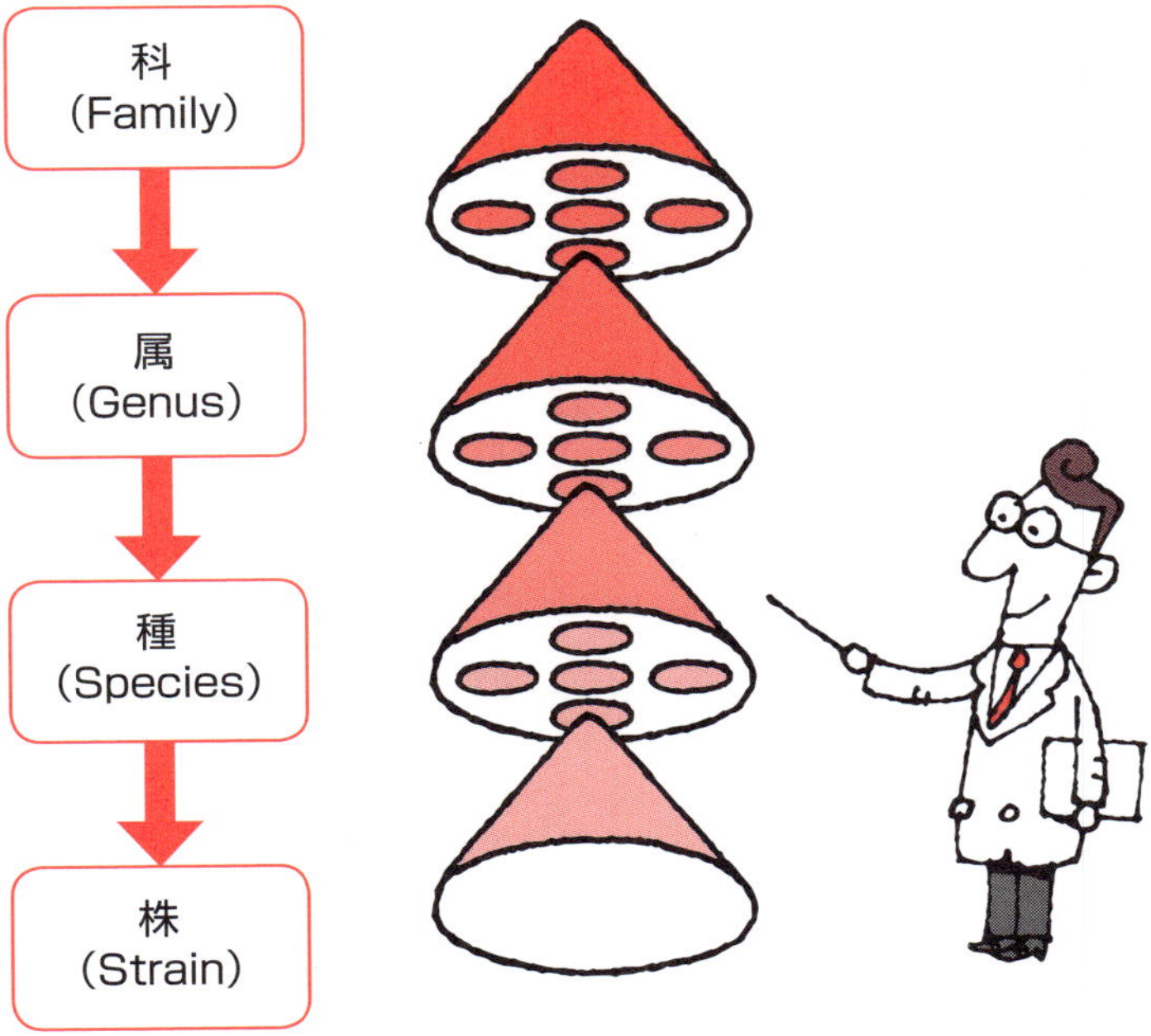

用語解説

ネットワークメタアナリシス：薬剤（プロバイオティクス）の効き目や安全性などについて、複数の臨床試験結果をもとに異なる薬剤の直接的・間接的な比較を行う方法

58 適切な効果量とは？

どのくらいの効き目が妥当なのか

急性下痢症の予防には、あらかじめ腸内にそれなりのプロバイオティクスを送り込み、侵入してくる感染症起因菌の腸内における爆発的な増殖や腸管を介する体内侵襲を食い止めることが必要です。プロバイオティクスが持つ保健作用の謳い文句にて、「……（血糖値や血圧など）が気になる方へ」という表現が多用されます。これは、プロバイオティクスの提供形態の多くが食品やサプリメントであるため、薬効を表記できないことに起因します。

「血糖値が気になる方へ」というのは、あくまでも血糖値が高めの人に勧めるという意味で、必ずしも血糖値の低い人を対象としているわけではありません。また、臨床試験での有効性確認を経て上市される製品については、それなりの効果が期待できるため、過剰な摂取の注意が必要です。詳細が気になるときは、製品を提供している企業の「お客様相談室」に問い合わせるとよいでしょう。

16項で紹介した臨床試験の結果をとある国際学会で報告した際に、参加されていた研究者から、「どの程度の効果量を有効と考えるのか？」と聞かれたことが記憶に残っています。このときの大規模臨床試験ではプロバイオティクス飲料摂取群で、プラセボ摂取群に対して統計的に有意な感染防御作用が認められていました。理由は、両群間の感染発症率の差が予期したほど大きくなかったからです。これは、試験実施時期が現地における急性感染性下痢症の発生時期のピークを過ぎていたことで、全体の感染症発症率自体が当初の予想よりも低めだったことに起因すると考えています。

機能性食品の有効性を示す実験結果のグラフを目にする機会があります。結果の有効性を示すグラフに星印（＊など：統計学的に有意であることを示す）が多くついているか、群間の効果の差が明確かなどの視点で見ることが肝心です。

要点BOX

- 「……が気になる方へ」の表記を正しく理解
- 上市製品の過剰摂取に注意しよう
- 試験結果が適正効果量を示しているかも肝心

プロバイオティクス（LcS）による濃度依存的な自然免疫の増強作用

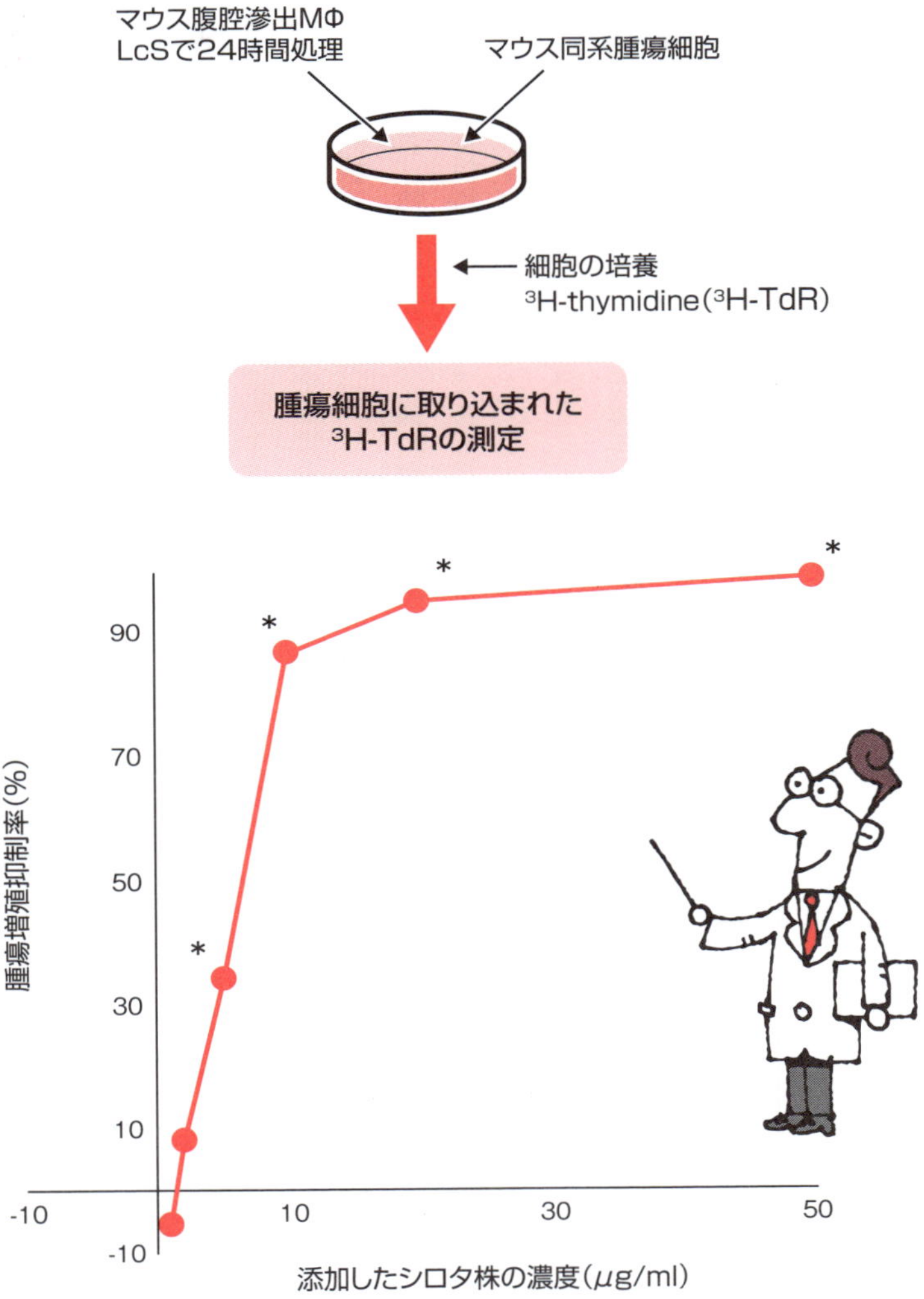

マウスのマクロファージをシロタ株の加熱死菌で刺激することにより、1～10μg/mlの濃度範囲において用量依存的なマクロファージの抗腫瘍活性の増強が認められる

用語解説

お客様相談室：プロバイオティクス製品のメーカーでは、顧客による効果的な製品の利用に関してお客様相談室を介する情報伝達機能が極めて重要

59 腸内フローラを生かす食生活

多様な食物繊維

私たちの腸内細菌の大半は下部消化管（大腸）に生息し、その数は実に内容物1g当たり10^{11}個に及びます。これらの微生物は、私たちが摂取する食物や自身の生体成分（粘液などの分泌物や腸管上皮の剥離細胞など）を利用して増殖しています。

食物成分のうち、特に炭水化物は腸内細菌の増殖に重要です。食物繊維の構成成分である糖を利用するため、これを酵素的に分解しなければならないのです。このような酵素を持つ腸内細菌が、栄養基質として利用できる炭水化物を「微生物叢アクセス可能炭水化物Microbiota-Accessible Carbohydrates：ＭＡＣｓ」（腸内細菌利用糖）と呼んでいます。

何しろ食物繊維を構成する糖の構造が複雑なため、この代謝酵素も多岐にわたります。ということで、食物繊維の代謝には、多様な食物繊維分解酵素（糖質活性酵素：ＣＡＺｙｍｅｓ）を有する腸内細菌叢の多様性が保たれていることが肝心です。食物繊維の豊富な食事を続けることで、これを代謝するのに適した腸内細菌叢を誘導することができます。

この意味で伝統的な日本食は、通常野菜のほかに根菜類や豆類、海藻類、茸類など多様な食物繊維に富んでいるという特徴を持っています。また、納豆やぬか漬けなどの植物性発酵食品は、食物繊維と発酵微生物の両方を同時に摂取するという意味で非常に貴重です。

米国で5年に一度提示される食品ガイドライン（Dietary Guidelines for Americans ２０２０～２０２５）においても、「お皿の半分を野菜と果物にしましょう」「穀物の半分を全粒穀物にしましょう」「野菜に変化をつけましょう」という内容が強く唱えられています。もちろん、摂取されたプロバイオティクス菌にとっても、腸内で有効利用できる炭水化物源（食物繊維など）が多くある方が、より大きな効果が期待できるのです。

要点BOX

- 適切な食物繊維の摂取は、これを代謝する腸内フローラの多様性を維持増進する上で重要
- MACsの概念が一般化している

腸内細菌が食べる炭水化物

Microbiota Accessible Carbohydrates：MACs

食物繊維（複合炭水化物）を多く摂取することで腸内フローラの多様性が高まる

↕

でんぷん質の多い食品や多くの嗜好飲料に含まれている単純炭水化物
（ブドウ糖や果糖など）の過剰摂取からの脱却

↓

小腸では未消化の食物繊維が大腸に到達し、
多様性の豊富な嫌気性菌群により消化されて、有機酸が産生される

(Sonnenburg ED & Sonnenburg JL. Cell Metab. 20: 779-786, 2014)

米国の食事ガイドラインの推奨事項

- あらゆる種類の野菜を取る：濃い緑、赤とオレンジ、豆類、でんぷん質、その他の野菜
- 果物：特に全体を食する
- 穀物類：少なくとも半分を全粒粉とする
- 乳製品：無脂肪または低脂肪の牛乳、ヨーグルト、チーズ、および代替品として乳糖フリー製品、栄養強化大豆飲料、ヨーグルトなど
- タンパク質食品：赤身の肉、鶏肉、卵、魚介類、豆類、ナッツ、種子、大豆製品
- 油脂類：植物油および魚介類やナッツ類などに含まれる油脂類
- 砂糖、飽和脂肪、ナトリウムを多く含む食品と飲料を制限し、アルコール飲料を制限する

（https://www.dietaryguidelines.gov/sites/default/files/2020-12/Dietary_Guidelines_for_Americans_2020-2025.pdfより抜粋・引用）

主な食物繊維とこれを含む食品

食物繊維の種類	構造	食品
イヌリン	果糖の重合体	ゴボウやキクイモなどキク科植物の根や地下茎に含まれる
グルコマンナン	ブドウ糖2-マンノース3	こんにゃく
ベータグルカン	β1-6グルカン	アガリクス、霊芝、シイタケ
ペクチン	ガラクツロン酸	果物
難消化性デキストリン	難消化性のでんぷん分解物	清涼飲料水や健康食品などの加工食品に添加される
フコイダン	主にLフコースの重合体	モズク、昆布、わかめ
セルロース	βグルコースの重合体	植物細胞壁

用語解説

糖質活性酵素：Carbohydrate-Activating Enzymes：CAZymes)：デンプンやセルロースなどの植物多糖、さらには高等動物の細胞表面の糖鎖などあらゆる生物の多糖分子の分解や合成、修飾作用を司る酵素群

60 プレバイオティクス

各種オリゴ糖＋アルファ

ＩＳＡＰＰの代表的な研究者であるDr.Gibsonによる１９９５年のプレバイオティクスの定義では、「消化管上部で分解・吸収されずに、下部消化管まで到達して腸内の有用菌の選択的な栄養源となり、それらの増殖を促進する物質。主に腸内細菌叢のバランスを改善し、宿主の健康増進と維持に役立つ食品成分」と説明されました。具体的には、定義に説明された機能を持つ食物繊維やオリゴ糖が該当します。

オリゴ糖には、これを構成する糖の種類によってガラクトオリゴ糖、マンノオリゴ糖、フラクトオリゴ糖、キシロオリゴ糖などがあります。たとえば、プレバイオティクスの一種であるガラクトオリゴ糖を1週間継続して摂取することで、腸内の常在ビフィズス菌の数がほぼ10倍程度増加します。

ビフィズス菌がオリゴ糖を効果的に利用するために、ビフィズス菌がプレバイオティクスを菌体内に取り込むことと、さらに取り込まれたプレバイオティクスを酵素的に単糖レベルに分解することが必要です。このとき、ビフィズス菌がプレバイオティクスを取り込むためのトランスポーター（膜タンパク質）の存在が欠かせません。

現在、ＩＳＡＰＰによる最新の定義では、プレバイオティクスは、「宿主微生物により選択的に利用された結果、宿主の健康上の利益をもたらす基質」とより広義に解釈されています。ここでも、前に述べた「消化管上部で分解・吸収されずに、下部消化管まで到達し」という条件は残されていますが、これを満たす難消化性の食物成分のみならず、ポリフェノールや脂肪酸類（共役リノール酸や多価不飽和脂肪酸ほか）なども、プレバイオティクスに含めるようになっています。

必然的にこれらを選択的に利用する腸内細菌の幅も、Roseburiaや*Eubacterium*, *Faecalibacterium*など多岐に広がっています。

要点BOX

- ●オリゴ糖は典型的なプレバイオティクス
- ●プレバイオティクスやこれに対応する微生物の範囲は現在幅広く解釈されている

現在のプレバイオティクスの考え方

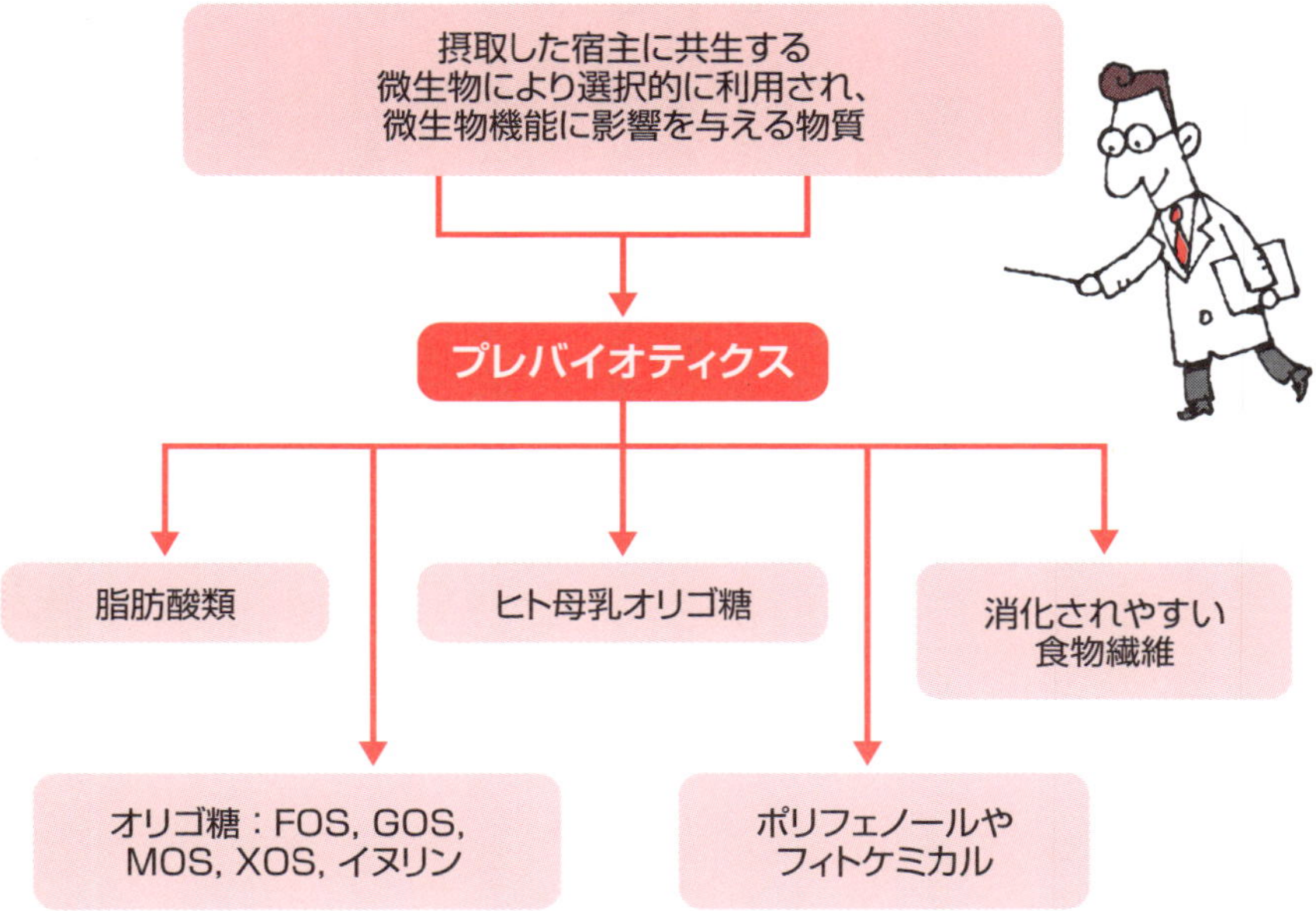

(Gibson GR, et al. Nat Rev Gastroenterol Hepatol. 14:491-502, 2017.
doi: 10.1038/nrgastro.2017.75.より改変・引用)

便中のビフィズス菌数の変化

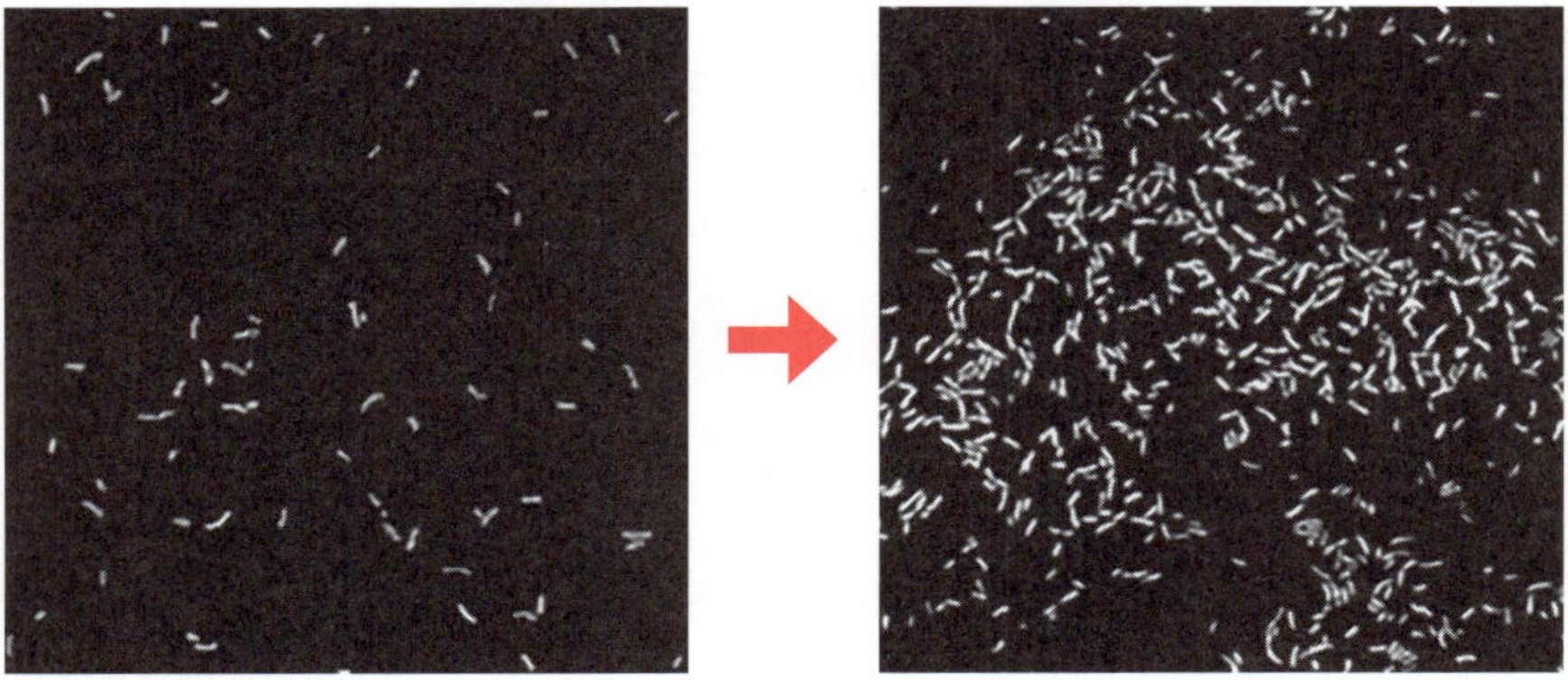

健常成人ボランティアが、ガラクトオリゴ糖（5g/日）を1週間摂取した前後の様子（FISH法）

用語解説

オリゴ糖：グリコシド結合により複数の単糖が結合したもの。構成単糖の個数は通常2～10個。「オリゴ」は「少ない」を意味するギリシャ語に由来する

61 伴侶動物

健康増進への期待→ポテンシャル大

近年、犬や猫に代表される伴侶動物の飼育数（１８５０万頭）が15歳未満の人口（約１６００万人）を大きく上回っています。少子高齢化が進む日本で、まさに家族の一員として位置づけられているかのようです。

　飼育環境の改善や動物医療技術が向上することで伴侶動物は長寿化し、高齢化に伴うさまざまな疾病の罹患リスクも必然的に高まっています。これを受け、疾病予防や症状制御などの機能を持つペットフードやサプリメントの需要が上昇し、プロバイオティクス（ＰＲＯ）やプレバイオティクス（ＰＲＥ）を加えたものが一般化してきました。

　最近になって、家庭で飼育される愛玩動物（犬や猫）を対象にした臨床研究を実施しました。まず家庭犬を対象とした試験では、ＰＲＥ（ガラクトオリゴ糖：ＧＯＳ）を継続して8週間摂取させ、腸内フローラや環境に及ぼす影響を調べました。その結果、腸内フローラの改善（腸内細菌科菌群の減少と*Megamonas*（メガモナス）属菌の上昇）や腸内環境の改善（有機酸濃度の上昇と腐敗産物（フェノール）濃度の低下）に加え、血中の腐敗産物（インドキシル硫酸）濃度の低下をもたらすことがわかったのです。

　続けて飼い猫で同様に行った研究では、ＧＯＳの投与により腸内のビフィズス菌数が増加し、日和見的な病原菌である*Peptostreptococcus*（ペプトストレプトコッカス）属菌の数が減少しました。さらに、腸内の有機酸濃度が上昇し、フェノール硫酸（腐敗産物）の濃度が低下したことを確認しました。

　このように、異なる動物種でＧＯＳが共通する作用を発揮したことは大変興味深いです。今後は、ＧＯＳの投与で活性化された愛玩動物の腸内細菌の中から、ＧＯＳとの相互作用の良い菌株を選び、これを新規なＰＲＯかＧＯＳと併用する（動物シンバイオティクス）としての開発が注目されています。

要点BOX

- ●オリゴ糖（GOS）は犬や猫などの愛玩動物でも、腸内フローラ環境の改善作用を発揮する
- ●愛玩動物へのシンバイオティクス効果に期待

犬の腸内フローラ・腸内環境の改善

ガラクトオリゴ糖の継続摂取によるイヌ便中総有機酸濃度の上昇

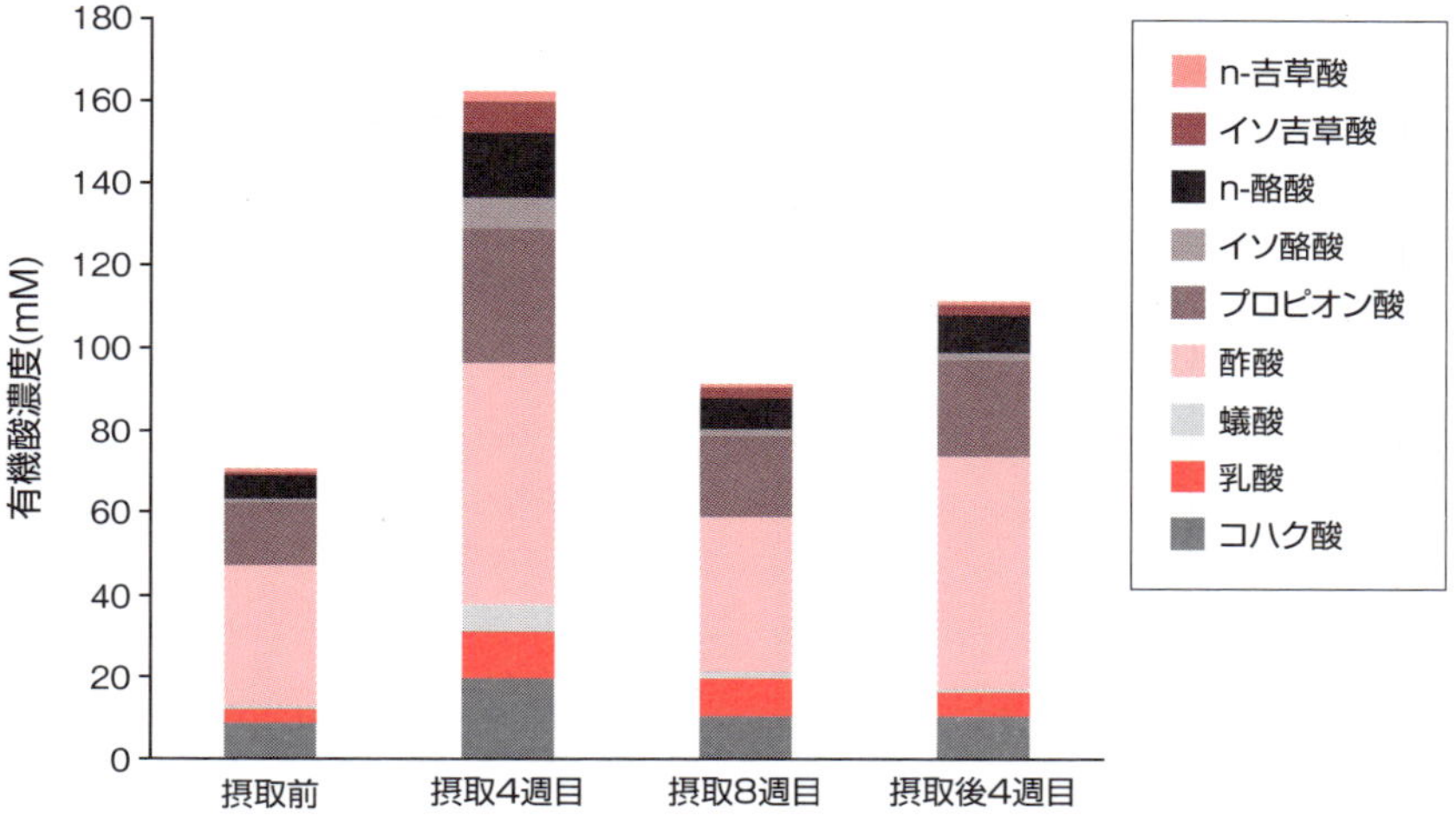

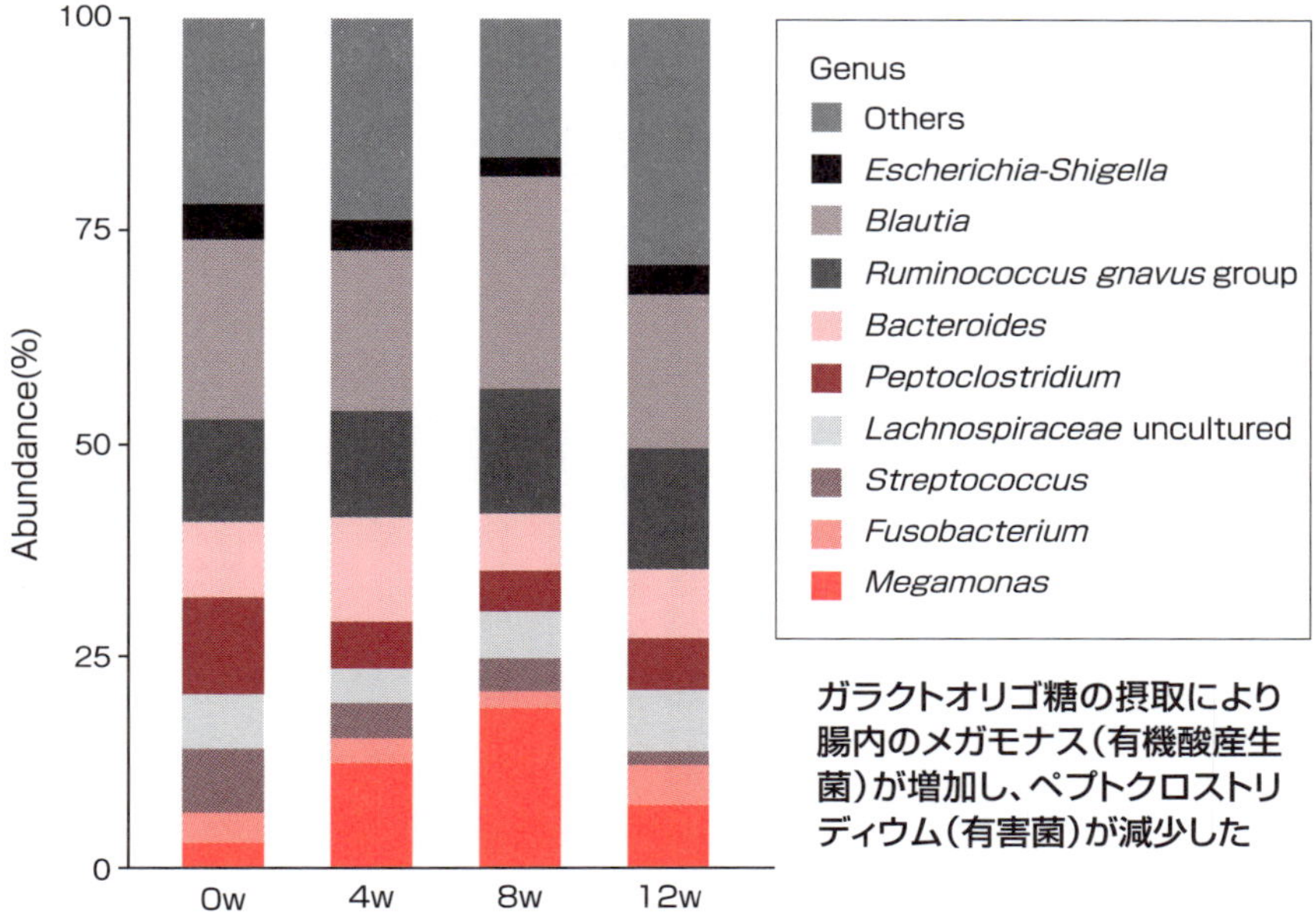

ガラクトオリゴ糖の摂取により腸内のメガモナス（有機酸産生菌）が増加し、ペプトクロストリディウム（有害菌）が減少した

（Hokkyo A, et al. Biosci Microbiota Food Health. 43:204-212, 22024. doi: 10.12938/bmfh.2023-062.より改変・引用）

用語解説

腸内腐敗産物：腸内細菌の作用によりタンパク質であるチロシンからフェノール類がつくられ、トリプトファンからインドールやスカトールがつくられる

62 産業動物（牛、豚、養鶏）

抗菌剤の代替が必要

牛や豚、鶏など産業動物の幼若期の飼料に、抗菌剤を添加することは一般的です。これは幼若期の感染予防により、動物の順調な生育を促すことを目的としています。しかし、継続的な抗菌剤の摂取が耐性菌の誘導につながる危険性から、現在では抗菌剤の飼料添加は抑制される傾向にあります。こうした背景から、抗菌剤の感染予防効果を代替することを狙いに、最近ではさまざまなプロバイオティクスを含む家畜（家禽）飼料が取り入れられています。

私は、所属する「動物共生微生物学研究室」の学生とともに、「実学」研究を行ってきました。生後間もなくの頃から肥育の各時期における豚の新鮮便を標本調査するため、世田谷にあるキャンパスから大学の農場（静岡・朝霧高原）まで、2年間にわたり何度も学生と行き来したものです。

持ち帰った便からＤＮＡを抽出して、その菌叢を解析しました。すると、成長に伴って腸内フローラの多様性（菌種数）は増えていきますが、飼料中に抗菌剤が含まれてた場合は、非含有群に比べて成長に伴う腸内フローラの多様性の上昇が、顕著に抑制されることがわかったのです。さらに、腸内有機酸の濃度は、子豚の離乳後をピークとする上昇を示しますが、抗菌剤含有飼料群の腸内有機酸濃度は非含有群よりむしろ高いことが判明しました。末梢血中の総タンパク濃度などのデータからも、抗菌剤の飼料中への添加が子豚の成長を促進するというデータが得られました。

成長各時期の肥育豚の網羅的な腸内フローラ解析の結果、有機酸濃度と各種臨床検査マーカーの値を統合的に解析したところ、特定の菌群と臨床検査マーカーの値や有機酸濃度との間に強い相関関係が確認できました。こうした基礎研究の結果から、腸内フローラや腸内環境の改善に基づく産業動物の健康的な成育につながることが示唆されています。

要点BOX
- ●産業動物の幼若期の飼料に抗生物質が多用
- ●抗生物質の代替としてプロバイオティクスの有効利用が注目されている

肥育豚の成長に及ぼす抗菌剤の影響

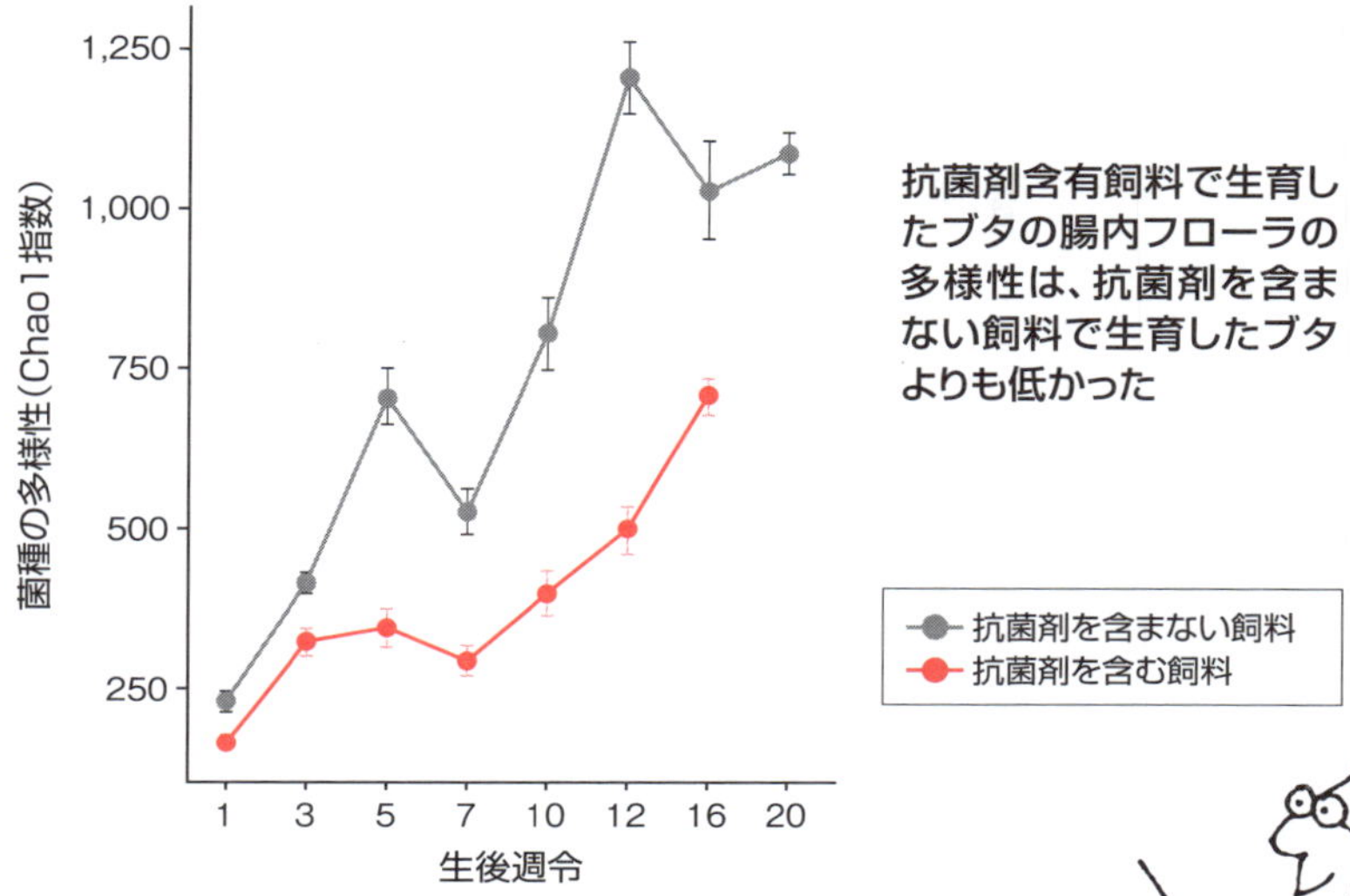

抗菌剤含有飼料で生育したブタの腸内フローラの多様性は、抗菌剤を含まない飼料で生育したブタよりも低かった

子豚の腸内有機酸濃度の推移

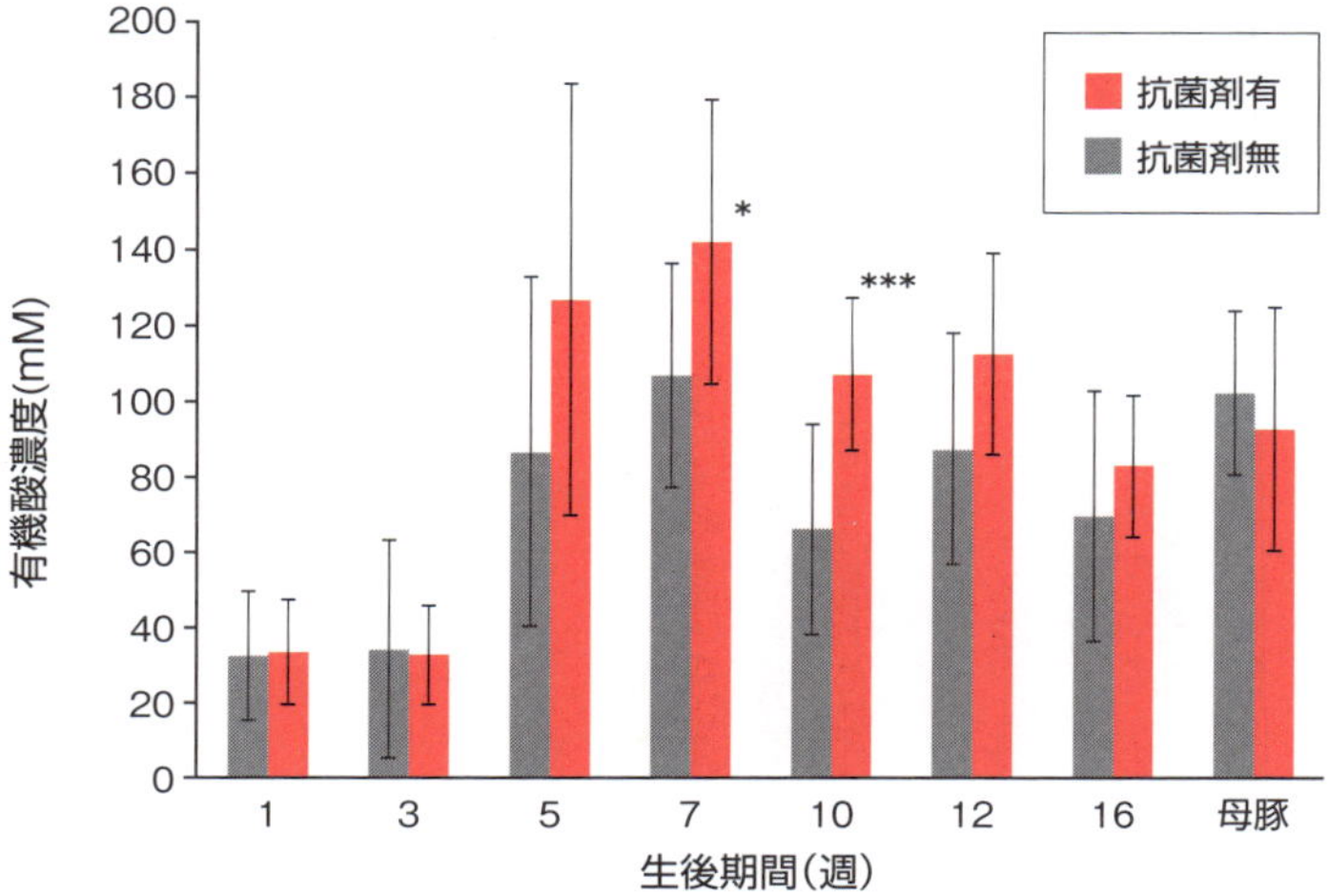

抗菌剤含有飼料で育った子豚の腸内有機酸濃度は、抗菌剤なしで育てたときに比べてより高いレベルに上昇した

（野本康二. 一般財団法人 畜産ニューテック協会ー畜産生産に関する研究調査成果報告書 VOL.9, 37-74, 2019.より抜粋・引用）

用語解説

飼料添加物：農水省で規定される「飼料添加物」のうち、飼料に含まれる栄養成分の有効な利用の促進作用を目的に抗生物質や抗菌剤が使用されている

63 プロバイオティクスの作用点

有効なバイオマーカーとは?

近年の腸内微生物（英語ではMicrobiotaと言う）学術研究は、生命科学の大きな潮流の一つと言っていいでしょう。その中で、プロバイオティクスは私たちの健康を後押ししてくれることから、基礎のみならず臨床研究も盛んになっています。

にもかかわらず、多様な菌株のうち、どれをどのように使い分けていくかという問題への明確な答えは簡単に見つかりません。プロバイオティクス研究は、主にこれを製造販売する企業の研究体によって担われています。そのため、各企業が扱う菌株の研究に特化し、複数の異なる菌株を横断的に比較研究するには至っていないことが理由です。

「トクホ」や「機能性表示食品」については、消費者庁HPで各菌株のおおまかな特徴を知ることができます。より詳細な情報は、製造企業の「お客様相談室」に問い合わせることも一つの手段です。米国では、健康食品に対して多くの訴訟が行われていて、必然的に企業はその訴求表現について慎重にならざるを得ません。〝False advertising（虚偽広告）〟、〝Lawsuit（訴訟）〟、〝probiotics〟と入力してウェブ検索すると、最新の情報が得られます。

プロバイオティクスの効果を考える上で、作用点となるマーカーに焦点を当ててみることは非常に有効です。このマーカーは、摂取する私たちの生体因子と、ターゲットである腸内微生物側の因子とに分けられます。

腸内微生物叢の場合、ビフィズス菌や乳酸菌など有用菌や日和見病原菌（腸内細菌科菌群などの通性嫌気性菌やウェルシュ菌、ディフィシル菌など毒素産生菌）の生息レベルに加え、腸内環境（有機酸濃度や腐敗産物濃度、pHなど）が考えられます。プロバイオティクスの菌種や菌株に特徴的な菌体成分や構造、その作用を受ける生体側の因子が明確になると、作用メカニズムはグッと絞り込めます。

要点BOX

●プロバイオティクスの訴求点を適切なバイオマーカーから掘り下げて考える
●微生物因子とこれを摂取する生体因子がある

保健作用を訴求するための効果的なバイオマーカー(案)

宿主因子	微生物因子	
	有用	有害
腸管運動	*A. muchiniphila* (アカマンシア)	*C. difficile* (ディフィシル菌、毒素)
腸管上皮統合性(透過性): ラクチトール/マンニトール比	*F. prausnittssi* (フェカリバクテリウム)	*C. perfringens* (ウェルシュ菌、毒素)
腸管免疫:自然免疫、 制御性T細胞	*Bifidobacterium* (ビフィズス菌)	*F. nucleatum* (歯周病菌)
自然免疫リンパ球、IgA	有機酸(短鎖脂肪酸)	腸内腐敗産物
神経伝達機構	pH	二次胆汁酸(過剰生産)
	細胞外多糖(免疫調節)	トリメチルアミン モノオキサイド
	エクオール産生菌	リポ多糖体

プロバイオティクスによる免疫刺激

マクロファージが作用点

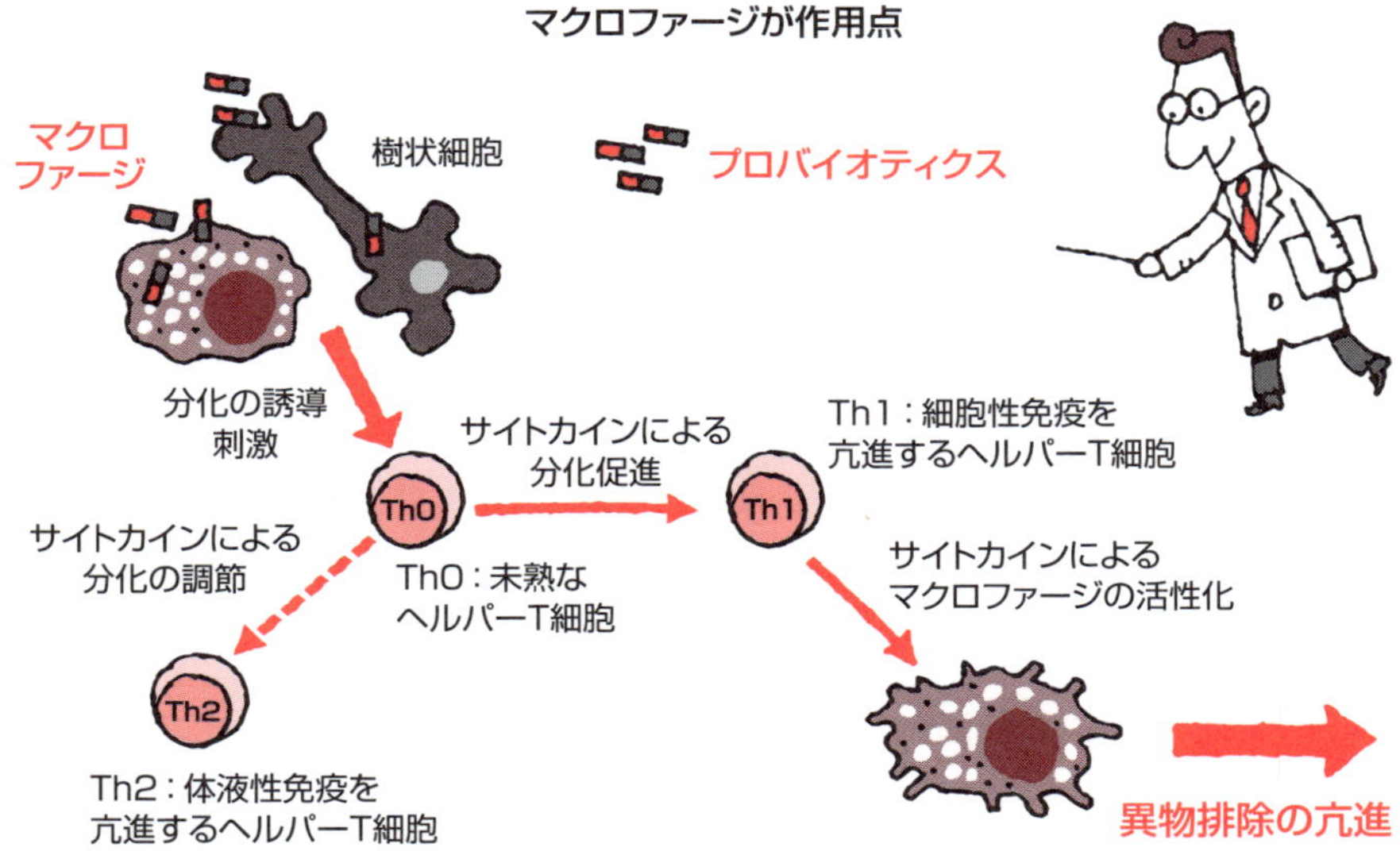

用語解説

バイオマーカー:疾患の有無や病状の変化、治療効果の指標となる生物学的因子を指す。既知の標準値から検査値がどれだけ解離するかの判定に用いる

64 腸内細菌による薬物代謝の新展開

マルチオミクス研究の真骨頂

さまざまな薬物が、腸内細菌による代謝を受けることが一般に知られています。たとえば合成サルファ剤であるプロントジルは、腸内細菌の代謝を受けて活性化体であるスルファニルアミドに変換されます。また、嫌気性グラム陽性嫌気性菌である*Eggerthella lenta*（エガセラ・レンタ）は、ジゴキシン（強心配糖体）をジヒドロジゴキシンに還元することでその作用を阻害します。

近年、腸内フローラが腸内に分泌される胆汁酸や食物由来の生理活性物質、摂取された薬物の代謝に影響を与えることがわかってきました。たとえばZimmermanらは、ヒトの腸内細菌群から分離した68種の76菌株について、２７１種類の医薬品の代謝能力を調べました。その結果、１７６種類の医薬品化合物が、共試菌株の少なくとも1つによって代謝され、また共試細菌株は複数（11～95種類）の医薬品化合物を代謝することを報告しています。

これらの細菌株のうち、多様な薬剤代謝能を持つ菌種である*Bacteroides thetaiotaomicron*（バクテロイデス・シータイオタオミクロン：Ｂｔ）の遺伝子断片を、大腸菌にクローニング（菌体に遺伝子を組み込む）して得られた５・１万株にも及ぶ形質転換体の薬剤代謝能を調べました。そして、陽性を示した形質転換体に組み込まれていた遺伝子から、各薬剤の代謝を担う酵素遺伝子を同定したのです。さらに、プリブジンという抗ウイルス薬を代謝するＢｔ菌株と、その酵素遺伝子を不活化させた変異菌株を無菌マウスの腸内に単独定着させた実験モデルを用い、生体による薬物代謝と、定着させたＢｔによる代謝とを合わせた薬物動態モデルを唱えました。

このような、さまざまな生理活性物質の代謝における特定の腸内細菌やプロバイオティクスの関与、その作用メカニズムに関する研究が、今後進展することが期待されています。

要点BOX

- 腸内細菌はさまざまな薬剤の代謝に関与する
- 多様な実験手法を駆使することで、腸内細菌の薬剤代謝に関する情報が明らかになった

腸内細菌による薬物代謝酵素

エガセラ菌によるジゴキシン（強心剤）の不活化

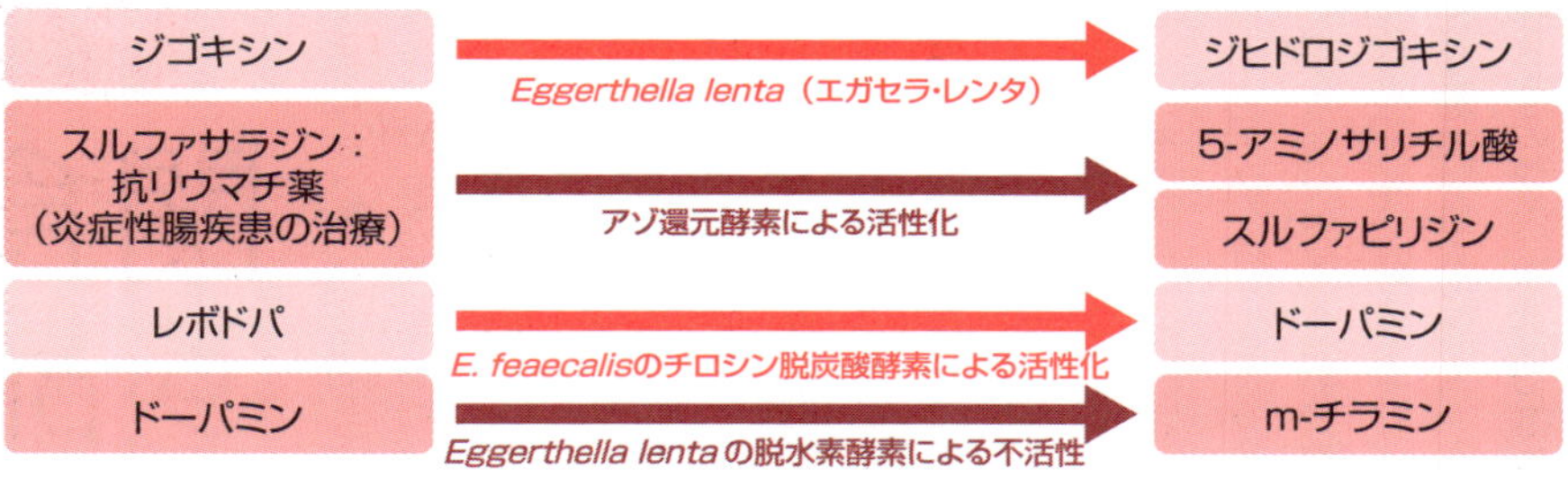

腸内常在細菌の薬物代謝酵素

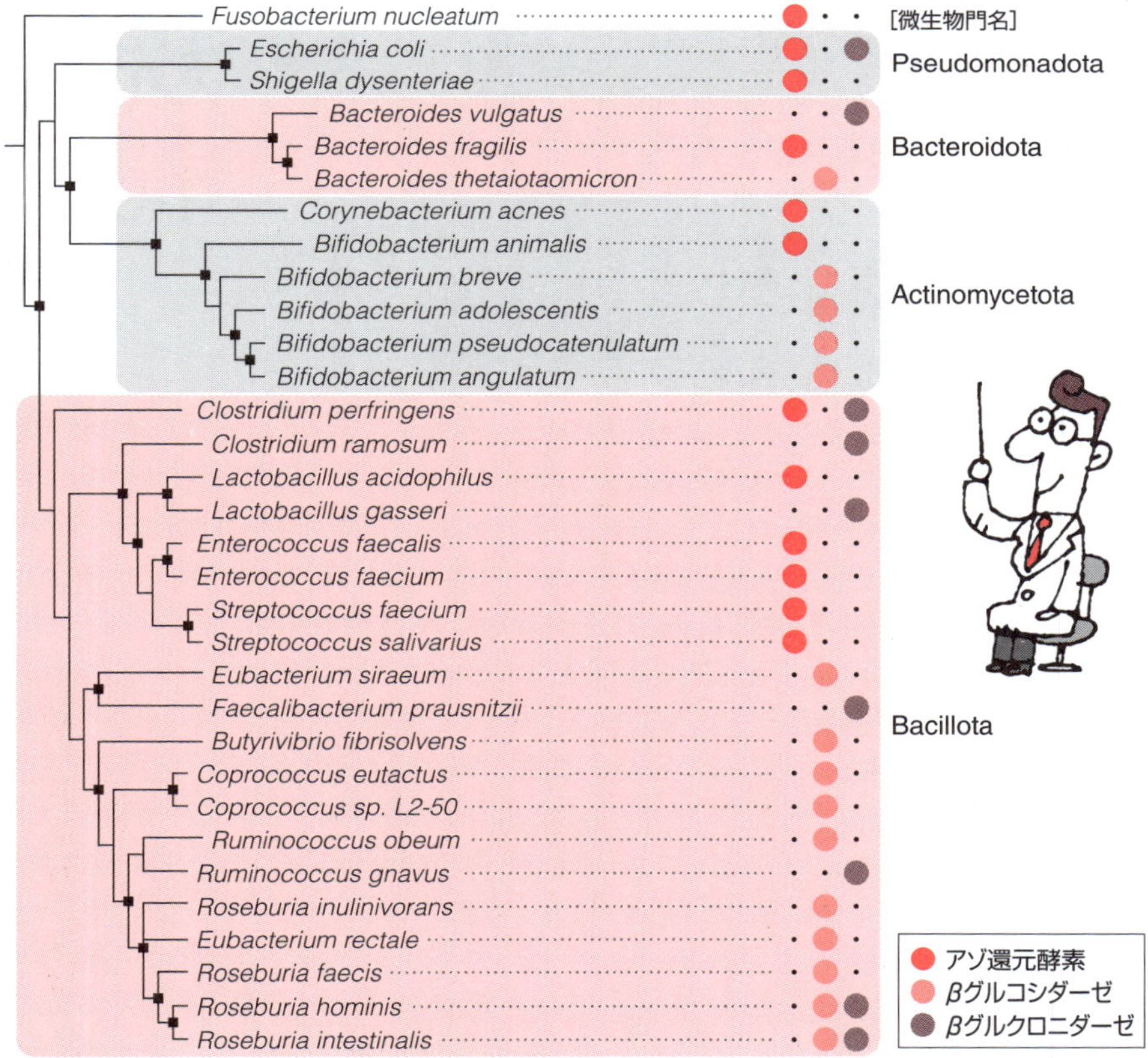

用語解説

無菌マウス：妊娠末期の母親マウスの子宮を無菌のアイソレーター容器内に移し、この中で児を誕生させ、人工保育して、無菌状態のマウスを育てることができる

65 食品機能に関する規制

効果的な対応法は？

冒頭の9項で、食品の機能性を訴えるための各国の規制がさまざまであることを紹介しました。特に欧米では、より厳しい規制が適用されることも説明しました。

一方で、ＥＦＳＡ（エフサ：欧州食品安全機関）の承認を受けた食品もあります。たとえば、「ヨーグルトカルチャー」や「ラクテース（乳糖分解酵素）」で、いずれも乳糖不耐症に対する改善作用が知られています。これらの食品の特徴として、①機能性や作用メカニズムが明確である、②食品として摂取された履歴が長く、安全性に問題がない、などが挙げられます。

最近の、欧州食品リスク評価フェローシッププログラム（ＥＵ－ＦＯＲＡ）チームの報告では、次世代プロバイオティクス（next generation probiotics：ＮＧＰ）の研究開発のコンセプトとして、①特定の疾患や症状に特異的な腸内フローラ異常を明らかにし、その差異からこれらの改善に役立つ微生物の仮説を立てる、②これらの微生物叢を選択的に単離培養するための方法（culturomics：カルチャロミクス）を開発する、③すでに成功を収めているＮＧＰの事例を参考にする、ことを提唱しています。

上記の①において、適切な仮説の設定が肝心です。近年の疫学分野では、Directed Acyclic Graph（ＤＡＧ：有向非巡回グラフ）と呼ばれる研究手法が用いられるようになっています。この方法を用いて、対象疾患や症状、腸内フローラの情報、期待される改善などの項目を設定し、各項目間の因果関係を視覚的に表します。これによって適切な研究仮説を設定したり、相互関係のより正確な解釈に近づけたりすることが可能になります。

以上のような的確な仮説の設定に基づき、適切な計画に基づいて実施されたヒトにおける臨床試験と安全性検証の結果を持って製品開発し、規制をクリアすることが肝要と言えるでしょう。

要点BOX

- ●次世代プロバイオティクスの研究開発の考え方が提唱されている
- ●保健機能食品の規制を守ることが肝要

EFSAが認証したヘルスクレームの例

EFSA
European Food Safety Authority　　ESPA Journal 2010;8(10):1763

ヨーグルトカルチャーによる乳糖不耐症の改善

ヨーグルトの生きた菌体と乳糖消化の改善(ID 1143.2976)に関する健康強調表示の裏付けに関する科学的意見(EC規則No 1924/2006の第13条(1)に基づく)

EFSA栄養・アレルギー・特別用途食品パネル(NDA)

主張された効果は「乳糖消化」である。対象集団は乳糖不耐症の個人である。EFSAパネルは、乳糖消化の改善は乳糖不耐症の個人にとって有益な生理学的効果であると考える。

EFSA
欧州食品安全機関　　ESPA Journal 2009;7(9):1236

乳糖分解酵素(Lactase)による乳糖不耐症の改善

規則(EC)No 1924/2006の第13条(1)に基づくラクターゼ酵素と乳糖分解に関する健康強調表示の裏付けに関する科学的見解(ID 1697,1818)

EFSA栄養・アレルギー・特別用途食品パネル(NDA)

ESFAパネルは乳糖不耐症の人々におけるラクターゼ酵素の消費と乳糖の分解との間に因果関係が確立されたと結論する。
以下の文言は科学的根拠を反映している。
「ラクターゼ酵素は乳糖の分解に寄与する。」

EFSA Journal (https://efsa.onlinelibrary.wiley.com/journal/18314732)より引用・改変)

用語解説

乳糖不耐症：乳糖を多く含む食品を摂取した際に、分解する乳糖分解酵素の働きが不十分でこれを分解できないため、下痢などの症状に至ること

Column

研究の進め方～基本は人間？

私は、長らくフルート演奏を趣味としています。しっかり練習しないのでなかなか上達しません。定期的に催される「発表会」での演奏は、練習のモチベーションとなります。演奏曲の中に「カデンツァ（cadenza）」という、曲の一部分に主題に沿った自由な即興演奏する箇所を持つ曲があります。最後に紹介するコラムは、この雰囲気で私の研究開発に関する考えを披露します。

私は、日経新聞を若い頃から読んでいます。と言っても、最終面の「私の履歴書」やコラム「やさしい経済学」を、とにかく理解のできる範囲で楽しむだけですが。長年の購読の中で、著名な経済学者である野中郁次郎氏の「知識創造企業」や「暗黙知」の考え方は、経済学にはド素人の私にもとても印象的でした。本書内でも触れましたが、現在の腸内フローラの科学では、マルチオミクス研究から発出する膨大なデータの相関関係から、特徴的な因子間の因果関係を提示する、いわゆる「情報創出」型の研究が主流です。近年、一般化しつつある人工知能（AI）に、適切な情報を与えて研究の作業仮説を提案させることも可能でしょう。

しかし、野中氏は『「情報創造」はなお、外にある情報を組み合わせるという発想であり、最初から新しい環境を自らつくる、新しいモノにチャレンジするという発想を表現できていない。自分の思いや信念を真善美に向かって正当化し、実現していくのは「情報処理」や「情報創造」ではなく意味や価値をつくる「知識創造」のプロセスが肝心である』（以上、日経新聞より抜粋・改変引用）と看破されています。

野中郁次郎先生は、2025年1月25日に逝去されました。謹んでご冥福をお祈りいたします。

My flute

saccharivorans gen. nov., sp. nov., isolated from human faeces. Int J System Evol Microbiol, 63: 3691-3696, 2013. doi: 10.1099/ijs.0.045823-0.

6.1 Reid G, Gaudier E, Guarner F, et al. Responders and non-responders to probiotic interventions. How can we improve the odds? Gut Microbes, 12; 200–204, 2010. doi: 10.4161/gmic.1.3.12013.

6.2 Merenstein D. Why responders and non-responders may not be the holy grail for biotics. ISAPP Science Blog, ISAPP HP, 2023. https://isappscience.org/why-responders-and-nonresponders-are-not-the-holy-grail-for-biotics/.

6.3 Sonnenburg ED, Smits SA, Tikhonov M, et al. Diet-induced extinctions in the gut microbiota compound over generations. Nature. 2016 Jan 14;529(7585):212-5. doi: 10.1038/nature16504.

6.4 DietaryGuidelines.gov. Dietary Guidelines for Americans, 2020-2025. https://www.dietaryguidelines.gov/sites/default/files/2020-12/Dietary_Guidelines_for_Americans_2020-2025.pdf.

6.5 Gibson GR, Hutkins R, Sanders ME, et al. The International Scientific Association
for Probiotics and Prebiotics (ISAPP) consensus statement on the definition and scope of prebiotics. Nature Rev Gastroenterol Hepatol, 14: 491–502, 2017. doi:10.1038/nrgastro.2017.75.

6.6 Hokkyo A, Kakiyama S, Shiwa Y, et al. Continuous intake of galactooligosaccharides containing syrup contributes to maintaining the health of household dogs by modulating their gut microbiota. Biosci Microbiota Food Health, 43: 204-212, 2024. doi: 10.12938/bmfh.2023-062.

6.7 野本康二. 一般財団法人 畜産ニューテック協会－畜産生産に関する研究調査成果報告書, 9: 37-74, 2019.

6.8 Zimmermann M, Zimmermann-Kogadeeva M, Wegmann R, et al. Mapping human microbiome drug metabolism by gut bacteria and their genes. Nature. 2019 Jun;570(7762):462-467. doi: 10.1038/s41586-019-1291-3.

6.9 López-Moreno A, Langella P, Martín R, Aguilera M. Microbiota analysis for risk assessment of xenobioticexposure and the impact on dysbiosis: identifying potential next-generation probiotics. EFSA J. 2023 Nov 30;21(Suppl 1):e211010. doi: 10.2903/j.efsa.2023.e211010.

Biotechnol, 28:1297-1305, 2019. doi: 10.1007/s10068-019-00691-9.

5.1 Martín R, Rios-Covian D, Huillet E, et al. *Faecalibacterium*: a bacterial genus with promising human health applications. FEMS Microbiol Rev, 47: 1–18, 2023. dio: 10.1093/femsre/fuad039.

5.2 Khan MT, Dwibedi C, Sundh D, et al. Synergy and oxygen adaptation for development of next-generation probiotics. Nature, 620: 381–385, 2023. doi.org/10.1038/s41586-023-06378-w.

5.3 Jian H, Liu Y, Wang X, et al. *Akkermansia muciniphila* as a next-generation probiotic in modulating human metabolic homeostasis and disease progression: A role mediated by gut–liver–brain axes?

5.4 Sun F, Zhang Q, Zhao J, et al. A potential species of next-generation probiotics? The dark and light sides of Bacteroides fragilis in health. Food Res Int, 2019 Dec:126:108590. doi: 10.1016/j.foodres.2019.108590.

5.5 Scheiman J, Luber JM, Chavkin TA, et al. Meta-omics analysis of elite athletes identifies a performance-enhancing microbe that functions via lactate metabolism. Nature Med, 25: 1104–1109, 2019. www.nature.com/naturemedicine.

5.6 Mayo B, Vázquez L, Flórez AB, et al. Equol: A bacterial metabolite from the daidzein isoflavone and its presumed beneficial health effects. Nutrients 2019, 11, 2231; doi:10.3390/nu11092231.

5.7 Tsuji H, Moriyama K, Nomoto K, et al. Isolation and characterization of the equol-producing bacterium S*lackia sp.* strain NATTS. Arch Microbiol, 192:279-287, 2010. doi: 10.1007/s00203-010-0546-z.

5.8 Kurakawa T, Ogata K, Tsuji H, et al. Establishment of a sensitive system for analysis of human vaginal microbiota on the basis of rRNA-targeted reverse transcription - quantitative PCR. J Microbiol Meth, 111: 93-104, 2015. doi: 10.1016/j.mimet.2015.01.021.

5.9 Uehara S, Monden K, Nomoto K, et al. A pilot study evaluating the safety and effectiveness of *Lactobacillus* vaginal suppositories in patients with recurrent urinary tract infection. Int J Antimicrob Agents 28S: S30-34, 2006. doi: 10.1016/j.ijantimicag.2006.05.008.

5.10 France M, Alizadeh M, Brown S, et al. Towards a deeper understanding of the vaginal microbiota. Nat Microbiol, 7: 367–378, 2022. doi:10.1038/s41564-022-01083-2.

5.11 Takada T, kurakawa T, Tsuji H, Nomoto K. *Fusicatenibacter*

3.8 Netea MG, Quintin J, van der Meer JWM. Trained immunity: A memory for innate host defense. Cell Host & Microbe, 9: 355-361, 2011. doi 10.1016/j.chom.2011.04.006.

3.9 中村公則,菊池摩仁,綾部時芳. 抗菌ペプチドαディフェンシンによる腸内細菌叢の制御. 腸内細菌学雑誌, 33: 129-135, 2019.

3.10 Mohammad S, Thiemermann C. Role of metabolic endotoxemia in systemic inflammation and potential interventions. Front Immunol, 2021 Jan 11;11:594150. doi: 10.3389/fimmu.2020.594150.

3.11 Sugawara G, Nagino M, Nishio H, et al. Perioperative symbiotic treatment to prevent postoperative infectious complications in biliary cancer surgery. Ann Surg, 244: 706-714, 2006.

3.12 Fukaya M, Yokoyama Y, Usui H, et al. Impact of synbiotics treatment on bacteremia induced during neoadjuvant chemotherapy for esophageal cancer: A randomised controlled trial. Clin Nutr, 40: 5781-5791, 2021.

4.1 Sanders ME, Lebeer S. New names for important probiotic *Lactobacillus* species. April 15, 2020/in ISAPP Science Blog, News. https://isappscience.org/new-names-for-important-probiotic-lactobacillus-species/.

4.2 野本康二,加藤幾雄,横倉輝男. 乳酸桿菌LC9018によるIn vitroにおけるマウスマクロファージの腫瘍細胞増殖抑制活性の誘導.BIOTHERAPY, 3: 1556-1561, 1989.

4.3 Lucio, C. Thirty Years of *Lactobacillus rhamnosus* GG. J Clin Gastroenterol 53: S1-S41, 2019.

4.4 Makino H, Kushiro A, Ishikawa E, et al. Transmission of intestinal *Bifidobacterium longum subsp. longum* strains from mother to infant, determined by multilocus sequencing typing and amplified fragment length polymorphism. Appl Environ Microbiol, 77: 6788-6793, 2011. doi: 10.1128/AEM.05346-11.

4.5 Tsukuda N, Yahagi K, Hara T, et al. Key bacterial taxa and metabolic pathways affecting gut short-chain fatty acid profiles in early life. ISME J, 15: 2574-2590, 2021. doi: 10.1038/s41396-021-00937-7.

4.6 Sonnenborn U. *Escherichia coli* strain Nissle 1917—from bench to bedside and back: history of a special *Escherichia coli* strain with probiotic properties. FEMS Microbiol Lett. 2016 Oct;363(19):fnw212. doi: 10.1093/femsle/fnw212.

4.7 Lee NK, Kim WS, Paik HD. Bacillus strains as human probiotics: characterization, safety, microbiome, and probiotic carrier. Food Sci

doi.org/10.1080/19490976.2017.1345414.
2.12 Takada M, Nishida K, Gondo Y, et al. Beneficial effects of *Lactobacillus casei* strain Shirota on academic stress-induced sleep disturbance in healthy adults: a double-blind, randomised, placebo-controlled trial. Benef Microbes, 26: 153-162, 2017. doi: 10.3920/BM2016.0150.
2.13 日本消化器学会.IBSにプロバイオティクスは有効か? 機能性消化管疾患診療ガイドライン2020―過敏性腸症候群(IBS)(改訂第2版), 49.
2.14 Ocansey DKW, Hang S, Yuan X, et al. The diagnostic and prognostic potential of gut bacteria in inflammatory bowel disease. Gut Microbes, 2023, 15, 1, 2176118.
doi.org/10.1080/19490976.2023.2176118.
2.15 Loman BR, Hernǎndez-Saavedra D, An R, et al. Prebiotic and probiotic reatment of nonalcoholic fatty liver disease: a systematic review and meta-analysis. Nutr Rev, 76: 822–839, 2018. doi: 10.1093/nutrit/nuy031.

3.1 Tsuji T, Matsuda K, Nomoto K. Counting the countless: Bacterial quantification by targeting rRNA molecules to explore the human gut microbiota in health and disease. Front Microbiol. 2018; 9: 1417. 2018 Jun 29. doi: 10.3389/fmicb.2018.01417.
3.2 Li X, Watanabe K, Kimura I. Gut microbiota dysbiosis drives and implies novel therapeutic strategies for diabetes mellitus and related metabolic diseases. Front Immunol, 2017; 8: 1882. doi: 10.3389/fimmu.2017.01882.
3.3 Mazziotta C, Tognon M , Martini F, et al. Probiotics mechanism of action on Immune cells and beneficial effects on human health. Cells 2023, 12, 184. doi.org/10.3390/cells12010184.
3.4 野本亀久雄.生体防御のしくみ.ライフサイエンス, 東京, 1981.
3.5 Nejman D, Livyatan I, Fuks G, et al. The human tumor microbiome is composed of tumor typespecific intracellular bacteria. Science, 368: 973–980, 2020. doi:10.1126/science.aay9189.
3.6 Nejman D, Livyatan I, Fuks G, et al. The human tumor microbiome is composed of tumor typespecific intracellular bacteria. Science, 368: 973–980, 2020. doi:10.1126/science.aay9189.
3.7 Luo B, Zhang Y, Zhang C, et al. Intestinal microbiota: A potential target for enhancing the antitumor efficacy and reducing the toxicity of immune checkpoint inhibitors. Cancer Lett, 509: 53–62, 2021. doi.org/10.1016/j.canlet.2021.04.001.

microbiota in health and disease.
Front Microbiol. 2018; 9: 1417. 2018 Jun 29. doi: 10.3389/fmicb.2018.01417.

2.2 Wang C, Nagata S, Asahara T, et al. Intestinal microbiota profile of healthy pre and school age children and effects of probiotic supplementation. Annal Nutr Metabol, 67:257-266, 2015.

2.3 Wada M, Nagata S, Saito M, et al. Effects of the enteral administration of *Bifidobacterium breve* on patients undergoing chemotherapy for pediatric malignancies. Support Care Cancer, 18:751-759, 2010, 3.359.

2.4 Okazaki T, Yamataka A, Asahara T, et al. The high incidence of bacteremia in children undergoing surgery can be prevented by *Bifidobacterium* supplementation. Ann Nutr Metab, 2017;71(suppl 1):31–36. doi: 10.1159/000479921.

2.5 Bian L, Nagata S, Asahara T, et al. Effects of the continuous intake of probiotic fermented milk that contains *Lactobacillus casei* strain Shirota on the risk management of long-term inpatients at health service facilities for the elderly. Intern J Probiot Prebiot, 6: 123-132, 2011.

2.6 Nagata S, Asahara T, Ohta T, et al. Effect of the continuous intake of probiotic fermented milk containing *Lactobacillus casei* strain Shirota on fever in a mass outbreak of norovirus gastroenteritis and the fecal microflora in a health service facility for the aged. Br J Nutr 106:549-556, 2011.

2.7 Asahara T, Shimizu K, Nomoto K, et al. Probiotic Bifidobacteria protect mice from lethal infection with Shiga toxin-producing *Escherichia coli* O157:H7. Infect Immun, 72: 2240-2247, 2004.

2.8 Asahara T, Nomoto K, Shimizu K, Watanuki M, Tanaka R. Increased resistance of mice to *Salmonella enterica* serovar *Typhimurium* infection by synbiotic administration of Bifidobacteria and transgalactosylated oligosaccharides. J Appl Microbiol, 91: 985-996, 2001.

2.9 Sur D, Manna B, Niyogi SK, et al. Role of probiotic in preventing acute diarrhoea in children: a community-based, randomized, double-blind placebo-controlled field trial in an urban slum. Epidemiol Infect, 139:919-926, 2011.

2.10 Kalliomäki M, Salminen S, Arvilommi H, et al. Probiotics in primary prevention of atopic disease: a randomised placebo controlled trial. Lancet, 357: 1076-1079, 2001. doi: 10.1016/S0140-6736(00)04259-8.

2.11 Rondanelli M, Falivaa MA, Perna S, et al. Using probiotics in clinical practice: Where are we now? A review of existing meta-analyses. Gut Microbes, 8: 521–543, 2017.

【参考文献】

1.1　Gordon S.　Phagocytosis: The legacy of Metchnikoff.　Cell, 166: 1065-1068, 2016.　doi.org/10.1016/j.cell.2016.08.017.

1.2　Gogineni VK, Morrow LE, Gregory PJ, et al.　Probiotics: History and Evolution.　J Anc Dis Prev Rem 2013, 1:2.　doi: 10.4172/2329-8731.1000107.

1.3　Hill, C. , Guarner F, Reid G, et al. The International Scientific Association for Probiotics and Prebiotics consensus statement on the scope and appropriate use of the term probiotic.　Nat Rev Gastroenterol Hepatol, 11: 506–514, 2014. doi:10.1038/nrgastro.2014.66.

1.4　Gibson GR, Hutkins R, Sanders ME, et al.　The International Scientific Association for Probiotics and Prebiotics (ISAPP) consensus statement on the definition and scope of prebiotics.　Nat Rev Gastroenterol Hepatol, 14, 491–502, 2017.

1.5　Swanson KS, Gibson GR, Hutkins R, et al.　Nat Rev Gastroenterol Hepatol, 14, 491–502, 2017. The International Scientific Association for Probiotics and Prebiotics (ISAPP) consensus statement on the definition and scope of synbiotics.　Nat Rev Gastroenterol Hepatol, 17: 687–701, 2020. (1.4.2)

1.6　Merenstein D, Pot B, Leyer G, et al.　Emerging issues in probiotic safety: 2023 perspectives.　Gut Microbes, 2023, 15, 1, 2185034.　doi.org/10.1080/19490976.2023.2185034. (1.5)

1.7　Marco ML, Sanders ME, Gänzle M, et al.　The International Scientific Association for Probiotics and Prebiotics (ISAPP) consensus statement on fermented foods.　Nat Rev Gastroenterol Hepatol, 18: 196-208, 2021. doi: 10.1038/s41575-020-00390-5.

1.8　消費者庁HP.　栄養や保健機能に関する表示制度とは.　https://www.caa.go.jp/policies/policy/food_labeling/health_and_nutrition_labelling/.

1.9　Cordaillat-Simmons M, Rouanet A, Pot B.　Live biotherapeutic products: the importance of a defined regulatory framework.　Exp Mol Med, 52:1397–1406, 2020. doi.org/10.1038/s12276-020-0437-6.

1.10　Nomoto K.　Probiotics- from the current idea to future development prospects.　Case study 4. Probiotics, 59-68, Functional Foods Monograph (ILSI SEA Region's Functional Foods Monograph), 2021.

2.1　Tsuji T, Matsuda K, Nomoto K.　Counting the countless: Bacterial quantification by targeting rRNA molecules to explore the human gut

さ

た

索引

英数

あ

か

今日からモノ知りシリーズ
トコトンやさしい
プロバイオティクスの本

NDC 491.34

2025年2月28日　初版1刷発行

©著者　野本 康二
発行者　井水 治博
発行所　日刊工業新聞社
東京都中央区日本橋小網町14-1
(郵便番号103-8548)
電話　書籍編集部　03(5644)7490
販売・管理部　03(5644)7403
FAX　03(5644)7400
振替口座　00190-2-186076
URL　https://pub.nikkan.co.jp/
e-mail　info_shuppan@nikkan.tech
印刷・製本　新日本印刷(株)

●DESIGN STAFF
AD――――――志岐滋行
表紙イラスト―――黒崎　玄
本文イラスト―――小島サエキチ
ブック・デザイン ――矢野貴文
（志岐デザイン事務所）

●
落丁・乱丁本はお取り替えいたします。
2025 Printed in Japan
ISBN　978-4-526-08374-7　C3034

●著者紹介
野本 康二（のもと こうじ）

東京農業大学 生命科学部分子微生物学科 客員教授

1954年東京都生まれ。1979年、東京農工大学農学部獣医学科卒業。同年、株式会社ヤクルト本社入社。2017年に退社して東京農業大学生命科学部分子微生物学科教授に就任。2005年から順天堂大学客員教授（プロバイオティクス共同研究講座）を務める。2022年より現職。腸内細菌およびプロバイオティクスの健康に果たす役割に関する研究に一貫して従事する。獣医師、薬学博士